Beiträge zum Islamischen Recht X

Leipziger Beiträge zur Orientforschung

Herausgegeben von Hans-Georg Ebert
Begründet von Günter Barthel

Band 33

PL ACADEMIC RESEARCH

Hans-Georg Ebert (Hrsg.)

Beiträge zum Islamischen Recht X

Zu Ehren von Hilmar Krüger

PL ACADEMIC RESEARCH

Bibliografische Information der Deutschen Nationalbibliothek
Die Deutsche Nationalbibliothek verzeichnet diese Publikation in der Deutschen Nationalbibliografie; detaillierte bibliografische Daten sind im Internet über http://dnb.d-nb.de abrufbar.

ISSN 0942-2323
ISBN 978-3-631-66133-8 (Print)
E-ISBN 978-3-653-05694-5 (E-Book)
DOI 10.3726/978-3-653-05694-5

PL Academic Research ist ein Imprint der Peter Lang GmbH.

Peter Lang – Frankfurt am Main · Bern · Bruxelles · New York · Oxford · Warszawa · Wien

Diese Publikation wurde begutachtet.

www.peterlang.com

Vorwort

Die „Gesellschaft für Arabisches und Islamisches Recht e.V." (GAIR) ehrt mit diesem Band das Wirken ihres Initiators und Ideengebers, der am 19. Juli 2013 seinen 75. Geburtstag feiern konnte: Professor Dr. Hilmar Krüger, Honorarprofessor am Institut für internationales und ausländisches Privatrecht der Universität zu Köln. Es gibt in Deutschland und über die Grenzen hinaus wohl keinen Juristen und Islamwissenschaftler, der mit dem Islamischen Recht und dem Recht islamischer Länder befasst ist, der Professor Dr. Hilmar Krüger nicht kennen würde. Seine zahlreichen Veröffentlichungen, Vorträge und Diskussionsbeiträge haben die Vertreter des Fachs und das Fach selbst nachhaltig geprägt. Wo immer islamisches, arabisches, türkisches oder iranisches Recht zur Debatte steht, führt an Professor Dr. Hilmar Krüger kein Weg vorbei. Frau Professor Dr. Irene Schneider aus Göttingen, selbst Schülerin des Jubilars, hat dankenswerterweise der Bitte der GAIR entsprochen, ihn in diesem Band zu würdigen.

Die Jahrestagung der GAIR, die am 17. und 18. Oktober 2014 am Orientalischen Institut der Universität Leipzig abgehalten wurde, hat sich verschiedenen theoretischen und praktischen Fragen des islamischen Rechts und des Rechts der arabischen Länder gewidmet. Ganz in der Traditionslinie der bisherigen Konferenzen konnten wiederum ausgewiesene Fachleute gewonnen werden. Der vorliegende Band enthält diese Vorträge in entsprechend aufbereiteter Form.

Professor Dr. M. Bohlander (Durham/GB) beschäftigt sich mit den Möglichkeiten und Schwierigkeiten eines kritischen Dialogs zwischen islamischem und säkularem Recht. Den Einfluss des Korans auf das moderne Wirtschaftsrecht in der arabischen Welt stellt RA Dr. A.-R. Börner in den Mittelpunkt seiner Betrachtungen. K. Kreutzberger, LL.M. (London) untersucht in vergleichender Weise die Prinzipien von Treu und Glauben im europäischen Recht und in der ägyptischen Rechtstradition. Dieser Aufsatz erscheint in englischer Sprache. Einige Beiträge der diesjährigen Tagung beziehen sich auf rechtliche Verhältnisse einzelner arabischer Länder. So beleuchtet RA Dr. Chr. Schultze (Berlin) das Produkthaftungs- und Verbraucherschutzrecht in Ägypten. Legal Consultant J. Hundt LLM, DJCE (Riad/Saudi-Arabien) analysiert Niederlassungsformen im saudi-arabischen Investitions- und Gesellschaftsrecht. Die regulatorischen Rahmenbedingungen für islamische Banken in Bahrain stellt S. Thabti, M.A. (Frankfurt am Main) dar. RA Dr. O. Sacarcelik (Frankfurt am Main) fokussiert die neuen Entwicklungen im Recht der Kapitalgesellschaften in Qatar. Rechtliche Besonderheiten bei der

Entsendung deutscher Arbeitnehmer in den arabischen Golfstaaten werden von RA Chr. Keimer (Dortmund, Dubai) behandelt.

Alle genannten Beiträge basieren auf fachwissenschaftlichen Kenntnissen und Erkenntnissen, die gerade in diesem Bereich selten und zugleich so notwendig sind, um die Beziehungen zur arabischen Welt, die sich in einem kritischen Zustand befindet, auszubauen. Insofern mag diese Veröffentlichung einen kleinen Beitrag auf diesem Wege leisten.

Der vorliegende 10. Band der Beiträge zum Islamischen Recht innerhalb der Reihe „Leipziger Beiträge zur Orientforschung" wendet sich nicht nur an Juristen, sondern auch an Interessenten, die sich außerhalb der Rechtswissenschaft mit Fragen der arabischen Region und ihrer Ausstrahlung in andere Teile der Welt auseinandersetzen. Um die Lesbarkeit der Texte zu erleichtern, wurde bei im Deutschen geläufigen Begriffen auf eine wissenschaftliche Umschrift verzichtet.

Die einzelnen Beiträge widerspiegeln die Meinung der Autoren, nicht die des Herausgebers.

Der Herausgeber möchte sich bei allen bedanken, die bei Verwirklichung des Bandes mitgewirkt haben. Dieser Dank richtet sich selbstverständlich zunächst an die Autoren der Beiträge sowie die Mitglieder des Vorstandes und des Kuratoriums der GAIR. Dank sei auf diesem Wege auch den Mitarbeiterinnen und Mitarbeitern des Peter Lang-Verlages für die Unterstützung und konstruktive Zusammenarbeit bei der Herausgabe gesagt.

Leipzig, im Juni 2015 Hans-Georg Ebert

Inhaltsverzeichnis

Professor Dr. Irene Schneider

Zum 75. Geburtstag von Professor Dr. Hilmar Krüger (geb. 19.7.1938)

Wir schreiben das Jahr 2015 und Hilmar Krüger wird 77 Jahre alt. Im Namen der Gesellschaft für Arabisches und Islamisches Recht e. V. möchte ich ihm an dieser Stelle sehr herzlich gratulieren!

Hilmar Krüger, Honorarprofessor für Internationales und Ausländisches Privatrecht der Universität zu Köln, kann als einer der wenigen Juristen gelten, der als Volljurist zugleich im islamischen Recht ausgewiesen ist, und dies, wohlgemerkt, auf der Grundlage der Beherrschung der relevanten Sprachen, des Arabischen, Türkischen und Persischen. Die Verbindung von europäischem bzw. deutschem und modernem islamischen Recht lag ihm stets und liegt ihm am Herzen. Sie hat ihm eine herausragende Position in seiner Wissenschaftsgemeinschaft beschert, ihn gleichermaßen zu einem Mittler zwischen beiden Rechtskulturen gemacht.

1959 bis 1963 studierte Hilmar Krüger an der Universität zu Köln Rechtswissenschaft und Islamkunde. Die erste Juristische Staatsprüfung legte er 1963 ab, die zweite 1968. Dazwischen verbrachte er ein Jahr an der Universität Istanbul und hörte hier bei Prof. Dr. Bülent Davran. 1968 begann er seine Tätigkeit als Referent für die Länder des Nahen Ostens in dem von Prof. Dr. Gerhard Kegel geleiteten Institut für Ausländisches und Internationales Privatrecht. Promoviert wurde Hilmar Krüger in Köln bei Professor Kegel, Korreferent der Islamwissenschaft war Prof. Dr. Erwin Gräf. Seine viele beachtete Dissertation trug den Titel „Fetwa und Siyar. Zur internationalrechtlichen Gutachterpraxis der osmanischen Şeyh ül-Islâm vom 17. bis 19. Jahrhundert unter besonderer Berücksichtigung des ‚Behcet ül-Fetāwā'", sie wurde 1976 veröffentlicht. Diese Arbeit auf der Grundlage eines eingehenden philologischen Quellenstudiums brachte ihm nicht nur die Doktorwürde, sondern sie wurde zum Standardwerk im Bereich der Geschichte des islamischen Völkerrechts. Zentral ist seine Perspektive auf die Rechtspraxis, die Frage, inwieweit die Fetwas der osmanischen Gelehrten rechtspraktische oder doch eher islamrechtlich-normative Diskurse widerspiegelten. Eine Rekonstruktion der Rechtspraxis nur auf der Grundlage der Rechtsguten ist seinen Ergebnissen zufolge nicht möglich. Vielmehr unterliegen die Rechtsgutachten erheblichen politischen Einflüssen. Hilmar Krüger hat in der Arbeit nicht nur nachgewiesen, dass er in der islamischen Rechtsgeschichte aufgestellt ist, er hat darüber hinaus stets diesen historischen Hintergrund bei seinen weiteren Arbeiten im Blick behalten und in weitere Publikationen zum zeitgenössischen Recht, die nun folgten, einfließen lassen.

Von 1986 bis 1996 war Hilmar Krüger Lehrbeauftragter an der Rechtswissenschaftlichen Fakultät der Universität zu Köln, seit 1996 ist er dem Institut für Internationales und Ausländisches Privatrecht als Honorarprofessor verbunden. In diese Zeit fällt auch meine erste Begegnung mit ihm, als ich 1987 wissenschaftliche Mitarbeiterin und später wissenschaftliche Assistentin des Orientalischen Seminars der Universität zu Köln wurde, seine Vorlesungen zum Familienrecht der islamischen Staaten hörte und viele Anregungen von ihm erhalten konnte. Zugleich war Hilmar Krüger Regierungsdirektor und Leiter des Rechtsreferats der Bundesstelle für Außenhandelsinformation in Köln (BfAI). Seit mehreren Jahren ist Hilmar Krüger pensioniert, hat nichtsdestotrotz ein Büro im IPA, das, wie ich mich kürzlich selbst überzeugen durfte, einen überladenen Schreibtisch aufweist, der von seiner nimmermüden Publikations- und Vortragstätigkeit Zeugnis ablegt.

Seine auf die Dissertation folgenden Publikationen sind zu zahlreich, um sie im Einzelnen aufzuzählen, weshalb ich mich mit einem Verweis auf die verschiedenen Kategorien begnügen muss, in denen er unermüdlich, immer sofort rechtlichen und gesetzlichen Änderungen folgend, zahlreiche Anregungen aufgreifend und häufig in Orientierung auf die Rechtspraxis publizierte. Das türkische Recht wurde nach seiner Dissertation durch das arabische Recht bzw. das Recht in praktisch durchweg allen arabischen Staaten ergänzt, auch wenn sich in den 90er und 2000er Jahren ein Fokus auf Ägypten, die Golfstaaten und Oman, durchaus auch aber etwa Jemen abzeichnete. Im Schnittbereich zwischen islamischem und deutschem Recht, in der Rechtsgeschichte vor allem des Osmanischen Reichs, auf den Gebieten des aktuellen internationalen und ausländischen Zivil-, Handels-, Wirtschafts-, Schuld-, Staatsangehörigkeits-, Schieds- und Zivilprozessrechts der nahöstlichen Staaten ist Hilmar Krüger ein international anerkannter, über die Expertise der entsprechenden Sprachen, Kulturen und Rechte verfügenden Juristen. Man kann ihn getrost als den Grand Seigneur des Internationalen Privatrechts bezeichnen.

Dabei ging es ihm immer darum, die Rechtsentwicklungen in den zahlreichen von ihm bearbeiteten Ländern zu verstehen, deren Prägung als moderne muslimische Staaten durch islamisches Recht einerseits und westliches Recht andererseits zu analysieren, dabei auch rechtsvergleichend zu arbeiten und seinen Kolleg_innen aus dem deutschen Recht, die sich bei Gutachten auf Übersetzungen arabischer Gesetzestexte beschränkten, die hybriden Konstrukte nahöstlicher Rechte in ihrer historischen Entstehung und gegenwärtigen Entwicklung verstehbar zu machen. Dabei tritt er Klischees und bewussten Fehlinformationen entschieden entgegen und stellt die Sachverhalte in seiner unnachahmlich deutlichen und unbestechlich dezidierten Art klar. Ich denke hier an seinen Artikel „Allgemeine Ehewirkung“ (2008) als Reaktion auf die absurde Entscheidung einer Frankfurter Richterin im Jahr 2007, aufgrund des Koranverses 4:34 einer deutschen Staatsangehörigen marokkanischer Herkunft die Scheidung von ihrem gewalttätigen Ehemann zu verweigern, mit der Begründung, Schlagen sei im islamischen Kulturkreis akzeptiert. Zum einen setzt er sich kritisch mit der Begründung der Richterin auseinander, zum anderen fährt er aber auch Vertretern muslimischer Verbände in die Parade, die nun wiederum medienwirksam behaupten wollten, ein Züchtigungsrecht des Ehemannes existiere im islamischen Recht nicht. Er analysiert die Geschlechterbeziehungen nach klassischem Recht, die ein solches Züchtigungsrecht zulassen, verweist zugleich jedoch auf Reformen in einigen Ländern, hier vor allem Marokko mit seinem neuen Familiengesetz von 2004, worin schrittweise diese Geschlechterungleichheiten abgebaut und die Rechtsposition der Frau verbessert wird. Durch seine Kenntnis des klassischen Rechts wie auch der Familiengesetze in den modernen muslimischen Staaten in ihrer ganzen Breite kann er die Diskussion auf eine sachliche Basis stellen. Dabei ging es ihm gerade im Familienrecht immer um die Benennung von rechtlicher Ungleichstellung, um die scharfe Analyse der Vor- und Nachteile neuer Regelungen mit Blick auf die Stellung der Frau.

Ein anderes Beispiel ist das Zinsverbot, das im allgemeinen Bewusstsein als eine Säule „des“ islamischen Rechts hingestellt und in islamistischen Rekonstruktionen der Scharia häufig als eine grundlegende Forderung „des“ islamischen Rechts dargestellt wird. Wenn heute von islamistischen Kreisen das Zinsverbot hochgehalten wird, deckt sich das, so Krüger in einem Artikel „Zum islamischen Zinsverbot“ (2004), nicht mit der Rechtspraxis des Osmanischen Reiches nach dem 16. Jahrhundert und auch in heutigen Gesetzestexten – hier führt er Kuwait an – spielt das Zinsverbot keine Rolle. Mit dieser Darlegung eines muslimischen Pragmatismus kann er ideologisch aufgeladenen Diskussionen den Wind aus den Segeln nehmen – man wünschte sich, dass auch in islamistischen Kreisen Krüger gelesen wird!

Neuen Anregungen gegenüber ist Hilmar Krüger jederzeit und allerorten aufgeschlossen. Als ich 2014 nach meinem Forschungsaufenthalt in Palästina mit Fragen zur Vollstreckung ausländischer Urteile in Palästina an ihn herantrat, entspann sich nicht nur ein reger Email-Austausch, nein, ich hielt, in der üblichen Krügerschen schnellen Manier, kurz darauf einen Sonderdruck „Länderberichte Palästina“ (2014) in der Hand. Diese Geschwindigkeit, das Interesse an der Sache, die immer große Offenheit, sind faszinierende Züge an Hilmar Krügers Persönlichkeit. Zugleich zeichnen ihn, wie bereits oben angedeutet, eine ungebrochene Lust am Streitgespräch, ein ab und an provokatives, immer unbestechliches, manchmal scharfzüngiges Diskutieren aus. Streitgespräche mit ihm sind immer fruchtbar, auch wenn man, gerade wie ich als Islamwissenschaftlerin, manchmal einen anderen Blick auf die verhandelten Themen hat.

Nachwuchsförderung lag ihm immer am Herzen. Dies konnte ich in meinen Kölner Jahren und auch seitdem immer, da ich stets mit ihm in Kontakt blieb, beobachten. Er hat sich immer für junge Wissenschaftler_innen und ihre Arbeit interessiert, sich stets um sie mit großem Einsatz gekümmert, Qualifikationsarbeiten gelesen, Hinweise gegeben, Tipps erteilt, Karrieren unterstützend verfolgt, Hinweise auf nicht bearbeitete Themenbereiche gegeben und somit viele Arbeiten bewusst und unbewusst angestoßen.

Diese Laudation erscheint nicht ohne Grund in einer Publikation der Gesellschaft für Arabisches und Islamisches Recht – denn in dieser Gesellschaft hat er von Anfang an aktiv, man könnte sagen pro-aktive mitgewirkt, sich mit aller Kraft eingesetzt. Ihre Aufgabe, das gegenseitige Verständnis der Rechtssysteme und Rechtspraxis, war und ist ja sein Herzensanliegen. 1997 gegründet hat er hat alle ihre organisatorischen und inhaltlichen Entwicklungen mit begleitet, sich in den Gremien engagiert und an der Ausrichtung der Organisation entscheidend mitgewirkt. Natürlich war er stets in den Tagungen präsent, mit Vorträgen oder engagierten Diskussionsbeiträgen. Ohne seinen tatkräftigen Einsatz wäre die GAIR nicht in der heute bestehenden, gut etablierten, auch in einer breiten Öffentlichkeit wahrgenommenen Form zu finden.

Ich erlaube mir zum Schluss kurz ein persönliches Dankeschön: in meiner Kölner Zeit als Assistentin der Islamwissenschaft hat Herr Krüger meine wissenschaftliche Arbeit stets mit viel Interesse und wichtigen Hinweisen begleitet. Seine Vorlesungen zum Familienrecht in den muslimischen Staaten haben mir viele Einsichten vermittelt, auf die ich heute, als Professorin mit dem Schwerpunkt Islamisches Recht in Göttingen, zurückgreifen kann. Sie haben mich vor allem eins gelehrt: die Frage der Rechtsanpassung, des Rechtswandels, immer auch aus unterschiedlichen und eben nicht nur aus der islamwissenschaftlichen Perspektiven anzusehen.

Lieber Herr Krüger: möge Ihnen und uns Ihre Schaffenskraft, Ihr tatkräftiger Einsatz für die Sache, Ihre Lust am Disputieren, durchaus auch am streitbaren Debattieren, eben der Spaß an der Sache noch viele Jahre erhalten bleiben!

Professor Dr. Michael Bohlander[1]

Maqāṣid aš-šarīʿa und die Konversation zwischen islamischem und säkularem Recht – Vom Austausch von Monologen zum kritischen Dialog

This is a court of review, not a tribunal unbounded by rules. We do not sit like a kadi under a tree dispensing justice according to considerations of individual expediency.

US Supreme Court, Terminiello v. City of Chicago, 1949
(337 U.S.1 at 11 per Frankfurter J)

Equity is a roguish thing: for law we have a measure, know what to trust to; equity is according to the conscience of him that is Chancellor, and as that is larger or narrower, so is equity. 'Tis all one as if they should make the standard for the measure we call a foot, a Chancellor's foot; what an uncertain measure would this be? One Chancellor has a long foot, another a short foot, a third an indifferent foot: 'tis the same thing in a Chancellor's conscience.

John Selden, Table Talk, 1689[2]

When the Apostle of Allah ... intended to send Muʿādh ibn Jabal to the Yemen, he asked: How will you judge when the occasion of deciding a case arises?
He replied: I shall judge in accordance with Allah's Book. He asked: [What will you do] if you do not find any guidance in Allah's Book? He replied: [I shall act] in accordance with the Sunnah of the Apostle of Allah. ...
He asked: [What will you do] if you do not find any guidance in the Sunnah of the Apostle of Allah ... and in Allah's Book?
He replied: I shall do my best to form an opinion and I shall spare no effort.
The Apostle of Allah ... then patted him on the breast and said: Praise be to Allah Who has helped the messenger of the Apostle of Allah to find something which pleases the Apostle of Allah.

Sunān Abū Dāwūd, Ḥadīth No. 3592

---

1 Dieser Beitrag ist eine modifizierte Übersetzung meines Aufsatzes Sisters in Law – Using Maqāṣid al-Shariʿah to Advance the Conversation between Islamic and Secular Legal Thinking. In: Arab Law Quarterly (ALQ), London 28(2014)3, S. 257–277. Ich danke dem Verlag Brill/Leiden für die Erlaubnis, die Übersetzung abzudrucken. Zitate aus englischen Quellen wurden beibehalten.

2 Siehe Douglas, C. N., (Hrsg.), Forty Thousand Quotations: Prose and Poetical, 1917. Im Internet unter www.bartleby.com/348/authors/486.html (zuletzt abgerufen: 28.12.2014).

1. Eine neue Art der Konversation

Die Konversation zwischen islamischen und sogenannten säkularen Juristen hat eine lange Tradition. Jedoch ist die Tatsache nicht zu leugnen, dass seit dem verstärkten Aufkommen des globalen islamistischen Terrors und anderer, legitimerer Formen des politischen Islams[3] sowie wegen der größeren Aufmerksamkeit, die den muslimischen Teilen der Bevölkerung in nicht-muslimischen Ländern zuteil wird – nicht selten einhergehend mit der Sorge um die Bildung von Parallelgesellschaften[4] –, der Islam und seine kulturellen sowie rechtlichen Aspekte nunmehr immer stärker beleuchtet werden. Immer mehr Menschen wollen etwas über „die *šarī'a*" wissen, manche davon sicherlich auch aus seiner Kombination des kulturell-überheblichen Voyeurismus einerseits und einer perversen Faszination andererseits für die mittelalterlichen Schrecken des Hand- und Fußabhackens, der Steinigung, des Auspeitschens, des Köpfens usw. Eine wahre Flut von Veröffentlichungen in europäischen Sprachen zu einem breiten Spektrum islamischer Themen ist zu verzeichnen, ebenso wie eine Vielzahl von Veranstaltungen zum „Dialog mit dem Islam". Aber was sagen wir darin eigentlich?

Dialog statt Austausch von Monologen

Dieser Beitrag argumentiert, dass gegenwärtig kein Dialog, sondern lediglich ein Austausch von Monologen stattfindet[5]. Dialog bedeute Rede und Gegenrede, These und Antithese, basierend auf der gegenseitigen Bereitschaft der Beteiligten, ihre eigene Position im Lichte der Argumente der anderen Seite kritisch zu hinterfragen. In meiner Erfahrung sind beide Seiten sehr zurückhaltend, was solch eine offene Diskussion angeht, aus offensichtlichen Gründen: Für den (traditionellen) Muslim scheinen die göttlich Herkunft seiner Religion und die damit verbundene Einstellung zu Moral, Ethik und Gesetzgebung unverhandelbar; jeglicher Zusatz auf der Grundlage säkularen Denkens steht im Verdacht, den Islam zu verwässern

---

3 Manche Verfasser sind jedoch der Auffassung, dass der moderne politische Islam nicht der ursprünglichen Intention entsprach und in der Tat in der Geschichte des Islams nie existierte; vgl. Rohe, M., Das islamische Recht. München 2009, 2. Aufl., S. 396.

4 Siehe etwa für den deutschen Kontext Wagner, J., Richter ohne Gesetz – Islamische Paralleljustiz gefährdet unseren Rechtsstaat. Berlin 2011.

5 Siehe zu dem weiteren Problembereich der Motivation zu akademischer Zusammenarbeit von muslimischer Seite meinen kritischen Beitrag: Of Higher Intentions and Lower Expectations – A report about a failed survey project on using maqāṣid al-shari'ah as a means of comparative governance research. In: European Journal of Law and Governance 2015 (im Erscheinen).

oder gar in seiner Substanz zu unterminieren – ungeachtet der Tatsache, dass der weitaus größte Teil der islamischen Rechtslehre durch Menschen mittels menschlichen Denkens von der Grundlage der beiden primären Quellen abgeleitet wurde, und zwar – wie noch zu zeigen sein wird – in ähnlicher Weise wie dies säkulare Gelehrte in ihrem Bezugsrahmen tun würden.[6] Letztere hingegen werden jegliche Bezugnahme auf eine religiöse Grundlage als einen obsoleten Anachronismus betrachten, und in manchen Fällen zudem die traditionellen Ansätze muslimischer Gelehrter als eine Verletzung der menschenrechtlichen Grundgarantien kritisieren, für die man im „Westen" über Generationen und unter großen Opfern an Menschenleben gekämpft hatte, insbesondere etwa die Rede- und Glaubensfreiheit und die Gleichberechtigung der Frau. Konservativer und politischer Islam werden als Bedrohung für eine säkulare, offene und demokratische Gesellschaft empfunden.

Offenheit für den kritischen Diskurs

Ungeachtet dessen wird Kritik, insbesondere scharfe Kritik, an den materiellen Aspekten des islamischen Rechts von Gelehrten im säkularen Westen oft als kulturell respektlos und daher „politisch inkorrekt" angesehen, ein Bedenken, welches ihre muslimischen Kollegen vis-à-vis säkularen Rechtsordnungen nicht immer teilen – tatsächlich wird die unbestreitbare Überlegenheit des Islam als Lebensgrundlage offen in der Präambel der Cairo Declaration of Human Rights in Islam von 1990 betont;[7] man kann diese Haltung auch noch in modernen Lehrbüchern zum islamischen Recht finden, wie z.B. Attias Werk zu den „Higher Intents of Islamic Law", eben dem Thema, welchem sich dieser Beitrag widmet: „The Apostle received from God the most consummate of all laws, one that offers benefits which human beings alone would not be able to realize".[8]

Es mag in der akademischen Debatte selbst nicht derart auffallen,[9] aber die aggressive und nicht selten gewalttätige Reaktion auf Kritik am Islam und

---

6 S. die Übersicht zu den Argumenten der Reform- und Gegenreformbewegungen Rohe, M., Das islamische Recht. A.a.O., S. 189; Hallaq, W. B., Shari'a – Theory, Practice, Transformations. Cambridge 2009, S. 500.

7 Siehe www1.umn.edu/humanrts/instree/cairodeclaration.html (zuletzt abgerufen: 28.12.2014).

8 Attia, G. E., Towards Realization of the Higher Intents of Islamic Law. London, Washington 2007, S. 153.

9 Es kann jedoch auch dort unter Umständen heftige Reaktionen geben: Nachdem ich meinen durchaus kritischen Aufsatz „Political Islam and Non-Muslim Religions: A Lesson from Lessing for the Arab Transition." In: Islam and Christian-Muslim Relations

insbesondere an Muḥammad, der man in den extremeren Teilen der muslimischen Gesellschaft begegnet, hat möglicherweise schon eine hemmende Wirkung auf die Bereitschaft säkularer Wissenschaftler entfaltet, ihre Meinung deutlich und ohne Furcht zu sagen, je nach dem Umfeld der betreffenden Situation, wie sie es gegenüber jeder anderen Religion oder Weltanschauung tun würden. Eine Anekdote aus meiner eigenen Erfahrung mag dies verdeutlichen: Bei einer öffentlichen Vorlesung zur *šarīʻa* im Jahr 2013 an einer deutschen Universität erzählte eine der dort tätigen Professorinnen von einer Hausarbeit, die sie ihren Studenten gestellt hatte. Darin sollten sie diskutieren, ob es unter den Grundsätzen der Redefreiheit erlaubt sei, Muḥammad oder den Papst zu beleidigen. Fast alle fanden es in Ordnung, soweit es den Papst betraf, aber fast niemand tat dies in Bezug auf Muḥammad. Die Professorin konnte sich den Unterschied nicht erklären, zumal keine der beiden Personen gottgleichen Status in der jeweiligen Religion genießt und lediglich als Bote bzw. Statthalter Gottes auf Erden fungiert. Könnte die Tatsache den Unterschied bewirkt haben, dass die christliche Reaktion auf solche Diffamierungen in aller Regel nicht die Anwendung von Gewalt gegen Personen oder Sachen einschließt, und dass die Studenten diese Realitätswahrnehmung bei der Bildung ihrer akademischen Wertehierarchie schon internalisiert hatten?[10]

2014, S. 27 ff., an einige muslimische Kollegen gesandt hatte, wurde ich prompt von einer juristischen Fakultät in einem muslimischen Land wieder ausgeladen, wo ich eigentlich kurz darauf im Rahmen eines Gastaufenthaltes auf dem LLM-Programm lehren sollte.

10 Diese potentielle Internalisierung im akademischen Kontext kann aber manchmal auf unzureichender Information aus erster Hand und Missverständnissen über die wahre Reaktion herrühren, was oft einfach mit linguistischen oder kulturellen Barrieren zu tun haben mag, wie die folgende Anekdote belegt: Bei einer internationalen Konferenz im Jahr 2007 zur Strafrechtspflege im Islam an einer Universität in den VAE trug ich zu der westlichen Sicht auf die drastischeren Elemente des islamischen Systems vor, die weithin als barbarisch und/oder drakonisch bzw. als rechtsstaatlich fragwürdig gewertet werden, und sagte dies auch deutlich. Am Ende meines Vortrages herrschte in dem über 400 Plätze fassenden Hörsaal zunächst einmal Totenstille, lediglich fünf oder sechs ägyptische Richter in den vorderen Reihen gaben höflichen Applaus. In der folgenden Diskussion, erhielt ich etwas Beschuss von einem muslimischen Kollegen, der (zu Unrecht) meinte, ich hätte Muḥammad falsch zitiert, sowie einen (recht freundlichen) Kommentar von einem saudischen Professor, der mehr oder weniger in die Richtung ging, dass wir in uns gegenseitig in den jeweiligen Systemen sozusagen in Ruhe lassen und einander nicht kritisieren sollten. Für einen kritischen Dialog schien mir das keine erfolgversprechende Grundlage zu sein. Allerdings erzählte mir ein britischer muslimischer Kollege, der Arabisch sprach, später, dass mein Vortrag während des Mittagessens sozusagen das „Stadtgespräch" unter den Einheimischen

Einbindung der Maqāṣid aš-šarīʻa *und allgemeiner Rechtsprinzipien zur Beförderung der Konversation*

Wie dem auch sei, die Zeit ist reif für eine auf Tatsachen basierende Diskussion zwischen muslimischen und säkularen Gelehrten, die nicht durch die stets präsenten Bedenken wegen ideologischer und religiöser Empfindlichkeiten gehemmt wird, sondern die sich auf die *maqāṣid* und allgemeine Rechtsprinzipien gründet, welche beide paradigmatischen Ansätze bestimmen. Eine Debatte die ohne Glacé-Handschuhe geführt wird, was die wissenschaftliche Auseinandersetzung angeht, die aber bereit ist die Offenbarung zu riskieren, dass beide Systeme trotz der vorgeblichen Differenzen in ihren theoretischen Grundlagen weniger verschieden sind, als man denken mag und als die jeweiligen lautstärkeren Vertreter uns oft glauben machen wollen. Die offenbar angeborene Überzeugung vieler muslimischer Gelehrter, wie oben bei Attia gezeigt, dass es kein besseres System für jedermann gebe als die *šarīʻa*, ist so falsch wie die säkulare Sicht, dass die islamische Rechtswissenschaft im Ansatz veraltet und erstarrt sei. Wir müssen aufhören, einander nur unsere jeweiligen Systeme in einer mehr oder weniger deskriptiven oder bestenfalls apologetischen Weise zu erklären, und sollten dazu übergehen, zusammen über beide Systeme in einer angemessenen wissenschaftlich-analytischen Methodik zu sprechen, welche die sozialen und politischen Realitäten berücksichtigt und sich nicht in einem dogmatischen Glasperlenspiel erschöpft – sonst wird es nie einen Fortschritt zu einem Dialog der Gestalt geben, wie dieses Wort gemeinhin verstanden wird. Mit anderen Worten, die Zeit der heiligen Kühe auf beiden Seiten sollte vorbei sein.

Jede Gesellschaft, unabhängig von der Grundlage für ihre jeweilige kulturelle und moralische Umwelt, entwickelt irgendwann einen Kanon grundsätzlicher Leitprinzipien, welche die Auslegung und Anwendung von Moral und Gesetz bestimmen. Im islamischen Recht finden wir als Hauptbeispiel die sogenannten fünf höheren Zwecke oder Ziele der *šarīʻa*, die sogenannten *maqāṣid*, die dem Schutz bestimmter grundlegender gesellschaftlicher Werte dienen, nämlich der Religion, des Lebens, der Abstammung, des Intellekts und des Eigentums. Es enthält zudem materielle ethische Implementierungsprinzipien für diese fünf Zwecke, wie z.B.

---

war. Ich kann nicht sicher sein, inwieweit dies tatsächlich zutraf, aber wenn dem so war, dann scheint es bemerkenswert, dass mich niemand weiter ansprach – ob dies mit der arabischen Höflichkeit gegenüber Gästen zu tun hatte, mit einem Mangel an echtem akademischem Interesse, oder weil mein Vortrag bei manchen insgeheim Zustimmung gefunden hatte, was man einem Nichtmuslim gegenüber aber nicht zugeben konnte, blieb unklar. Jedoch bietet diese vage Herangehensweise, aus welchen Gründen auch immer, keine tragfähige Grundlage für Fortschritt in der Diskussion.

maṣlaḥa mursala, d.h. die Förderung des Gemeinwohls durch jede Handlung, *istiḥsān* (Für-gut-Halten), das „Blockieren der Mittel" (*sadd aḏ-ḏarāʾiʿ*) sowie das Verbot der Umgehung (*taḥaiyul*), falls der Einsatz technisch legaler Mittel zu einem illegalen oder unmoralischen Ergebnis führen kann, den Gedanken des Notstands (*ḍarūra*) etc. Säkulares Recht erkennt nicht mehr im selben Maße den Schutz der Religion und Abstammung an sich als legitime Zwecke an[11], aber kennt z.B. den Schutz der Rede- und Glaubensfreiheit bzw. des erbrechtlichen Interesses nichtehelicher Kinder; ebenso umfasst es Regeln, die dem Schutz des Lebens dienen (Tötungsdelikte, unerlaubter Schwangerschaftsabbruch etc., sowie die allgemeine Daseinsvorsorge i.w.S. und die medizinische Absicherung). Natürlich existiert ein Schutz des Eigentums durch Zivil-, Straf- und öffentliches Recht. Der Schutz des Intellekts findet sich z.B. in Vorschriften über Alkohol- und Drogenmissbrauch und etwa der Gesetzgebung gegen jugendgefährdende pornographische und gewaltverherrlichende Darstellungen. Es ist jedoch offensichtlich, dass es Unterschiede in einzelnen Aspekten und dem Grad der Schutzdichte gibt und dass in vielen Bereichen der Schutz im säkularen Kontext erheblich verringert wird, sobald eine Person volljährig ist.

Säkulares Recht kennt ethische Implementierungsregeln, welche die Prinzipien des islamischen Rechts fast exakt widerspiegeln: den Schutz des öffentlichen Gemeinwohls/Interesses, das Umgehungs- und Schikaneverbot, den Notstand usw., was man anhand einiger weniger Beispiele aus dem deutschen und englischen Recht einsichtig machen kann. Das BGB etwa enthält zahlreiche allgemeine Vorschriften, die sich mit Themen befassen, die das islamische Recht unter einer der o.g. Kategorien verorten würde, wie z.B. in §§ 133, 134, 138, 226, 228, 242 und 817 BGB. Beispiele für das „Blockieren der Mittel" finden sich – wenig überraschend – in

11 Insbesondere Sexualdelikte wie etwa Ehebruch oder Vergewaltigung werden entweder nicht länger als strafwürdig angesehen (Ehebruch) oder beruhen auf anderen Rechtsgütern als es der Begriff „Abstammung" suggerieren würde (Vergewaltigung). In ähnlicher Weise wird man Unterschiede nach sozialem Status als massiv überholt ansehen müssen, die etwa Mālik b. Anas in seiner Al-Muwaṭṭaʾ für Vergewaltigung vertritt. Siehe Al-Muwaṭṭaʾ of Imām Mālik Ibn Anas, Übersetzung von A. A. Bewley. London 2001, 36.16, wo Mālik empfiehlt, dass der Vergewaltiger einer Sklavin ihre „Wertminderung" bezahlen solle. Kein moderner Muslim würde dies noch als akzeptabel ansehen. Der moderne Islam lehnt auch die Sklaverei ab, obwohl weder der Qurʾān noch Muḥammad damals ihre Abschaffung verlangt hatten, was übrigens auch den Ansichten des Paulus in der christlichen Überlieferung entspricht; siehe etwa seinen Brief an Philemon, der auch in der Enzyklika „Spe Salvi" von Papst Benedikt XVI. vom 30. November 2007 in Bezug genommen wird, und die besagt: „Christianismus non proclamaverat socialem et turbulentum nuntium." – Spe Salvi, Abs. 4.

der Steuergesetzgebung, z.B. §§ 40 – 42 AO. Das englische Recht verfügt über die Grundsätze des „law of equity“, die als Korrektiv zu der oft strikten Anwendung des allgemeinen oder königlichen Rechts durch die Gerichte begannen (auch „common law“ genannt) und vom Chancellor of the Exchequer entwickelt wurden. Diese Prinzipien verfolgen ganz offensichtlich ähnliche Zwecke wie die des *maṣlaḥa* i.w.S.:

- Equity follows the law.[12]
- Where the equities are equal, the law prevails. Where the equities are equal, the first in time prevails.[13]
- Equity looks to the substance rather than the form.[14]
- Equity will not permit a statute to be used as an instrument of fraud.[15]
- Equity regards as done that which ought to be done.[16]
- He who seeks equity must do equity.[17]
- He who comes to equity must come with clean hands.[18]

Das Bild, das sich daraus ergibt, verdeutlicht die großflächige Kongruenz grundlegender ethischer Prinzipien über die Beförderung des Gemeinwohls, unabhängig von ihrer letztlich religiösen oder säkularen Grundlage. Diese Erkenntnis sollte es eigentlich ermöglichen, einen gemeinsamen Ausgangspunkt für die weitere systemübergreifende Konversation zu finden. Allerdings gibt es gewisse Hindernisse, denen wir uns nun zuwenden wollen.

2. Hindernisse für einen wahren Dialog – Systemische Empfindlichkeiten und Ambiguität

Der Vorwurf der Rückständigkeit und Prinzipienlosigkeit

Das traditionelle islamische Recht oder *šarī ʿa* wird von Juristen aus fortgeschrittenen säkularen Systemen oft als rückständig und prinzipienlos angesehen, was man etwa an dem ersten Eingangszitat ablesen kann. Jedoch belegt schon das zweite Zitat, dass ähnliche Bedenken vor nicht allzu langer Zeit auch in England wegen der Konturenlosigkeit des neuen Rechts der „equity“ laut wurden. Basierend auf

12 Re Diplock [1948] 2 All ER 318.

13 Pilcher v. Rawlins (1872) LR 7 Ch App. 250; Abigail v. Lapin [1934] AC 491.

14 Parkin v. Thorold (1852) 16 Beav 59.

15 Bannister v. Bannister [1948] 2 All ER 133.

16 Rayner v. Preston (1881) 18 Ch D 1.

17 Haywood v. Cope (1858) 25 Beav 140; Chappell v. Times Newspapers [1975] 2 All ER 233.

18 Cross v. Cross (1983) 4 FLR 235; Dering v. Earl of Winchelsea (1787) 1 Cox 318.

den beiden Primärquellen aus dem 7. Jhdt., Koran und Sunna, wurde die *šarīʿa* über Jahrhunderte von einer überwiegend privaten Kaste religiöser und juristischer Gelehrter entwickelt, den *ʿulamāʾ* oder *fuqahāʾ*, verwandt mit dem arabischen Begriff für Rechtstheorie/-philosophie, *uṣūl al-fiqh*. Diese Disziplin hatte ihre Blütephase in der Anfangszeit des Islam, als die Gelehrten auf der Suche nach Konsens (*iǧmāʿ*) und analoger Rechtsanwendung (*qiyās*) waren, wenn auch letztere in der schiitischen Lehre weitgehend in Frage gestellt wird. Es gab und gibt Zweifel unter den traditionelleren muslimischen Gelehrten, inwieweit neue Entwicklungen auf der Grundlage unabhängiger Exegese oder *iǧtihād* nach dem 10. Jhdt. noch möglich oder nötig waren – ob also das Tor zum *iǧtihād* verschlossen wurde.

Andere argumentieren, dass das islamische Recht zu allen Zeiten flexibel war und ist – innerhalb der generellen Parameter, welche durch die beiden Primärquellen gesetzt worden sind – und in diesem Sinne auch durchaus in der Lage ist, sich an die geänderten Bedürfnisse der jeweiligen Epoche anzupassen.[19] Man darf allerdings nicht übersehen, dass in neuerer Zeit auch verstärkt der Ruf nach einer Rückkehr zu den Quellen und der Zeit der ersten Gefährten sowie den Zuständen in der medinensischen Periode laut werden. In Medina etablierte Muḥammad den Kern dessen, was man die Grundsätze muslimischer Staatskunst nennen könnte, eine Tatsache, die z.B. auf das Denken des Gründers einer der vier großen sunnitischen Schulen, Mālik b. Anas, einen großen Einfluss hatte. Wie das dritte Eingangszitat aus einem berühmten *ḥadīṯ* zeigt, folgte das islamische Recht schon früh dem Gedanken einer – wenn auch noch rudimentären – Normenhierarchie, was den Vorwurf aus dem ersten Eingangszitat, muslimische Richter hätten ihre Quellen geradezu willkürlich auswählen können, schon im Ansatz fragwürdig erscheinen lässt. Die in dem *ḥadīṯ* zum Ausdruck kommende Weisheit über die Behandlung unvermeidbarer Regelungslücken wird auch Juristen aus säkularen Rechtsordnungen ansprechen, die innerhalb einer Normenhierarchie arbeiten und denen die Auslegungsfähigkeit und -bedürftigkeit des Rechts sowie die gelegentliche Notwendigkeit seiner analogen Anwendung schon im ersten Studiensemester nahegebracht wird.

Nichtsdestotrotz ist es bei der Lektüre selbst moderner Lehrbücher zum islamischen Recht, Islamic finance etc. auffallend, dass trotz der Tatsache, dass ihre Autoren äußerst gewandt sind in der modernen Welt der Kapitalmärkte mit ihren

---

19 Zur Entwicklung am Beispiel der großen Rechtsgelehrten siehe Arabi, O., Powers, D. S., Spectorsky, S. A., (Hrsg.), Islamic Legal Thought – A Compendium of Muslim Jurists. Leiden, Boston 2013. Kritisch jedoch Hallaq, W. B., The Logic of Legal Reasoning in Religious and Non-Religious Cultures. In: 34 Cleveland State Law Review 79, (1985–1986), S. 79–96.

financial derivative products und dergleichen, die Beispiele für die islamische Rechtslage der frühen islamischen Periode mit ihren Bezügen etwa zu Landwirtschaft und Viehzucht entnommen sind.[20] Nicht selten scheint auch die Art der Argumentation an die damalige Privat- und Geschäftsmoral gebunden zu sein. Der Stil erinnert oft an die Europäische Ära des Scholastizismus, nicht unähnlich der eines Thomas von Aquin in seiner *Summa Theologiae*, wobei manche moderne muslimische Wissenschaftler anerkennen, dass es dem islamischen Recht bis heute an hinreichenden Bemühungen um konzeptionelle Abstraktion mangelt.[21] Die Darstellung leidet weiterhin an einer Idealisierung der islamischen Quellen und übersieht die Kompromisse, welche in der Praxis zu verschiedenen Zeiten eingegangen worden waren, wie z.B. die handelsbezogenen "Kapitulationen", welche muslimische Herrscher erklärten, damit ausländische Händler ihre eigenen Rechtsordnungen anwenden konnten, auch wenn sie in einer islamischen Geschäftsumgebung tätig wurden, so dass z.B. muslimische Geschäftsleute ihre jüdischen oder christlichen Pendants als Mittelsleute benutzten, denen als *ḏimmī* erlaubt war, ihre eigene Kultur und Gerichtsbarkeit zu behalten.[22] Dies scheint insbesondere bei einem der kontroversesten Felder zugetroffen zu haben, nämlich der Umgehung des islamischen Zinsverbots (*ribā*).[23]

Linguistische Hürden

Wie dieser Beitrag schon auf den ersten Seiten gezeigt hat, ist der Diskurs über das islamische Recht außerhalb der arabischen Welt von der Notwendigkeit – oder ggf. auch einer bloßen, nicht genügend hinterfragten Gewohnheit – befallen, obskure arabische Terminologie, in Transliteration für Nichtarabisten, zu verwenden, was langwierige Erklärungen erfordert, um die arabischen Rechtsbegriffe der europäischen rechtslinguistischen Nomenklatur anzupassen, weil, wie jemand einmal spaßte, „jedes arabische Wort sich selbst, sein Gegenteil oder ein Kamel bedeuten kann":[24] Arabische Wörter haben eine reiche Vielfalt idiomatischer und kontextgebundener Konnotationen und da die vorherrschende Richtung

20 Siehe z.B. mehrfach in diesem Sinne bei Ayub, M. Understanding Islamic Finance. Chichester 2007; Ibn Ashur, M. al-T., Treatise on Maqāṣid al-Shariʿah. Übersetzung von M. el-T. el-Mesawi. London, Washington 2006.

21 Wallaq, W. B., The Logic…, a.a.O., S. 81, Fn. 5.

22 Kuran, T., The Long Divergence – How Islamic Law held back the Middle-East. Princeton 2011, S. 209.

23 Ibid., S. 143.

24 Siehe http://itre.cis.upenn.edu/~myl/languagelog/archives/003264.html (zuletzt abgerufen: 28.12.2014).

der trans-systemischen Konversation die der Erklärung der islamischen Sicht für die und nicht der gegenseitige kritische Dialog mit der Außenwelt war, mangelt es bisher an ausreichenden Anstrengungen zur Schaffung einer gemeinsamen Terminologie, so dass Nichtaraber nicht stets ein Wörterbuch unter dem Arm tragen oder gar Arabisch lernen müssen. Letztere Variante wird die Teilnahme europäischer Linguisten an der Debatte stark einschränken oder, wie ich selbst erfahren habe, dazu führen, dass sie von den Muttersprachlern ohnehin als Totschlagargument eingesetzt wird mit der Maßgabe, dass man in Ermangelung hinreichender Kenntnis der Sprache der Originalquellen eigentlich gar nicht wisse, wovon man rede.[25] Dies trifft insbesondere auf den Koran zu, von dem es, wie man sagt, keine Übersetzung geben kann, sondern nur Übersetzungen seiner Bedeutung, eine Auffassung, die angesichts der Tatsache, dass die weit überwiegende globale Mehrheit der Muslime kein Arabisch spricht – schon gar kein klassisches Arabisch – etwas kontraproduktiv erscheint und die Frage bedingt, was wichtiger ist: Wortlaut oder Bedeutung? Ein solcher Gebrauch der arabischen Originale kann somit auch zum Missbrauch werden, um die Deutungshoheit über den Text zu bewahren: Auch exzellent ausgebildete Nichtaraber werden es schwierig finden, mit Muttersprachlern in dieser Hinsicht zu diskutieren.

Konzeptionelle Inkongruenz

In Kombination mit dem Mangel einer gemeinsamen nicht-arabischen Terminologie findet sich ein viel problematischeres Phänomen, nämlich die offenbare Inkongruenz der Rechtsquellen. Wie schon angedeutet, sind die Primärquellen des islamischen Rechts entweder direkt göttlicher Natur (Koran) oder quasi-göttlich (Sunna), was sie prinzipiell jeder menschlichen Kritik zu entziehen scheint, bei der Sunna mit der zusätzlichen Bedingung, dass jeder einzelne *ḥadīṯ* als authentisch anerkannt sein muss, worüber schon seit langem eine breite Kontroverse herrscht. Jede andere Quelle, auch die prä-islamischen, müssen mit den Primärquellen kompatibel sein. Historisch-kritische Forschung wie z.B. im biblischen Kontext in die Ursprünge des Korans wird ganz überwiegend abgelehnt, da sie in sich den Gedanken eines konstitutiven menschlichen Einflusses auf die Textentstehung trägt und die bloß rezeptive Rolle Muḥammads in Frage stellt. Der Koran, wie die meisten muslimischen Gelehrten anerkennen werden, ist nicht in erster Linie als Gesetzbuch gemeint, sondern befasst sich mit dem Verhältnis Gottes zu seiner

25 Bohlander, S. M., Political Islam and Non-Muslim Religions – A Lesson from Lessing for the Arab Transition. In: Islam and Christian-Muslim Relations, Birmingham 25(2014)1, S. 39.

Schöpfung und insbesondere zum Menschen. Er enthält einige rechtlich relevante Verse, deren Anzahl davon abhängt, wer zählt, aber insgesamt sind es eher wenige. Bei den Aussprüchen Muḥammads finden sich mehr mit einem rechtlichen Inhalt, aber als westlicher Leser kann man sich oft des Eindrucks nicht erwehren, dass in vielen Fällen dieser Gehalt recht begrenzt oder vage ist bzw. der betreffende *ḥadīṯ* in dem Sinne benutzt wird, dass herausgelesen wird, was man vorher hineingelesen hatte, eine Praxis, die auch säkularen Juristen geläufig ist.[26] Muḥammad selbst hat seine Jünger angewiesen, außer den Rezitationen des Koran nichts von seinen Äußerungen aufzuzeichnen, wohl um eine Institutionalisierung derselben zu verhindern: „Do not take down anything from me, and anyone who has taken down anything from me, except the Qur'ān, should efface it."[27]

Allerdings, und hier begegnen wir der analytischen Linse der Ambiguität, zu der mehr im nächsten Abschnitt zu sagen sein wird, ist festzuhalten, dass es auch Anhaltspunkte für das Gegenteil gibt, z.B. als Muḥammad auf dem Sterbebett seine Gefährten fragte, ihm Schreibmaterial zu bringen, so dass er ihnen einige letzte Instruktionen diktieren konnte, um sie vor Irrtümern nach seinem Ableben zu bewahren. Da sie allen Ernstes in seiner Anwesenheit anfingen, darüber zu streiten, ob die Niederschrift solchen Materials mit Blick auf den obigen *ḥadīṯ* zulässig sei, obwohl er sie dazu angewiesen hatte, sandte er sie schließlich weg mit dem Hinweis, sein Zustand sei besser als der ihre, der von Streitereien geprägt war.[28] Ibn Ashur sieht diesen „mangelnden Eifer, eine bestimmte Handlung durchzuführen", als ein Zeichen, dass Muḥammad nicht im Rahmen der Sunna rechtssetzend tätig werden wollte.[29] Im Zusammenspiel mit Koran 3:144, welcher Muḥammads Botenrolle betont, folgert Ibn Ashur, dass soweit die allgemeine Situation der muslimischen Gemeinschaft betroffen ist, die Muslime die Worte und Taten Muḥammads als rechtssetzend betrachten sollten, es sei denn, es gebe klare Hinweise für das Gegenteil[30] – womit er im Ergebnis eine Hintertür offen lässt, um von der Sunna abzuweichen. Ich habe an anderer Stelle darauf

26 Ein eindrückliches Beispiel liefert der Federal Shariat Court of Pakistan in Qureshi v. Pakistan [1991] XLIII All Pakistan Legal Decisions, 10.

27 Ṣaḥīḥ Muslim, Ḥadīth No. 3004. – Ibn Ashur (Fn. 20; S. 138) meint, dass Muḥammad dies mit Blick auf individuelle Streitschlichtungen gesagt haben mag, um Verallgemeinerungen und Partikularisierungen zu verhindern.

28 Ṣaḥīḥ Bukhārī, Ḥadīth No. 3053.

29 Ibn Ashur, M. al-T., Treatise on…, a.a.O., S. 50.

30 Ibid.

hingewiesen, dass die Erkenntnisse der modernen *ḥadīṯ*-Forschung[31] nahelegen, dass die konzeptionelle Hierarchie zwischen Koran und Sunna in der islamischen Rechtsgeschichte nicht durchgehend beachtet worden ist, was letzterer de facto einen Auslegungsvorrang vor ersterem beschert hat.

„Kultur der Ambiguität" und Rechtstheorie

Solche und ähnliche Argumente zur islamischen Rechtsentwicklung, allen voran Thomas Bauers Arbeit zu der „Kultur der Ambiguität",[32] haben manche Gelehrte wie etwa Rüdiger Lohlker – der explizit auf Bauer verweist[33] – dazu veranlasst zu folgern, dass es schon länger eine Mischung des Religiösen und Säkularen in der islamischen Rechtsschöpfung gebe, wobei „säkular" sich auf die rein juristischen Argumentationsmuster aufgrund kontextueller Logik und nicht auf den direkten religiösen Einfluss bezieht. Diese wirkten nicht in einer vertikal-hierarchisch strukturierten Form, wie etwa in einem Baumdiagramm veranschaulicht, sondern als verflochtene aber separate Ausgangspunkte, ähnlich den Wurzelnetzwerken von Pflanzen. Lohlker[34] gründet seinen theoretischen Ansatz auf die Arbeiten von Deleuze/Guattari.[35] Aber während dieses Modell sinnvoll sein kann, um den Prozess der jurisprudentiellen Argumentation darzustellen, ist dies hinsichtlich der Substanz der so gebildeten Regeln doch eher fraglich, welche unter einem viel stärkeren Einfluss des Religiösen stehen können, als der angesprochene Prozess. Mit anderen Worten, selbst wenn man allgemeine juristische Logik anwendet, so werden die originären Bausteine, mit denen diese Logik arbeitet, zum großen Teil der religiösen Grundlage entspringen, es sei denn, man wollte argumentieren, dass die Extrapolationen der Juristen mit der Zeit zu Quellen an sich mutiert und in diesem Sinne vom Religiösen abgekoppelt sind. Dies erscheint jedoch letzten Endes nicht überzeugend, da sie bestenfalls als eine Art summarischer Verweis auf die ihnen zugrundeliegenden Ansichten dienen, gewissermaßen wie in einer Kette der Regression zu den Primärquellen. Insoweit Lohlker offenbar meint, dass die weltlichen Herrscher nicht selten in der islamischen Geschichte den Lehren der *'ulamā'* entgegentraten (und umgekehrt) und so zur Schaffung eines religiös

31 „There is no compulsion in religion" – Freedom of religion, responsibility to protect (R2P) and crimes against humanity at the example of the Islamic blasphemy laws of Pakistan. In: Journal of Islamic State Practices in International Law (JISPIL) 2012, S. 36.

32 Bauer, Th., Die Kultur der Ambiguität – Eine andere Geschichte des Islams. Berlin 2011.

33 Lohlker, R., Islamisches Recht. Wien 2012, S. 15 und 35.

34 Ibid., S. 41.

35 Ibid.

weniger strikten oder traditionellen Rahmens beitrugen[36], was die zunehmende Betonung säkularerer Facetten induktiver Argumentation begünstigt habe, präsentiert er wohl einen unzulässigen Schluss von faktischer Regelverletzung auf allgemeine normative Regelentstehung – anders gesagt, er argumentiert von einem illegalen Sein auf ein legitimes Sollen. Während dies in einem Modell rein gewohnheitsbasierter Normschaffung möglich schiene, stellt es einen fragwürdigen Ansatz in einem bereits bestehenden, alles überdachenden und wohl geschlossenen normativen Kontext dar, der durch Koran und Sunna als gemeinsame primäre Parameter bestimmt wird und, wie auch Lohlker zugesteht[37], der ebensowenig die moderne Tendenz der salafistischen Renaissance erklärt, zu diesen Primärquellen zurückzukehren und die Jahrhunderte rechtsphilosophischen Überwuchses zu entfernen – ungeachtet dessen, dass die Salafisten die banale Tatsache verkennen, dass sie selbst wieder diese Primärquellen werden auslegen müssen, was den Zyklus eben desselben Überwuchses von neuem beginnen lassen wird. Sogar in den weltlichen Manifestationen der Rechtsgrundlagen muslimischer Länder, etwa in ihren geschriebenen Verfassungen, finden wir die Betonung der *šarī'a* als der höchsten Rechtsquelle.[38] Es scheint daher zweifelhaft, ob ein Verweis dieser Art auf die „partiell-säkulare" Natur islamischen Rechtsdenkens die Debatte merklich voranbringen kann.

Säkulare Vergleiche

Ungeachtet des jahrhundertelangen Einflusses jüdisch-christlicher Werte, von denen viele inzwischen zu scheinbar unabhängigen und freischwebenden humanistischen Werten mutiert sind, werden säkulare Rechtsquellen nicht mehr als in irgendeiner Weise göttlich inspiriert angesehen, trotz der Anrufung Gottes in manchen nationalen Verfassungen.[39] Da viele Menschen heute nicht länger akzeptieren, dass und warum Religion eine Relevanz für ihre soziale Interaktion und persönliche Lebensgestaltung haben sollte, haben die ethisch-moralischen Grundsätze, die früher in religiöse Ordnungen eingebettet waren, ein Eigenleben entwickelt. Dies kann allerdings dazu führen, dass man mit sich ändernden Zeiten, Sitten oder größeren geopolitischen Umwälzungen aufgrund Migration etc. ihre weitere

---

36 Ibid., S. 33.

37 Ibid., S. 21 und S. 47.

38 So z.B. die Verfassungen von Ägypten, Afghanistan oder Irak.

39 So z.B. die Verfassungen von Deutschland, den Vereinigten Staaten und des Vereinigten Königreichs, wo der Monarch als Staatsoberhaupt auch Oberhaupt der Church of England ist und den Titel „defender of the faith" trägt.

Befolgung nur schwerlich rechtfertigen kann. Ihre Abkoppelung von der jeweiligen Quelle hat eine andere Form der Ambiguität im säkularen System entstehen lassen. Während religiöse Menschen die Herausforderungen der globalen ideologischen Vernetzungen und Reibungsverluste meistern und sich selbst gegenüber anderen Interpretationen der eigenen Religion oder gar anderen Religionen positionieren müssen, sind ihre nicht-religiösen Zeitgenossen eines klaren und verlässlichen Maßes beraubt, das ihnen bei der Bestimmung des rechten ethischen Verhaltens Leitung geben könnte; sie sind daher letztlich auf die Abwägung widerstreitender Interessen in einer quasi-utilitaristischen Weise verwiesen. In ihrer extremsten Form führt diese Abkoppelung zu oberflächlichen „Wissenschaftsideologien“[40] wie etwa dem Reduktionismus eines Richard Dawkins und seiner Gesinnungsgenossen, die jegliche Bezüge auf das Übernatürliche als unnötig oder gar wahnhaft abtun[41]: Jegliche menschliche Aktivität, einschließlich der neuralen, ist Biologie; alle Biologie ist Chemie; alle Chemie ist letztlich Physik – und dies bedeutet schlussendlich Teilchenphysik und Quantenmechanik. Die Annahme, dass man Gott nicht braucht, um Naturphänomene zu erklären, hat zu dem Glauben geführt – und das Wort ist hier bewusst gewählt –, dass der Mangel der Notwendigkeit den Mangel der Existenz impliziere, ein logischer Fehlschluss par excellence. Wie dem auch sei, während abgekoppelte aber dennoch in der Sache befolgte moralische Prinzipien sich ggf. deontologisch mühen müssen, utilitaristischen Angriffen glaubhaft standhalten zu können, fällt es einer reduktionistischen Weltsicht schon schwer, überhaupt eine normative Grundlage für ethische Regeln zu entwickeln. Auf der philosophischen und theoretischen Ebene ist der säkulare Ansatz also trotz seines intellektuellen Aufplusterns nicht sehr weit entfernt von der Ambiguität der islamischen Rechtssphäre.

Die theoretische Ambiguität spiegelt sich auf der juristischen „Produktionsebene“ wider. Säkulare Systeme des common und des civil law nutzen entweder eine Präzedenzfalldoktrin (*stare decisis*) im Rahmen vertikal-induktiver Rechtsschöpfung, oder mehr oder weniger weitreichende Kodifikationen, um Rechtssicherheit in vertikal-deduktiver Weise sicherzustellen. In den meisten Fällen besteht heute eine Mischform, da auch in den Kodifikationsmodellen die berichtigenden und gelegentlich korrosiven Effekte der richterlichen Auslegung wohlbekannt sind, und da die bindende Kraft von Präzedenzfällen durch die kreative Anwendung solcher Instrumente wie des „distinguishing“ oder „restricting a case to its own

40 Siehe hierzu neuerdings kritisch Midgeley, M., Are You an Illusion?, Durham 2014.

41 Siehe etwa Dawkins, R., The God Delusion. London 2007.

facts"[42] wenn nötig umgangen werden kann. Auch in Systemen, die keiner Präzedenzfallbindung huldigen, stellen die Sachzwänge der richterlichen Praxis sicher, dass de facto die höchstrichterliche Rechtsprechung befolgt wird, aber nicht einmal das gewährleistet eine einheitliche Rechtsanwendung. Im föderalen deutschen Modell, welches keine Präzedenzfallbindung kennt, folgen die Untergerichte der Länder, vor allem im Zivilrecht, oft der Rechtsprechung ihrer jeweiligen Oberlandesgerichte statt der des jeweiligen Bundesobergerichts, da erstere diejenigen sind, welche über die meisten Rechtsmittel entscheiden; in Ländern mit mehreren Obergerichten ist es nicht selten, dass diese untereinander oder vom Bundesgerichtshof abweichende Rechtsauffassungen vertreten, da sie theoretisch vom Bundesgerichtshof oder gar vom Bundesverfassungsgericht (außerhalb der Wirkung des § 31 BVerfGG) abweichen können. Sogar in Fällen offenbar klarer Rechtslage haben Gerichte manchmal kreative Umgehungstechniken durch Rechtsfindung *praeter legem* oder *contra legem* entwickelt. Das Grundgesetz sieht jedoch eine Reihe von Verfahren vor, die den Zugang zum BVerfG eröffnen, um eine kohärente Rechtsprechung zu den grundlegenden Fragen zu gewährleisten und manche der allzu rechtsschöpfungsfreudigen Richter unter Kontrolle zu halten. Ähnliches existiert in anderen Rechtsordnungen. Nichtsdestotrotz ist das Potential für Ambiguität auffällig.

Man findet aber dennoch keine schreiende Anarchie im System, da alle Richter, Staatsanwälte und Anwälte dieselbe langwierige Ausbildung durchlaufen, und die allermeisten von ihnen benutzen ihren gesunden Menschenverstand, wenn sie erst einmal in der Praxis angelangt sind. In dem deutschen Modell der Laufbahnjustiz wird die institutionelle Sozialisation der neuen Richter etwa auch dadurch gewährleistet, dass sie oft zunächst in Kollegialgerichten eingesetzt werden, oder durch Abordnungen an die Staatsanwaltschaft, entweder während der Probezeit oder als Voraussetzung für eine Beförderung. Transponieren wir dieses Bild in die islamische Umgebung zurück, so erkennt man sofort, dass dort solche Sozialisationsfunktionen durch die langjährige Ausbildung in einer der großen juristischen, in manchen Fällen durch den Staat als verbindlich festgelegten Schulen erfolgen können[43]. Die *šarī'a* erlaubt zusätzlich die Vermeidung der Effekte allzu rigider Observanz einer bestimmten Schule durch Institute wie *taḫaiyur* oder *talfiq*. In ähnlicher Weise findet sich ein Pendant zu dem ontologisch problematischen Vorrang der Sunna über den Koran in der Bereitschaft mancher deutscher Richter,

42 Siehe z.B. R. v. Turbill and Broadway [2014] 1 Cr. App. R. 7, Abs. 12; Sandeman Coprimar SA v. Transitos y Transportes Integrales SL and Others [2003] Q.B. 1270, 1276.

43 Obwohl manche die fortbestehende Relevanz der Schulen in diesem Sinne bezweifeln – siehe Rohe, M., Das islamische..., a.a.O., S. 189.

Rechtsfindung neben oder gar gegen den Willen des Gesetzgebers zu betreiben, falls dies als nötig angesehen wird, insbesondere dann etwa, wenn es um Szenarien geht, die unter die Radbruchsche Formel fallen könnten.

3. Kriterien für die künftige Konversation

> Such is the fruit of logic. It also affords acquaintance with the doctrines and opinions of the people of the world. One knows what harm it can do. Therefore the student should beware of its pernicious aspects as much as he can. Whoever studies it should do so only after he is saturated with the religious law and has studied the interpretation of the Qur'ān and jurisprudence. No one who has no knowledge of the Muslim religious sciences should apply himself to it. Without that knowledge, he can hardly remain safe from its pernicious aspects.
>
> Ibn Khaldūn (1332–1406)
> The Muqaddimah – An Introduction to History[44]

Islamische und säkulare Juristen arbeiten offenbar nicht sehr unterschiedlich, wenn ihnen erst einmal die Bausteine zur Errichtung des Gebäudes des Rechts in die Hand gegeben worden sind; wir sollten deshalb dazu übergehen, materielle Rechtsfragen zu diskutieren anstatt uns mit Fragen der Ontologie aufzuhalten, und mit den leitenden Grundsätzen anfangen, die jedes Rechtssystem wie große Arterien durchziehen. Ein *caveat* mag hier angebracht sein: Es ist unwahrscheinlich, dass der islamische juristische Mainstream in naher Zukunft sich von seinen religiösen Wurzeln lösen und einem Modell zuwenden wird, das zwischen den religiösen Pflichten der Muslime und den Pflichten aller Bürger eines Staates qua gleichrangiger Bürgerschaft unterscheiden und letztere zur Grundlage seiner rechtlichen Paradigmen machen wird.[45] Diskussionen über den Wert eines Rekurses auf prophetische Offenbarung und Praxis aus dem 7. Jhdt. als Basis für rechtliche Regeln in der pluralistischen Welt des 21. Jhdt. sind legitim und haben ihren Platz in der theologisch-philosophischen Debatte, sie werden aber nicht dabei helfen, die erforderliche Diskussion über Ähnlichkeiten und Unterschiede der islamischen und säkularen moralisch-ethischen Prinzipien zu fördern, die den weltlichen Herrscher leiten sollen, da die Ontologiediskussion zu den Wurzeln der Systeme nur zu Reibungsverlusten und Spannungen führen wird – die Sorge über muslimische Parallelgesellschaften ist ein Beispiel dafür. Das entbindet die muslimische Seite allerdings nicht davon, sich den Realitäten zu stellen und ihre

---

44 Übersetzung von Franz Rosenthal, Princeton 1967; Princeton Classic Edition. Princeton 2005, S. 405.

45 Siehe die brillante Analyse von an-Na'im, A. A., Islam and the Secular State – Negotiating the Future of Shari'a. Cambridge/Ma., London 2008.

eigenen Anstrengungen zu unternehmen, um die Qualität ihrer Aussagen und die Auswirkungen ihrer anderen Sicht der ontologischen Debatte auf den globalen Diskurs zu moderieren und zu mildern, wenn sie dem Vorwurf einer permanenten Haltung moralischer Überheblichkeit oder der Verweigerungshaltung gegenüber einer Unterhaltung auf Augenhöhe entgehen will.

Die Debatte braucht den Einsatz offen denkender Diskutanten auf beiden Seiten. In einem früheren Beitrag,[46] schlugen mein iranischer Kollege Mohammad Hedayati-Kakhki und ich die Gründung eines Centre for Global Ijmā vor, eine Vision die damals wohl zu optimistisch war – und wohl auch noch ist – und deren Name bei manchem muslimischen Kollegen Verwunderung ausgelöst haben mag. In diesem Zusammenhang ist es interessant, dass Siti Faridah Abd Jabbar Folgendes zu der Frage der sogenannten Shariʿah compliance councils im Rahmen des Islamic finance zu sagen hat:

> The problems of differing Shariʿah pronouncements, the shortage of Shariʿah scholars, payments of exorbitant consultation fees to Shariʿah scholars, and the potential problems of conflict of interest, conflict of duties, breach of confidence, and insider dealing are not, however, issues that cannot be entirely resolved. What may be done to overcome these problems as well as circumventing the potential ones is by establishing a universally accepted central religious authority representing the different schools of thought where Shariʿah scholars the world over are pooled together under the authority's roof. The religious authority may be set up under the auspices of an international Islamic organisation such as the Organisation of the Islamic Conference or the Islamic Development Bank and may be funded by the levies imposed on the financial institutions that seek the authority's guidance and approval. The setting up of the central religious authority would bring about the uniformity of Shariʿah pronouncements; give all financial institutions, and not merely the well-established and high-paying ones, access to the services of the most eminent Shariʿah scholars; assist in expediting the approval and introduction of new financial instruments into the Islamic financial industry; and above all, do justice to Islamic finance which is intrinsically good but severely misconceived owing to the failings of mankind.[47]

Nichtsdestoweniger gewinnt außerhalb der islamischen Umwelt die Notwendigkeit eines koordinierten und kritischen Diskurses zwischen qualifizierten Wissenschaftlern und Praktikern beider Seiten zunehmend an Bedeutung, ein Diskurs der den bloßen Austausch von Ansichten hinter sich lässt und der stattdessen von dem ernsthaften Wunsch getragen wird, einander zu verstehen und

46 Bohlander, M., Hedayati-Kakhki, M., Criminal Justice under Shariʿah in the 21st century: An inter-cultural view. In: ALQ, London 23(2009)4, S. 417–436.

47 The Shariʿah Supervisory Board: a potential problem in Islamic finance? Company Lawyer 2008, S. 31.

voneinander zu lernen – und die so gewonnenen Erkenntnisse in die Praxis umzusetzen. Die Skepsis eines Ibn Khaldūn aus dem 15. Jh., dass ein solches Unterfangen schädlich statt nutzbringend sei, sollte ein für allemal zur ewigen Ruhe gebettet werden.

RA Dr. Achim-Rüdiger Börner

Die Beachtung des Korans[1] im modernen Wirtschaftsrecht des arabischen Raums[2] (gewidmet Herrn Professor Dr. Hilmar Krüger zum 75. Geburtstag[3])

Das Wirtschaftsrecht des arabisch-sprachigen Wirtschaftsraums ist nicht ohne seine islamische Grundlage[4] zu verstehen. Das hat zwei Gründe:

Zum einen ist das sozio-kulturelle Grundverständnis der großen Mehrzahl der Bevölkerung islamisch und bestimmt damit die Gebräuche wie auch ein jedes Rechtsverständnis:

„Ihr seid die beste Gemeinde, die für die Menschen erstand." (3, 106)

Zum anderen fließen die Wertungen des Islam über die Bestimmungen der jeweiligen nationalen Verfassung in die Gesetze ein, sei es als die zu beachtende Scharia, sei es als die zu beachtenden Grundzüge des religiösen Rechts, sei es als „Islam in Öffnung und Mäßigung".

Im Folgenden werden die koranischen Vorgaben systematisiert und ihre Auswirkungen auf das moderne Wirtschaftsrecht geschildert. Die Ergänzungen durch die Sunna, die zumindest teilweise in ihrer historischen Bedingtheit zu sehen ist, und die umfangreichen Überlegungen der historischen Riten und Rechtsschulen, deren Interpretationen und Ableitungen noch viel mehr als die Lebensgeschichte des Propheten dem Denken und den Notwendigkeiten ihrer Zeit Tribut zollen, müssen Gegenstand weiterer Untersuchungen sein.

---

1 Der Koran wird zitiert nach der Übersetzung von A. Schimmel. Stuttgart 1977.

2 Alle Internetseiten wurden im Februar 2014 aufgerufen, sodass in den einzelnen Fußnoten keine weiteren Hinweise dazu enthalten sind.

3 Zum Jubilar vgl. Mansel, H.-P., Hilmar Krüger und das Kölner Institut für internationales und ausländisches Privatrecht, Informationsbrief der Deutsch-Türkischen Juristenvereinigung Jg. 22 (2013), Nr. 1–2 (Festschrift Krüger).

4 Klingmüller, E., Recht und Religion im Islam. In: Schall, A. (Hrsg.), Fremde Welt Islam, Mainz 1982, S. 86 ff.

A. Vorgaben im Koran

Üblicherweise unterscheiden die Gelehrten zwischen den Vorgaben positiven Rechts, die der Koran macht, und seinen religiös-ethischen Geboten einschließlich der Pflichtenlehre und den Vorgaben zum Ritus. Rechtsvorschriften im engeren Sinne betreffen vor allem das Familien- und Erbrecht[5] sowie das Strafrecht[6]; demgegenüber – so heißt es – treten die wirtschaftsrechtlichen Anordnungen in den Hintergrund[7]. Dies übersieht jedoch die überragende Bedeutung der Grundlagen, die sich im Koran auch für das Wirtschaften der Menschen finden:

> „Siehe, dieser Koran leitet zum Richtigen und verheißt den Gläubigen, die das Rechte tun, großen Lohn." (17, 9 f.).

1. Selbstbestimmung

Grundlage die Selbstbestimmung des Menschen; er ist grundsätzlich eigenverantwortlich.

Er wird beim Jüngsten Gericht an seinen Handlungen gemessen.

> „Wer rechtgeleitet ist, der ist nur rechtgeleitet zum eigenen Besten, und wer irre geht, der geht irre allein zu seinem eigenen Schaden." (17, 16; ebenso 24, 53)

Und auch bereits zuvor, im Diesseits, wirken die Handlungen:

> „So ihr Gutes tut, tut ihr Gutes für euch; so ihr Böses tut, ist es wider euch." (17, 7; ebenso 45, 14)

Nur wenige Suren widmen sich dem Konflikt mit der Allmacht Gottes und anerkennen:

> „Allah leitet irre, wen er will, und leitet recht, wen er will." (35,9; ebenso schon 74, 34)

Derartige „Eingriffe" erscheinen als Ausnahme.

Die Eigenverantwortlichkeit ist exklusiv. Im Jüngsten Gericht gibt es weder Fürbitte noch die Übernahme von Verantwortung bzw. Schuld:

> „O ihr Menschen, fürchtet euren Herrn und zaget vor dem Tag, wo der Vater nichts für den Sohn und der Sohn nichts für den Vater tun kann." (31, 32; s. auch 35, 19; 40, 19 und 60; 44, 41; 53, 39; 74, 49)

---

5 Übersicht bei Rohe, M., Das islamische Recht. München 2009, S. 206–232.

6 Ebenda, S. 262–271.

7 Zum Wirtschaftsrecht im engeren Sinne, insbesondere dem Vertragsrecht ebenda, S. 233–241.

2. Güter

Die Eigenverantwortung bestimmt den Erwerb von Gütern durch Aneignung, Erschaffung und Rechtsgeschäft sowie den Umgang damit.

Grundsätzlich ist Eigentum anerkannt, insbesondere das Erarbeitete bzw. Erwirtschaftete (9,80).

Der Erwerb von Gütern durch Aneignung greift in die Schöpfung ein, die Zeichen der Existenz und Allmacht Allahs ist (2, 159; 6, 38; 6, 59; 6, 95 ff.; 6, 142; 7, 9; 7,52 und 56; 10, 4 ff.; 10, 32 und 35; 10, 101; 11,8; 13, 3 f; 14, 37; 16, 3 ff.; 16, 67 ff.; 20, 52; 21, 16; 21, 31; 22, 62; 23, 18 ff.; 24, 44; 25, 50; 26, 6; 27, 61; 19, 19; 30, 10; 30, 24; 31, 9 f; 35, 25; 36, 33 ff.; 43, 10 ff.; 45, 3; 50,9; 55, 49; 56, 71 f; 57, 16; 77, 25 f; 78, 6 ff.; 79, 26 ff.; 80, 25 ff.; 87,4). Fast alle Suren nennen Allah den Schöpfer des Menschen aus einem Samentropfen. Die mekkanischen Suren preisen ihn überwiegend als Schöpfer der unbelebten Welt (Himmel und Erde, z.B. 78, 6 ff.; 79, 26 ff.) und der Lebensgrundlage der Menschen (Wasser und Pflanzen, z.B. 16, 67; 87, 4); so betet Abraham:

> „Mache dieses Land sicher und versorge sein Volk mit Früchten." (2, 120).

Die medinensischen Suren erweitern die Betrachtung um die Tiere, die wie die Menschen in Paaren auftreten und vor der Sintflut gerettet wurden, und gipfeln in der Verkündung:

> „Kein Getier gibt es auf der Erde und keinen Vogel, der mit seinen Schwingen fliegt, die nicht wären Völker gleich euch. Nichts haben wir in der Schrift übergangen, alsdann werden sie zu ihrem Herrn versammelt." (6, 38).

Diese hervorragende Bedeutung der Natur als Zeichen der Allmacht Allahs gebietet besondere Achtung vor ihr.

Das soll nicht die Nutzung untersagen. Vielmehr heißt es:

> „Esset von dem, was auf Erden erlaubt und gut ist" (2, 163, auch 167).

Aber dies wird begrenzt durch den Appell zum Maßhalten:

> „Esset von dem Guten, was wir euch bescherten, doch nicht ohne Maß." (20, 83).

Das gilt auch allgemeiner:

> „Allah schuf alles für euch auf Erden" (2, 17).

Doch gilt auch hier das Gebot des Maßhaltens, verdeutlicht durch das Verbot des unnützen Verzehrs von Gütern (2, 184; 4, 83) und die Bestrafung von Hochmut und Maßlosigkeit (44, 30; 79, 17).

Der Überfluss ist zu opfern bzw. zu spenden:

> „Wahrlich wir haben dir Überfluss gegeben, Darum bete zu deinem Herrn und schlachte." (108,1 f.)

Darauf ist später noch einzugehen.

Die Achtung vor dem der Natur entnommenen Geschenk kommt auch darin zum Ausdruck, dass das Opfertier geschmückt wird (5, 2). Die Achtung vor der Schöpfung ist ein allgemeiner und offenbar bereits zu Mohammeds Zeit weitgehend anerkannter Grundsatz, wie in folgendem Vers zum Ausdruck kommt:

> „Verflucht hat ihn Allah, und er sprach: ‚Wahrlich nehmen will ich einen bestimmten Teil deiner Diener und will sie in die Irre führen … und ihnen befehlen, dass sie den Tieren die Ohren abschneiden, und ihnen befehlen, die Schöpfung Allahs zu verändern.'" (4, 118)

3. Verträge

Koranverse über Austauschverträge gibt es nur wenige. Mit der Selbstbestimmung korreliert der Grundsatz der Vertragsfreiheit, mit der Eigenverantwortung das Erfordernis der Rechtschaffenheit.

Die Rechtschaffenheit (2, 76) ist im Koran nicht allgemein definiert.

> „Allah ist wahrlich mit denen, die recht handeln." (29, 69; s. auch 30, 43 f.; 41, 46; 45, 18; 49, 9; früh bereits 98, 6)
> „Siehe, Allah gebietet, Gerechtigkeit zu üben, Gutes zu tun und die Verwandten zu beschenken, und verbietet das Schändliche und Schlechte und Gewalttat. Er ermahnt euch, auf dass ihr es zu Herzen nehmet." (16, 92)

Einige Verträge sind verboten, zu unterscheiden sind verbotener Vertragszweck und verbotener Vertragsinhalt.

Verbotener Vertragszweck ist der Betrug:

> „Darum legt nicht Eide ab zu gegenseitigem Betrug." (16, 96, s. auch 94)

Verbotene Vertragsgegenstände sind Alkohol und Schweine als *res extra commercium*. Wichtiger sind die inhaltlichen Verbote des Wuchers, oft fälschlich als Zinsverbot interpretiert, und des Glücksspiels, d.h. eigentlich des Pfeilewerfens (*maisir*).

Das Verbot des Glücksspiels ist eindeutig:

> „Durch Pfeillose zu verteilen, ist Frevel." (5, 4; s. auch 5, 92 f und 2, 216).

Es bedeutet aber keineswegs ein allgemeines Verbot der Übernahme von Risiken, wie schon ein Blick auf den damaligen gefährlichen Karawanen- und Schiffshandel zeigt. Das angebliche Verbot der Übernahme von Risiken (*ġarar*) z.B. in Versicherungsgeschäften widerspricht zudem der Pflicht zur Schadensminderung.

> „Allah hat das Verkaufen erlaubt, aber den Wucher verboten." (2, 276)

Da es beim Verkauf als einfachem Tausch Ware gegen Geld keine Zinslast für den Käufer gibt, bedeutet Wucher (*ribā*) hier die sittenwidrige Übervorteilung. Das bloß schlechte Geschäft wird nicht erfasst:

> „O ihr, die ihr glaubt, fresset nicht euer Gut unter euch in Nichtigkeiten, es sei denn im Handel nach gegenseitiger Übereinkunft." (4, 83)

Die Miete ist ein anerkanntes Vertragsmodell; es spricht also nichts dagegen, dass auch Kapital „vermietet" werden kann. Die Zinsgrenze zum verbotenen Wucher (4, 159) liegt hier allerdings nicht nur bei der Übervorteilung, sondern auch bei der – je nach Geschäft unterschiedlich – absehbaren Folge, dass der Schuldner in vorübergehende oder sogar dauerhafte Zahlungsschwierigkeiten gerät. Das folgt aus dem Vers:

> „Wenn jemand in Zahlungsschwierigkeiten ist, so übt Nachsicht, bis es ihm leichtfällt." (2, 280; s. auch 68, 46)

Zum Vertragsschluss ist die Beurkundung bzw. der Zeugenbeweis empfohlen (2, 282), vor allem für die Pfandnahme (2, 283) und andere langfristige Geschäfte (2, 282).

Der geschlossene Vertrag ist ordnungsgemäß zu honorieren. Dies gilt vor allem für den Vertrag des Gläubigen mit Allah:

> „Und haltet den Vertrag. Siehe über Verträge werdet ihr zur Rechenschaft gezogen." (17, 36) „Wer jedoch seiner Verpflichtung nachkommt und gottesfürchtig ist – siehe, Allah liebt die Gottesfürchtigen." (3, 70)

Aber die Vertragstreue ist ein allgemeines Prinzip:

> „Oh ihr, die ihr glaubt, haltet eure Verträge" (5, 1; ebenso 2, 172; 9, 12; 16, 93).

Sie verbietet insbesondere den Messbetrug.

> „Und gebet volles Maß, wenn ihr messet, und wägt mit richtiger Waage; so ist es besser und förderlicher zur Erledigung." (17, 37)
> „Schreib: Und, oh mein Volk, gebt rechtes Maß und Gewicht und verkürzt nicht die Leute in ihrem Gut und richtet kein Unheil an auf Erden durch Verderbenstiften." (11, 86)

Die Vertragstreue verbietet auch die Veruntreuung von Pfändern und anvertrautem Vermögen:

> „Siehe, Allah gebietet euch, die Pfänder ihren Besitzern wiederzugeben..." (4, 61)
> „Und gebet den Waisen ihr Gut und tauschet nicht Schlechtes mit Gutem ein und fresset nicht ihr Gut zu dem eurigen hinzu; siehe, das ist ein großes Verbrechen." (4, 2; ebenso 4, 126; 6, 153; 17, 36).

4. Schadensminderung

Primär gilt das Gebot, das eigene Leben und auch das fremde zu erhalten:

> „Sprich: ‚So wehret den Tod ab, so ihr wahrhaft seid'." (3, 162)

Den Gläubigen trifft aber auch die allgemeine Pflicht bzw. Obliegenheit, Schäden zu mindern; der im Volksglauben wurzelnde Fatalismus, der Schadenseintritt stehe in der Allmacht Allahs und der Schaden sei daher hinzunehmen, findet im Koran keine Stütze:

> „Allah liebt nicht das Verderben." (2, 201)

Der ungehinderten Schadenabwehr und –folgenbeseitigung dient die Unterscheidung:

> „Was immer Gutes dir widerfährt, ist von Allah, und was immer Böses dir widerfährt, ist von dir selber." (4, 81)
> „Und was euch an Unglück trifft, es ist für eurer Hände Schaffen; und er vergibt viel." (42, 29)
> „Und da euch ein Unglück betraf, nachdem ihr das Doppelte erlangtet, sprecht ihr da etwa: ‚Woher dies?' Sprich: ‚Es kommt von Euch selber.' Siehe, Allah hat Macht über die Dinge." (3, 159)

Was aber der Mensch verursacht, das kann er auch rückgängig machen bzw. in den Folgen abmildern. Dementsprechend ruft der Koran überzeugend und mit allgemeiner Bedeutung auf:

> „Wehre das Böse mit dem Besseren." (41, 34)

5. Besitz, Gewinn und Solidarität

a) Eigentum

Der Koran impliziert ein kapitalistisches System:

Grundlage ist das Eigentum, vor allem das Erarbeitete bzw. Erwirtschaftete (9, 80).

Das Erschaffen und Halten von Werten durch eigenes Bemühen geht in Ordnung.

> „Und dass der Mensch nur empfangen soll, wonach er sich bemüht hat." (53, 40 ff.)

Das Ziehen von Gewinn aus eigener Arbeit und Geschäften ist ein legitimes Ziel.

> „Es ist keine Sünde, dass ihr Gewinn von eurem Herrn begehrt." (2, 194)

b) Sozialpflichtigkeit

Gleichwohl bedarf es der Huld Allahs, Besitz und Gewinn zu mehren:

> „Allah macht reich an Gut und Kindern." (70, 12 ff.)

Daher ist das Besitz- und Gewinnstreben nicht nur durch das Wucherverbot und Gebote der Rücksichtnahme begrenzt, sondern auch durch weitere Pflichten.

> „Doch ihr liebt das Vergängliche und lasset das Jenseits hinten." (75, 20 f)
> „Es beherrscht euch das Streben nach mehr, bis ihr die Gräber besucht." (102, 1 f)
> „Weh jedem lästernden Verleumder, der Gut zusammenscharrt und es hinterlegt. Er wähnt, dass sein Gut ihn unsterblich machen kann." (111, 2)
> „Fürwahr, der Mensch ist wahrlich frevelhaft, wenn er sich in Reichtum sieht." (97, 6 f)
> „Und wer wohl vor seiner eigenen Habsucht bewahrt wird, denen ergeht es wohl." (59, 9; 64, 10)

So hindern die Sorge um den Besitz die Kampfbereitschaft (z.B. 9, 88), die wir hier für das Wirtschaftsrecht vernachlässigen können, und der Besitzwille und die Gier nach mehr die Solidarität mit den Bedürftigen. Allah ist es, der den Besitz zukommen lässt und erhält, und damit zugleich die allgemeine Pflicht der Gläubigen, Gutes zu tun (2, 106), in eine Sozialpflichtigkeit des Besitzes konkretisiert.

> „Wahrlich, wir haben dir Überfluss gegeben. Darum bete zu deinem Herrn und schlachte (Opfertiere)." (108, 1 f)
> „Spendet von dem Guten, dass ihr erwarbt, und von dem, was wir für euch der Erde entsteigen lassen." (2, 269; 63, 10; s. auch 65, 7)

Diese Pflicht geht aber nicht so weit, dass – wie etwa im Buddhismus – die Besitzlosigkeit nun besonders tugendhaft wäre. Vielmehr ist das Gebot zur Weggabe grundsätzlich beschränkt:

> „Und wenn sie dich befragen, was sie ausgeben sollen als Almosen, sprich ‚den Überfluss'." (2, 216)

Die Sozialpflichtigkeit hat als das Gebot der Solidarität mit den Bedürftigen zwei Aspekte. Sie betrifft die konkret individualisierbaren Bedürftigen, für die verwendet, insbesondere gespendet, werden soll, und die allgemein abstrakt definierten Bedürftigen wie Arme, Vertriebene und Gefangene, auf die neben der konkreten Gabe auch Gemeingut verwendet wird. Die mekkanischen Suren betreffen vor allem erstere, die medinensischen letztere Gruppe.

Konkret individualisierbare Bedürftige sind insbesondere die Waisen, die nicht verstoßen, sondern aufgenommen und alimentiert werden sollen (93, 6; 107, 2; 76, 8). Die nächsten Gruppen sind die Behinderten, denen gespendet werden soll (2, 274; 57, 7; 57, 10; 57, 17; 57, 24), und die Bettler, die nicht verstoßen werden (93, 10) und von den Opfertieren erhalten sollen:

> „Und wenn sie (die Opfertiere) auf die Seite gestürzt sind, so esset von ihnen und speiset den demütig Bittenden und den verschämten Armen" (22, 37; s. auch 51, 19; 70, 24 f)

Abstrakt definierte Bedürftige sind nicht nur die Armen allgemein, sondern insbesondere auch Vertriebene und Kriegsgefangene; sie alle sind zu speisen (76, 8; 107, 3), vor allem aus dem Überschuss der Opfertiere (22, 37), und auf sie ist die

Almosensteuer (*zakāt*) zu verwenden (24, 37 und 55; 73, 20). Vertriebene erhalten aus der Kriegsbeute mit Vorrang (54, 7).

Die Sozialpflichtigkeit des Besitzes reicht in Fällen allgemeiner Not sogar noch weiter, denn am Tage der Hungersnot sind Speisen zu teilen (90, 14 ff.; 92).

c) Wertigkeit

Die Erzielung von Gewinn mit Hilfe Allahs ist eine Gunst, der Ungläubige nicht teilhaftig werden sollten (2, 15), aber die Verschaffung von Besitz taugt nicht zur Wertunterscheidung zwischen Besitzenden und Habenichtsen. Hier steht die Gleichheit der Gläubigen im Vordergrund:

> „Verlockend ist den Menschen gemacht die Liebe für die Freuden an … aufgespeicherten Talenten von Gold und Silber und Rassepferden und Herden und Ackerland; aber Allah – bei ihm ist die schönste Heimstatt." (3, 12)

Dem entspricht es, dass der Neid auf Besitzer und Besitz verpönt ist:

> „Und begehret nicht das, womit Allah den einen von euch vor dem anderen auszeichnete." (4, 36)
> „Und hefte deine Blicke nicht auf das, was wir einigen von ihnen gewährten – den Schimmer des irdischen Lebens, um sie damit zu prüfen." (20, 131)

Auch bei Verdienst und ordnungsgemäßer Verwendung ist Besitz letztlich belanglos:

> „Und dieses irdische Leben ist nichts als ein Zeitvertreib und ein Spiel, und siehe, die jenseitige Wohnung ist wahrlich das Leben. Wenn sie es doch wüßten!" (29, 64; s. auch 47, 38; 57, 19)

Ähnlich ist es mit dem Gewinn, denn auch die Beschäftigung mit den Waren und dementsprechend das Handeln ist nur ein Zeitvertreib (61, 11).

Deswegen ist es löblich, den Besitz auch zur Freude anderer zu verwenden, z.B. zur Beschenkung Verwandter (16, 92) oder zur Bereitstellung einer Heimstatt (28, 5), und die Knauserigkeit – mit Recht – verpönt (70, 21).

Das alles zu beachten, ist nicht nur Aufgabe und Obliegenheit für jenseitiges Glück, sondern hilft auch im Diesseits. Es verstärkt die Besitzberechtigung:

> „Wer das irdische Leben begehrt und seine Pracht, dem wollen wir seine Werke damit lohnen, und sie sollen daran nicht verkürzt werden." (11, 18)
> „Wer den Lohn der Welt will, so ist bei Allah der Lohn hienieden und im Jenseits." (4, 133)

Dagegen ist der Verstoß gegen die Pflichten verpönt, z.B. das Horten von Silber und Gold, statt es zu spenden (9, 34), und das Horten von Nahrungsmitteln in Zeiten der Not (90, 14 ff.; 92).

Nur folgerichtig ist daher die Warnung davor, das Herz an den Besitz zu hängen und die vielfach zitierten früheren Apokalypsen, Folgen missachteter Gebote, zu ignorieren:

> „Siehe, diese lieben das Vergängliche und lassen hinter sich einen schweren Tag. Wir erschufen sie und stärkten ihre Sehnen; und wenn wir wollen, vertauschen wir sie mit anderen, die ihnen gleich sind." (76, 27 f)

6. Nichtdiskriminierung

Der Grundsatz der Rechtschaffenheit ist auch gegenüber Ungläubigen einzuhalten (61,8), zumal alle Menschen auf eine Gemeinde zurückgehen (2, 209) und Allah (alle) Gutes Tuenden liebt (3, 128). Rechtschaffene finden sich nicht nur unter den Vorvätern, wie die vielfachen Hinweise im Koran auf die früheren Propheten belegen (z.B. 2, 130), sondern auch unter den Zeitgenossen:

> „Unter den Völkern der Schrift, diese heißen, was rechtens ist, und verbieten das Unrecht Und wetteifern in guten Werken, und sie gehören zu den Rechtschaffenen." (3, 109 f; s. auch 3, 198)

Das ist logische Folge der Glaubensfreiheit:

> „Es sei kein Zwang im Glauben." (2, 257)
> „Und wer will, der glaube, und wer will, der glaube nicht." (18, 28)

Damit verbunden ist eine Nichtdiskriminierung im Bereich der Verträge; die Vertragsfreiheit und die Pflicht, Verträge einzuhalten, sind nicht auf Verträge mit muslimischen Parteien begrenzt. Anders ist es im Bereich der Stellvertretung in Rechtsgeschäften. Hier heißt es:

> „Oh ihr, die ihr glaubt, nehmt nicht die Juden und Christen zu Stellvertretern; sie sind untereinander Freude, und wer von euch sie zu Stellvertretern nimmt, siehe, der ist von ihnen, Siehe, Allah leitet nicht ungerechte Leute." (5, 56)

Das ist wie – sich schon aus dem Nachsatz ergibt – nicht als generelles Verbot zu verstehen, sondern als eine Präferenzregelung, die Schutz vor Interessenkonflikten geben soll. Letztlich entscheidend ist also die Rechtschaffenheit. In ähnlicher Weise sind andere Aussagen, die verbal eher diskriminierend sind, im Koran auf konkrete Gruppen und Fallgestaltungen zu beziehen, die den Zeitgenossen ohne weiteres verständlich waren und später – aus dem Zusammenhang gerissen – fälschlich als allgemeine Urteile verstanden worden sind.

B. Umsetzung im aktuellen Recht

Das arabische Vaterland ist in eine Vielzahl von Staaten mit jeweiliger, akzellerierender Entwicklung der Gesetzeslage zersplittert[8]. Im Verfassungsrecht, im öffentlichen Recht und im Wirtschaftsrecht trat an die Stelle des tradierten Recht und der osmanischen Kodifikationen von Mejelle und Bodenrecht der Einfluss der Kolonialmächte, so dass die arabische Welt seither im Wesentlichen teils dem anglo-amerikanischen Rechtskreis, teils dem französisch-kontinentalen Rechtskreis zuzuordnen ist. Eher dem englischen Rechtskreis zuordenbar sind die vorderasiatischen Staaten; Ausnahmen sind das unverändert sehr eigenständig islamrechtliche Saudi-Arabien sowie Syrien und Libanon. Französisch-rechtlich inspiriert sind die beiden letztgenannten und die afrikanischen Staaten. Die Türkei zeigt deutsche bzw. Schweizer Einflüsse, Libyen auch italienische. Der Erfolg der Rechtsrezeption ist m.E. weniger auf staatlichen Druck als vielmehr die Vereinbarkeit der neuen Regeln mit dem tradierten Recht[9] sowie ökonomische Notwendigkeiten[10] zurückzuführen.

1. Selbstbestimmung

Mit der Selbstbestimmung korrespondiert eine grundsätzliche Gewerbefreiheit und damit nur eine Marktwirtschaft[11]. Selten bedarf die Aufnahme eines Gewerbes einer besonderen Erlaubnis. Ausnahmen betreffen die Ausbeutung von Bodenschätzen, die Finanzdienstleistungen und die Medien. Anders ist es, wenn Ausländer eine gewerbliche Tätigkeit aufnehmen wollen. Die vorgenannten Sektoren sowie die Warendistribution sind regelmäßig Inländern vorbehalten. Gleiches gilt zumindest de facto überall dort, wo erhebliche Grundstücksinvestitionen

8 Einen inzwischen etwas veralteten Einblick in die wichtigsten Themen des Wirtschaftsrechts gewinnt man aus Boehmer, H. v., (Hrsg.), Deutsche Unternehmen in den arabischen Golfstaaten. Stuttgart 1990. Eine Neuauflage wäre dringend geboten. Dringend zu aktualisieren auch: Böckstiegel, K.-H., (Hrsg.), Vertragspraxis und Streiterledigung im Wirtschaftsverkehr mit arabischen Staaten. Köln 1981.

9 Börner, A.-R., Internationale Projekte als Motor der Rechtsentwicklung in Ägypten. In: Heckel, M., (Hrsg.), Rechtstransfer. Beiträge zum islamischen Recht VIII. Leipziger Beiträge zur Orientforschung Bd. 29, Frankfurt am Main 2011, S. 147, 150.

10 Jaber, T., The Islamic commercial crisis: institutional roots of the delay in the Middle East's economic modernization. In: Arab Regional Forum Newsletter (International Bar Association, London), vol. 17, no. 2 (Aug. 2014), S. 10–12.

11 Zum retrospektiven und zum deduktiven Ansatz für die Definition eines islamischen Wirtschaftssystems Niehaus, V., Islam und moderne Wirtschaft. Graz 1982, S. 116 ff.

erforderlich sind, vor allem im Primärsektor (Bodenschätze, Landwirtschaft) und im Beherbergungsgewerbe.

Anfangs standen nationale Prärogativen und der Schutz vor Überfremdung im Vordergrund, außerdem die Überwachung von Gewerben mit Gefahr für die wirtschaftliche und politische Stabilität. Mit der gegenwärtigen Krise ändern sich diese Prioritäten: Je dringender der Bedarf an Arbeitsplätzen, desto einfacher wird es, ein Gewerbe aufzunehmen, und zwar auch für Ausländer. Das Erfordernis von Inländerbürgschaften und Sponsoring für die Aufnahme von Aktivitäten entfällt, während in öffentlichen Aufträgen und zentralen Aktivitäten die *local content rules* und die Regeln über die Beschäftigung von Inländern sowie deren arbeitsplatznahe Ausbildung verstärkt werden. In einem pan-arabischen und globalen Standortwettbewerb wird die Wahrung sozialer und arbeitsschutzrechtlicher Standards umso mehr zum Problem, je geringer der Ausbildungsstandard und je geringer die Produktivität der Arbeitnehmer ist. Betroffen ist vor allem das für Exportmärkte produzierende Gewerbe, das häufig von Ausländern betrieben wird; um dem vorzubeugen, fördert man die Wirtschaftlichkeit der Unternehmen mit Freihandels- und Sonderwirtschaftszonen sowie steuerrechtlichem Sonderstatus und kommt so in einen – vor allem regionalen – Subventionswettlauf. Infrastrukturelle Projekte können durch Behinderung von Gastarbeitern nationalisiert werden (vgl. z.B. Algerien); in den bevölkerungsarmen und öl- bzw. gasreichen Staaten ist der Schutz der von Aussperrung und Ausbeutung bedrohten Gastarbeiter das Problem (vgl. z.B. Qatar).

2. Güter

Im Bereich der Güter[12] gibt es drei wichtige Problemfelder, von denen zwei Grund und Boden betreffen: Privates Eigentum gibt es traditionell an Grundstücken in Besiedlungsräumen und für Agrarflächen; demgegenüber stehen die in der Regel vernachlässigten Allgemeinflächen, die Staatsland sind; es kann, soweit nicht spezielle Gesetze entgegenstehen, frei genutzt werden, d.h. in der Regel nimmt es Müll auf.

a) Zum einen fehlen ein effizientes Grundbuch und ein Grundkreditsystem. Das fehlende Grundbuch behindert den Grundstücksverkehr und verlangsamt somit die Verbesserung der Verwendung von Grundstücken. Ohne ein Grundkreditsystem

12 Zum traditionellen Sachenrecht Schacht, J., An Introduction to Islamic Law. Oxford 1964, S. 134 et seq.; vor allem auf mālikitischer Grundlage Charles, R., Le droit musulman. Paris 1972, S. 66 ff.; zum Eigentumsbegriff siehe auch Nagel, T., Das islamische Recht. Westhoven 2001, S. 78 f.

mit entsprechendem Hypotheken- und Kreditrecht sowie einem kundigen Bodenkreditsektor können die Eigentümer weder den Wert ihrer Grundstücke mobilisieren noch die Entwicklung ihrer Grundstücke beschleunigen. In der arabischen Welt, ausgenommen die Türkei (4,6 %), machen grundpfandbesicherte Kredite weniger als 1 % des BIP aus.

b) Zum zweiten wird ein umfassend verstandener Umwelt- und Naturschutz immer wichtiger, vor allem auch vor dem Hintergrund des erheblichen Bevölkerungswachstums in der arabischen Welt, das immer mehr Land und Ressourcen beansprucht. Die Achtung vor der Schöpfung und das Maßhalten im Verbrauch fordern nicht nur die Einzelnen, denen es ganz überwiegend auch heute noch am Umweltbewusstsein fehlt, sondern treffen auch die jeweiligen verfassten Gesellschaften, die nun Gesetze schaffen und durchsetzen müssen. Hier gibt es erheblichen Nachholbedarf:

Traditionell ist das Wasserzuteilungsrecht gesetzlich ausgeprägt und wird in individueller Initiative durchgesetzt. Die Gesetze zum Gewässerschutz bedürfen effektiver Umsetzung, aber dazu fehlt u.a. der erforderliche Auf- und Ausbau einer fachkundigen Exekutive.

Zwar sind die Bodenschätze als nationales Vermögen vorbehalten[13] und ist der Bodenerwerb in je nach Land unterschiedlichem Umfang Inländern vorbehalten. Aber Gesetze zur Landesplanung und Raumordnung, zum Natur- und Umweltschutz und zur Ressourcenschonung sind ggf. jüngeren Datums und werden selten mit der erforderlichen Stringenz verfasst und ausgeführt. Es gibt Ausnahmen, teils aus Einsicht, teils aus Not wegen Überbevölkerung: Trendsetter sind Oman, Ägypten, Kuwait und die VAE, Jordanien sowie Marokko. Tunesien hat in der neuen Verfassung die Verantwortung für Nachhaltigkeit verankert und sie mit einem gesonderten Amt als Verfassungsorgan geschützt. Die Verträge zur Öl- und Gasförderung, aber auch mitunter Ansiedlungsverträge mit Investoren enthalten Umweltschutzklauseln, zumindest als *best practices clauses*.

c) Das dritte Problemfeld betrifft den Schutz geistigen Eigentums. Durchweg sind die Staaten den entsprechenden internationalen Konventionen beigetreten und haben Ämter für die Registrierung von Rechten eingerichtet. Zu bemängeln sind aber eine umständliche Bürokratie und ein kaum effektiver Rechtsschutz durch Judikative und Exekutive (einschl. Zollverwaltung). Der Schutz dieser Rechte an Kunstschöpfungen und Erfindungen ist im Koran angelegt (vgl. 4, 36, wie oben zitiert). Jedoch fehlt oft noch das Bewusstsein für die (hohe) Werthaltigkeit

13 El-Malik, W., State Ownership of Minerals under Islamic Law. J. Energy & Nat. Res. Law 14 (1996), no. 3, S. 310 et seq.

dieser Rechte. Die Bedeutung der tertiären Wertschöpfung, die zunehmend wie ein unsichtbarer Kranz die Waren und Leistungen umgibt, ist noch nicht vorrangig präsent, und demgemäß ist die Wertschätzung für entgegengenommene Dienstleistungen eher gering.

3. Verträge[14]

a) Allgemeines

Das ägyptische Zivilgesetzbuch[15] und das kuwaitische Handelsgesetzbuch[16] wurden von fast allen Staaten, ausgenommen Saudi-Arabien, in jeweils angepasster Form rezipiert[17]. Die Auslegung orientiert sich überwiegend am traditionellen Rechtsverständnis[18], das gemäß der Mejelle eher vertragstypgebunden angelegt ist[19], sowie an ägyptischen Präjudizien[20]. Beherrschendes Prinzip aller Verträge ist das aus dem koranischen Rechtschaffenheitsgebot abgeleitete Prinzip des Handelns nach Treu und Glauben[21].

---

14 Grundlegend jetzt Krüger, H., Überblick über das Schuldvertragsrecht arabischer Staaten. Electronic Journal of Islamic and Middle Eastern Law (University of Zürich), vol. 1 (2013), S. 102 ff., abrufbar unter: http://www.ejimel.uzh.ch/index.html; zuvor bereits ders., An Introduction to Commercial Law in the States of the Arab Peninsula, BFAI-RSI (Köln) 2004, 51 ff.; siehe auch Ballantyne, W. M., Stovall, H. L., (eds.), Arab Commercial Law: Principles and Perspectives. London 2002.

15 Ausführlich zur eher direkten und via Irak eher indirekten Rezeption des ägyptischen ZGB sowie des zugehörigen ägyptischen Richterrechts in der arabischen Welt Krüger, H., Zur Rezeption ägyptischen Zivilrechts in der arabischen Welt. In: Heckel, M. (Hrsg.), Rechtstransfer. A.a.O., (Fn. 9) S. 9 ff.

16 Gesetz 68/1980; vgl. dazu Law Teacher, Islamic Origins of Kuwait Commercial Law, abrufbar unter: http://www.lawteacher.net/contract-law/essays/islamic-origins-of-kuwait-commercial-law-contract-law-essay.php; siehe auch Krüger, H., Neues Handelsrecht in Ägypten. In: Ebert, H.-G. (Hrsg.), Beiträge zum Islamischen Recht, Leipziger Beiträge zur Orientforschung Bd. 9, Frankfurt 2009, S. 29 ff.

17 Zur Vereinfachung dieser Rezeption durch das gelebte Recht vgl. meinen Beitrag in Fn. 9.

18 Zu den islamrechtlichen Grundlagen Charles, R., Le droit…, a.a.O. (Fn. 12), S. 85 ff.; Nagel, T., Das islamische…, a.a.O. (Fn. 5), S. 73–78, 79–82; Schacht, J., An Introduction…, a.a.O., (Fn. 12) S. 144–160 und 116–123.

19 Rohe, M., Das islamische…, a.a.O., (Fn. 5) S. 106 ff.

20 Krüger, H., Zur Rezeption…, a.a.O. (Fn. 15), S. 9 ff. und passim.

21 Law Teacher, a.a.O. (Fn. 16).

Als Besonderheit ist daher regelmäßig zu prüfen,

- ob und inwieweit das Geschäft aufgrund einer weiten Auslegung des Verbots aleatorischer Verträge bedingungsfeindlich ist[22],
- Forderungsabtretungen ohne Zustimmung des Schuldners möglich sind[23] und wie ggf. über den schuldrechtlichen Konnex der Gläubigerkette vorzugehen ist, so er denn nicht – fälschlich – als unwirksam angesehen wird.

Problematisch sind Zinsklauseln wegen des Wucherverbots[24] sowie Vertragsstrafen und Schadensersatzpauschalen wegen ihres potentiell aleatorischen Charakters, allerdings inzwischen eher weniger im geschäftlichen Verkehr[25]. Ein aus dem koranischen Verbot des Glücksspiels abgeleitetes Verbot der Risikoübernahme kann nicht bloß die Verfügung von Gegenständen, bevor der Gläubiger sie erlangt hat (vgl. Vorausverkauf, Lagerpfand), verhindern, sondern auch schon das diesbezügliche Verpflichtungsgeschäft; dies betrifft nicht nur den Verkauf[26], sondern auch die Vermietung, obwohl diese gerade für Projektträger oft eine Kreditgrundlage bildet.

b) *Islamische Finanzwirtschaft*

Das Glücksspielverbot und ein daraus abgeleitetes allgemeines Verbot der Übernahme von fremden Risiken behindert auch traditionelle Versicherungsgeschäfte (Vermögens-, Kranken- und Lebens-versicherungsverträge) sowie Bankgeschäfte zur finanziellen Absicherung von Risiken der Wertentwicklung

---

22 Schacht, J., An Introduction…, a.a.O., (Fn. 12) S. 118–120.

23 Grundlegend Krüger, H., Das Recht der Forderungsabtretung in den arabischen Staaten. Köln (BFAI) 1991, 62 S.; Mallasi, M. A., Transfer of rights under Islamic Law. In: Int. Bus. Lawyer, London 1992, no. 1, S. 40–41; Klaiber, Sv., Ranjbar, R., Die Forderungsabtretung in den MENA-Staaten. In: Recht der internationalen Wirtschaft (RIW), Frankfurt am Main 2007, S. 522 ff.; update: Klaiber, Sv., Die Forderungsabtretung im Recht der Vereinigten Arabischen Emirate. In: GAIR-Mitteilungen 2011, S. 112 ff.

24 Knapp und zutreffend Hefny, A., Das Zinsverbot im Islam. In: GAIR-Mitteilungen 2009, S. 46 ff.; ausführlicher: Krüger, H., Zum islamischen Zinsverbot in Vergangenheit und Gegenwart. In: Fischer Czernak, C. u.a. (Hrsg.), Festschrift Rudolf Welser, Wien 2004, S. 579 – 595 und zuletzt (2013) ders., Überblick über das Schuldvertragsrecht…, a.a.O. (Fn. 14), S. 102, 110 ff.: „Probleme der Zinsen spielen wohl nur im Privatrechtsverkehr eine Rolle. Für den großen Bereich des Handels- und Wirtschaftsrechts, mit Ausnahme von Saudi-Arabien, dagegen nicht, wie an fünf Beispielen erörtert."

25 S. aber El Saadani, Sh. El F. O., Das islamische Zinsverbot und CISG-Kaufverträge. In: Freiburg Law Students Journal III (2006), S. 1–52.

26 Rohe, M., Das islamische…, a.a.O. (Fn. 5), S. 236.

(*futures*, Vorwärtshandel); hinzu kommt das verbreitete Verständnis, das Verbot von Wucher im Koran bedeute ein allgemeines Verbot von Zinsen. So hat sich aufgrund der religiösen Vorbehalte in unterschiedlicher Ausprägung[27] die sog. islamische Finanzwirtschaft[28] etabliert:

Das Islamic Banking (*mu ʿāmalāt*)[29] greift in Umsetzung eines strikten Zinsverbots auf tradierte arabische Rechtsformen wie insbesondere weitgehend nicht standardisierte[30] und abwicklungsaufwendige Beteiligungsmodelle sowie Hin- und Hergeschäfte zurück[31]. Es arbeitet dementsprechend teurer und ist damit im Aktivgeschäft zu Aufschlägen und im Passivgeschäft zu Abschlägen gezwungen; seine Wettbewerbsfähigkeit bezieht es also eher aus ethischen Komponenten und einer vermeintlichen Gefeitheit vor Finanzkrisen[32].

Die Islamic Insurance (*takāful*)[33] arbeitet mit prämienersetzenden Zubußen in einen partnerschaftlichen Schadensfonds, den ein Treuhänder verwaltet. Die

---

27 Waugh; J., Al Awamleh, A., Recognition and Enforcement of Islamic Finance in the Middle East, Business Law International. London 15 (2014), no. 1, S. 35 et seq.

28 Heckel, M., Islamische Finanzwirtschaft. In: Zeitschrift für Vergleichende Rechtswissenschaft (ZvglRWiss), Frankfurt am Main 111/2012, S. 311 ff.

29 Neue Übersicht bei Abubakr, H. M., Issues and Problems in Islamic Banking. Diss. Kingston Univ. London 2011, abrufbar unter: http://islamic-bankingsystem.blogspot.de/; Premchand, S., Islamic Banking. Publikation der Swiss Banking School 240. Bern 2000; zu den rechtlichen Hintergründen ausführlich Amereller, Fl., Hintergründe des „Islamic Banking". Schriften zum internationalen Recht, Bd. 71. Berlin 1995, S. 44–109.

30 Ali, R., Kamal, M., Standardizing Islamic Finance: Possibility or Pipe Dream In: Business Law International, London 10/2009, no. 1, S. 11 et seq.

31 Umfassend Sacarcelik, O., An Innovative Islamic Finance Instrument. Würzburg 2011; Mommen, L., Ausgewählte Islamic Finance – Vertragsmodelle. In: RIW, Frankfurt am Main 2010, S. 367 ff., und dies., Steuerliche Herausforderungen und Chancen der grenzüberschreitenden Islamic Finance. In: RIW, Frankfurt am Main 2010, S. 536 ff.; zuletzt durchaus kritisch und mit Vergleich zum herkömmlichen Banking AlexBank, Islamic banking … principles and challenges (The first part), Working Papers, Alexandria 2012, 14 S., abrufbar unter: http://www.alexbank.com/Uploads/documents/research/Islamic%20Banking-part%20one%20(English).pdf.

32 Sons, S., „Islamic Finance" und die Finanzmarktkrise. In: Politik und Zeitgeschehen, Nr. 20 (2009), Beilage; vor allem zu den intrinsischen Schwierigkeiten siehe Bälz, K., Islamic Finance in Crisis?. In: GAIR–Mitteilungen 2010, S. 116 ff.; islamische Finanzinstitute sind vor allem in Ägypten und auf dem indischen Subkontinent schon mehrfach in Schieflagen gewesen, auch wenn die Internetveröffentlichungen dies heute lieber verschweigen.

33 Siehe Überblick und Glossar von Institute of Islamic Banking and Insurance, Takaful, abrufbar unter: www.islamic-banking.com/takaful-insurance.aspx.

Zuordnung von Kosten, Aufwand und Erlösen ist schon intertemporal sehr schwierig, weil jede Unteralimentierung von Schadenreserven zu Deckungslücken führt; zwar muss dann der Treuhänder einstehen, aber er arbeitet mit geringem Eigenkapital, so dass letztlich die Geschädigten (Versicherungsnehmer und im Haftpflichtfall Dritte) das Ausfallrisiko tragen. Natürlich ist auch die Zuordnung laufender Erlöse/Überschüsse an den Treuhänder und die alten und neuen Treugeber diffizil, dies umso mehr, als das System zur Einforderung überhöhter „Prämien" und zur Ausschüttung geringer Überschüsse neigt. Auch hier ist im Vergleich zum westlichen System der Kapitaleinsatz also wenig effizient. Die Unübersichtlichkeit der Bonität führt dazu, dass die Risiken, die islamische Versicherungen gezeichnet haben, allenfalls im Rahmen einer islamischen Rückversicherung (*retakāful*)[34] gedeckt werden.

So verwundert es nicht, dass angesichts des allgemeinen gesellschaftlichen Bedarfs und spezieller Erfordernisse (z.B. nach einer *action directe* in Kfz-Haftpflichtfällen[35]), der internationalen Verflechtungen in der Wirtschaft und in den Finanzsektoren und auch der betroffenen Realvorfälle (Tourismus) sowie aufgrund des Zwangs zu Effizienz und internationaler Wettbewerbsfähigkeit der Trend zur modernen Finanzwirtschaft in den arabischen Staaten ungebrochen ist. Demgegenüber vermarktet sich die islamische Finanzwirtschaft überwiegend mit religiösen Aspekten, die vor Ort die ärmere Bevölkerung und in der westlichen Welt vor allem Einwanderer aus Nah- und Mittelost ansprechen, und ethischen Aspekten, die in der westlichen Welt vor allem alternative Konsumenten ansprechen. Die Rückwirkungen der islamischen Finanzwirtschaft auf die Entwicklung des allgemeinen Vertragsrechts sind entsprechend beschränkt[36].

Vor allem aber begegnet die islamische Finanzwirtschaft grundlegenden ökonomischen und soziologischen Bedenken. Die volle anteilige Risikoübernahme bedeutet zweierlei: Finanzschwache Partner können nur ein Risiko bzw. wenige Risiken übernehmen, werden bei Schadenseintritt voll getroffen und scheiden aus dem Markt für Risikoübernahme aus. Finanzstarke Partner können viele Risiken übernehmen und einen gelegentlichen Schadenseintritt verkraften; sie bleiben im Markt. Mit zunehmendem Zeitablauf und zunehmenden Schadenseintritten spreizt sich die Gesellschaft immer weiter in arme und zunehmend reichere

34 Institute of Islamic Banking and Insurance (vgl. Fn. 33).

35 Vgl. z.B. Krüger, H., Direktanspruch gegen Haftpflichtversicherer in den Vereinigten Arabischen Emiraten: In: Deutsches Autorecht (DAR), München 2007, S. 609.

36 Bälz, K., Sharia Risk? How Islamic Finance Has Transformed Islamic Contract Law, Harvard Law School Islamic Legal Studies Program Occasional Publication 9, Sept. 2008, 29 S.

Mitglieder. Demgegenüber bringt die Zerlegung von Risiken in immer kleinere Einheiten die Möglichkeit, Teilrisiken zu zeichnen und dort zu platzieren, wo sie am ehesten getragen werde können. So übernimmt z.B. bei einem Festzinskredit der Kreditgeber nur das Ausfallrisiko und der Unternehmer die um den Festzins verschobene Aussicht (Chance und Risiko) bzgl. der unternehmerischen Entwicklung. So übernimmt ein Versicherer nur das definierte Risiko, und der Rest (Selbstbehalt in der Basis und im Exzedenten) bleibt beim Versicherten. Mit vertikalen Kredit- und Risikoteilungen (Konsortialgeschäft), horizontalen Kredit- und Risikoteilungen (Tranchenteilungen) sowie zeitlichen Kredit- und Risikoteilungen (Vertragslaufzeiten) werden die Risiken weiter aufgespalten und so verteilt, sodass jedes Risiko schlussendlich auf vielen Schultern lastet, von denen sich jede bei Zeichnung ihres Anteils ausreichend stark und sicher gefühlt hat. Ein endgültiges Ausscheiden von Marktteilnehmern durch Risikoüberlastung ist damit die Ausnahme; wenn die gesamte Gesellschaft aus Risikoträgern am Tansfersystem teilnimmt, d.h. jeder – teils direkt, teils indirekt via Sammelstellen – Risikoteile abgibt und übernimmt, mindert sich die Spreizung zwischen Arm und Reich.

c) *Islamic Accounting*

Zinsverbot und Risiko-Aversion prägen auch das sog. Islamic Accounting[37]. Zahlreiche Abweichungen von den herkömmlichen Regeln westlicher kommerzieller Rechnungslegung[38] werden diskutiert, denn auf islamischer Basis gibt es keine Abdiskontierung von einzelnen Forderungen wie auch Forderungsblöcken, keine kontinuierlichen linearen oder sogar degressiven Abschreibung von Wertgegenständen entgegen ihrem tatsächlichen Verbrauch sowie keine Reservierung für künftig in Entstehung, Fälligkeit und/oder Höhe ungewisse Verbindlichkeiten (z.B. Pensionsverpflichtungen, denen eine durchschnittliche Lebenserwartung der Pensionäre zugrunde zu legen ist, Schadensersatzrückstellungen für statistisch erwartbare Schäden). Die handelsrechtliche Rechnungslegung ist bei uns regelmäßig Grundlage der steuerlichen Gewinnermittlung (sog. Maßgeblichkeit); islam-rechtliche Besonderheiten der Rechnungslegung sind für die arabischen Staaten – jedenfalls außerhalb

---

37 Einzelheiten bei Napier, Chr., Haniffa, R., (eds.), Islamic Accounting. Elgar Research Collection: Cheltersham (UK) 2011.

38 Bei uns in D: Grundsätze ordnungsgemäßer Buchführung und Rechnungslegung nach HGB, in USA: GAAP – Generally Accepted Accounting Principles, international: IAS – International Accounting Standards, IFRS – International Financial Reporting Standards, wobei diese Regeln formal der Rezeption durch die staatliche Gesetzgebung (EU, EU-Mitgliedstaat usw.) bedürfen, de facto aber durch die Regeln der großen Börsen (für den Handel mit Aktien und Obligationen) eingefordert werden.

der großen Erdölexporteure – durchweg kein Grund, die Gewinnermittlung für Zwecke der Besteuerung zu vermindern. Gleiches gilt für die schwierige Bewertung von Reserven an Bodenschätzen wie Erdöl und Erdgas und deren Erschöpfungsgrade. Hier wie auch allgemein beim Zugriff auf ausländische Investitionen und auch bezüglich anderer Sonderbilanzen außerhalb Banken und Versicherungen wird daher regelmäßig der anglo-amerikanische Standard angewendet.

Die umfassende Einordnung von Wirtschaftstätigkeit verlangt zunehmend die Berücksichtigung des Verbrauchs meritorischer Güter und sozialer und umweltlicher Nachteile. Dies ist Gegenstand der westlichen Forderung nach einem sog. *social accounting*. Man kann sich des Eindrucks kaum erwehren, dass mitunter westliche Autoren ihr ethisch geprägtes Vorverständnis in den Islam hineinlesen und aus der durchaus nach dem Koran gebotenen Achtung von Schöpfung und sozialem Umfeld weitgehende Forderungen zur Transparenz und Sozialhaftung sowie ähnlich unkonventionelle Belastungen von Wirtschaftsunternehmen ableiten.[39]

Die Kombination von islamischer Finanzwirtschaft und Islamic Accounting bringt aufsichtsrechtliche Probleme mit sich, vor allem in den westlichen Ländern und dort, wo die Aufsicht einen Verbraucherschutz nach westlichem Vorbild anstrebt[40].

d) Gesellschaftsrecht

Für den Bereich der Verträge ist auch das Gesellschaftsrecht zu erwähnen, dass sich nach traditionellem Recht aufgrund der Prinzipien der individuellen Verantwortung und Vertragsbindung mit der Institutionalisierung von Personen- und Kapitalgesellschaften z.B. beim Wechsel oder der Nachfolge von Gesellschaftern und bei der Enthaftung von Handelnden schwertut[41]; das macht ungeachtet frei

39 Vgl. z.B. Napier, Chr., Haniffa, R., Gambling, Islam and Social Accounting, S. 117 et seq.

40 S.o. Fn. 29; Alem, M. Y., E-Banking and Other Financial Services – Regulatory Development in Selected Arab Countries, Int. Bus. Lawyer (London) 2002, no. 2, S. 79 et seq.; al-Fallouji, I., Investitionen im Islam – Parallelen und Unterschiede zu anderen Wirtschaftssystemen, Neue Zürcher Zeitung (NZZ), Zürich 13./14. Juni 1998; abgerufen unter www.alfallouji.com/ikbal/2009/04/investitionen-im-islam-parallelen-und-unterschiede-zu-anderen wirtschaftssystemen.pdf; außerdem beispielhaft Bälz, K., Islamische Aktienfonds in Deutschland. In: Zeitschrift. für Bank- und Kapitalmarktrecht (BKR), München 2002, S. 447 ff.

41 Vgl. z.B. für das traditionelle Gesellschaftsrecht der Vereinigten Emirate Watts, G., Mergers and acquisitions: the curious case of the new UAE companies law: In: Arab Regional Forum Newsletter (International Bar Association, London), vol. 17, no. 2 (Aug. 2014), S. 13–14.

vereinbarter Klauseln im Gesellschaftsvertrag das aktive Handeln schwerfällig und erschwert den Fortbestand, so dass meist europäische Vorbilder des Gesellschaftsrechts übernommen wurden.

4. Schadensminderung

Hier sind zwei Aspekte anzusprechen:

Die Schadensminderungspflicht trifft als Obliegenheit natürlich auch den Geschädigten. Sie betrifft m.E. nicht nur den originären Schaden, sondern auch die Auswahl der Mittel der Mitigation, also auch z.B. den Weg und die Aufwendungen zur Geltendmachung von Ersatzansprüchen. Eine Situation wie beim europäischen Kfz-Unfall, wo alle Beteiligten alle Möglichkeiten bis an ihre Grenzen ausloten, sich auf fremde Kosten zu sanieren, ist zu vermeiden.

Versicherungen und Rückversicherungen ermöglichen nur die Absicherung der finanziellen Risiken aus einem Schadenseintritt. Mit ihrer Möglichkeit der Wahl zwischen Selbstbehalt und Absicherung entsprechen sie dem Prinzip der Eigenverantwortung und mit der Möglichkeit, Dritte vor den finanziellen Verlusten und weitergehenden Folgen aus Schäden zu schützen, die über die Leistungskraft des Verursachers hinausreichen, dem Grundsatz der Rücksichtnahme auf fremde Interessen. Demgegenüber erscheint die Wahl zwischen traditioneller und islamischer Risikodeckung als zweitrangiges Problem.

5. Besitz, Gewinn und Solidarität

Die koranischen Vorgaben ermöglichen eine soziale Marktwirtschaft, insbesondere aufgrund der Solidarität der Gläubigen bzw. der Rechtschaffenen und des Gebotes der Rücksichtnahme eine umfassende Sozialversicherung; das Institut der *zakāt* zeigt insbesondere, dass Philantropie nicht auf individuelle Initiativen wie *sadaqa* und *waqf* beschränkt ist[42].

Sie ermöglichen auch den neuen Trend der Entwicklung eines modernen Wettbewerbsrechts[43], wie es aufgrund der Fortentwicklung von einer handwerks- in

---

42 Siehe auch Campbell J., Pelczar, St., Philantropy: Origins and reflections from the Middle East. In: Arab Regional Forum News (International Bar Association, London) vol. 17, no. 2 (August 2014), S. 20–22.

43 Aktueller Überblick bei Ring, A., Wettbewerbsrecht in den Ländern des Nahen und Mittleren Ostens – Länder des Golf-Kooperationsrats. In: GAIR-Mitteilungen 2012, S. 107 ff.; ergänzend El Samad, F., Draft amendment to the Egyptian Competition Law. In: Arab Regional Forum News, London, Oct. 2011, S. 21–24; Bierwagen, R. M., Competition law and policy in the Mediterranean Countries. In: Arab Regional Forum News, London, March 2010, S. 30–23.

eine industrie- und dienstleistungsgeprägte Wirtschaft und der anstehenden Auflösung staatlicher Monopole und Konzessionen[44] geboten ist.

6. Nichtdiskriminierung

Inländisch sind hier vor allem Besitz- und Gewerbebeschränkungen für Ausländer bedeutsam. Mitunter gibt es auch einen besonderen Zugang zur Gerichtsbarkeit (Saudi Arabien: Ausländer vor dem *dīwān al-maẓālim*[45], VAE: Schiedsverfahren im Dubai International Financial Center[46]).

Hier ist auch der zusätzliche Schutz im internationalen Wirtschaftsverkehr anzusprechen, der von Staat zu Staat in der Region unserer Betrachtung variiert. Er betrifft

- den grenzüberschreitenden Handel über internationale Abkommen wie GATT und CISG sowie Abkommen mit der EU und in der Region (GCC, Maghreb Union),
- die Investitionen aus dem Ausland mit Hilfe von regionalen und bilateralen Investitionsschutzabkommen, Doppelbesteuerungsabkommen sowie Visa-Übereinkünften,
- den mittelbaren Schutz des Wirtschaftsverkehrs durch internationale Abkommen, insbesondere durch den Schutz von geistigem Eigentum[47] sowie Erleichterungen im Justizwesen.

7. Rechtsschutz

Äußerst problematisch ist durchweg die Durchsetzung von Ansprüchen mit gerichtlicher Hilfe. Praktisch alle Judikaturen sind überlastet, mehrjährige Verfahren üblich und eine Vollstreckung *de facto* unüblich, würde sie doch den Verstoß des Schuldners gegen das Gebot des Korans, Verträge zu achten, dokumentieren. Diesem Gesichtsverlust steht das wirtschaftliche Interesse des Gläubigers gegenüber, und jedenfalls außerhalb von Notsituationen des Schuldners, auf die ein

44 Börner, A.-R., Arab Spring: Restructuring an Economy under the Rule of Law, GAT – German Arab Trade (Cairo) vol. 63 no. 3 (May/June 2012), S. 106–109.

45 Al-Qahtani, M. H., The Role and Jurisdiction of the Board of Grievances in Saudi Arabia, PhD. University Newcastle 2007, 385 S.; auch im Internet abrufbar unter: https://theses.ncl.ac.uk/dspace/bitstream/10443/876/1/Al-Qahtani08.pdf.

46 Grapentin, S., Internationale Schiedsgerichtsbarkeit in Dubai. In: GAIR-Mitteilungen 2009, 30 f.

47 Hardcastle, E., Intellectual Property in the Arab Region: The TRIPS Agreement. In: Newsletter of the Arab Regional Forum 8 (London 2001), no. 1, S. 6 et seq.

Gläubiger in religiöser Barmherzigkeit Rücksicht nehmen sollte, erscheint nicht geboten, das wirtschaftliche Interesse immer hintan zu setzen. Daher sollte den Defiziten des Rechtsschutzes dringend mehr staatliche Aufmerksamkeit gewidmet werden. In der heutigen Situation können einen möglichen Ausweg auf nationaler wie internationaler Ebene bieten die alternativen Mechanismen der Streitbeilegung[48] einschließlich der Verhandlung unter Einschaltung lokaler Notabeln (vgl. Koran 42, 36: „die ihre Angelegenheiten in Beratung untereinander erledigen").

C. Ausblick

Der Koran sagt, dass er keine „schweren Anforderungen" stellt (z.B. 39, 86), und das ist auch heute noch richtig:

Der Koran lässt eine Interpretation seiner Bestimmungen zu, die ein Wirtschaftsrecht ermöglichen, das den modernen Erfordernissen eines sich zunehmend globalisierenden Wirtschaftslebens entspricht und die Wettbewerbsfähigkeit der arabischen Staaten sichert.

Trotz einer vor allem in den letzten Jahren lebhaften Gesetzgebungstätigkeit im Wirtschaftsrecht gibt es noch sektorale Problembereiche unterschiedlicher Breite in den arabischen Staaten, die Aufmerksamkeit heischen. Ein Problem, das zunehmend angegangen wird, ist die effektive Liberalisierung von Arbeit und Dienstleistungen und die Beseitigung von Handels- und Dienstleistungsschranken. Die Hauptprobleme für eine gedeihliche wirtschaftliche Entwicklung liegen heute in der ineffektiven judikativen Durchsetzung von vertraglichen Ansprüchen und *intellectual property rights* und in der Komplexität, Unübersichtlichkeit und Umständlichkeit der öffentlich-rechtlichen Regelungen (betreffend vor allem Zoll-, Devisen- und Visabestimmungen, Subventionen und Steuern), die zusammen mit einer überbesetzten und entscheidungsschwachen Bürokratie der Korruption Vorschub leisten. In einem – islamisch begründbar – weit verstandenen Natur- und Umweltschutz bleibt viel zu tun, und auf mittlere Sicht wird auch hier der Druck zu regionaler Zusammenarbeit und regionalen Lösungen wachsen.

---

48 Grundlegend Krüger, H., Zur Geschichte der Schiedsgerichtsbarkeit im Nahen und Mittleren Osten. In: Festschrift für G. Kühne, Frankfurt 2009, 749 ff.; s. auch Adolphsen, J., Schmalenbert, Fr., Islamisches Recht als materielles Recht in der Schiedsgerichtsbarkeit. In: Zeitschrift für Schiedsverfahren (SchiedsVZ) München, Basel 2007, 57 ff.; Grapentin, S., Internationale…, a.a.O. (Fn. 46).

Anhang: Die Einbindung durch internationale Abkommen zum Wirtschaftsrecht

Die islamische Welt ist mannigfach in internationale Abkommen zum Wirtschaftsrecht eingebunden. Jedoch ist für jeden Staat einzeln zu verifizieren, ob er einem Abkommen beigetreten ist.

Zunächst sind als Abkommen des Wirtschaftsverkehrs mit weltweiter Bedeutung zu nennen

- die WTO mit GATT, GATS, TRIPS und demnächst dem neuen Handelsabkommen von 2013,
- die Abkommen zum Schutz geistigen Eigentums: Pariser Verbandsübereinkunft von 1883 (gewerbliches Eigentum), Berner Übereinkunft von 1886 (Urheberrechte), Madrider Markenabkommen von 1900 (Warenzeichen), Haager Musterabkommen von 1925 (Design), Patent Cooperation Treaty von 1970 (Patente), heute alles überwiegend zusammengefasst in der WIPO,
- die Weltbankabkommen einschließlich MIGA und ICSID.

Hierzu gehören auch das New Yorker Abkommen von 1958 über die Anerkennung von Schiedssprüchen sowie diverse Abkommen zum internationalen Rechtsverkehr.

Weitere Abkommen mit weltweitem Geltungsanspruch betreffen den Umwelt- und Naturschutz. Sie verpflichten die Staaten zu Schutzmaßnahmen. Am Klimaschutz nehmen über das Kyoto-Protokoll teil:

Mauretanien, Marokko, Tunesien, Algerien,
Djibouti, Eritrea, Somalia, Tschad, Komoren,
Türkei, Irak, Iran, Jordanien, Libanon,
Katar, Bahrain, VAE, Oman, Saudi-Arabien, Jemen, Syrien,
Kasachstan, Aserbaidschan, Turkmenistan, Tadschikistan, Usbekistan,
Pakistan, Malediven, Malaysia, Indonesien.

Regionale Wirtschaftsabkommen sind vor allem

- der Golfrat GCC (gegründet 25.05.1981) mit Kuwait, Bahrain, VAE, Oman und Saudi-Arabien, der eine Zone mit freiem Waren-, Dienstleistungs-, Kapital- und Personenverkehr, gemeinsamer Währung (zum 01.01.2014) und gemeinsamem Patentamt (bestehend in Riad) vorsieht,
- die Arabische Maghreb-Union (gegründet 17.02.1989) mit Algerien, Libyen, Tunesien, Marokko und Mauretanien (seit 1996 inaktiv),
- in SO-Asien die ASEAN.

Dazu gibt es weitere regionale Abkommen, z.B. zum Rechtsverkehr.

Die Mittelmeeranrainer sind über den Barcelona-Prozess in die Europäische Nachbarschaftspolitik (ENP) einbezogen. Das AKP-Abkommen von Coutounou[49] ist hier nicht einschlägig. Im Rahmen der ENP unterhält die EU folgende Assoziierungsabkommen[50] in unterschiedlicher Umsetzungstiefe:

- Palästina[51], noch nicht in Kraft getreten
- Tunesien[52], in Kraft seit 1.3.1998
- Marokko[53], in Kraft seit 1.3.2000
- Israel[54], in Kraft seit 1.6.2000
- Jordanien[55], in Kraft seit 1.5.2002
- Ägypten[56], in Kraft seit 01.06.2004
- Algerien[57], in Kraft seit 1.9.2005
- Libanon[58], noch nicht in Kraft getreten

Im Zusammenhang mit den Assoziierungsabkommen bestehen weitere ausführende und ergänzende Abkommen und Vereinbarungen.

Mit Deutschland bestehen bilaterale Abkommen zum Investitionsschutz (BIT), die Voraussetzung für die Hermes-Deckung von Investitionen sind und die seit dem Übergang der Kompetenz auf die EU (vgl. Art. 207 AEUV) aufgrund der EU-Verordnung zum sog. *grandfathering*[59] vorläufig weitergelten, und Doppelbesteuerungsabkommen (DBA), z.T. allerdings beschränkt auf den Luftverkehr (Saudi-Arabien, Jemen, künftig Bahrain) und den Informationsaustausch (künftig Bahrein). Im Einzelnen:

---

49 Rechtsakt 2000/483/EG, EU-ABl 2000 L 317/1.

50 Im Internet abrufbar unter: http://europa.eu/legislation_summaries/external_relations/relations_with_third_countries/mediterranean_partner_countries/r14104_de.htm.

51 ABl 1997 L 187.

52 ABl 1998 L 97.

53 ABl 2000 L 138.

54 ABl 2000 L 147.

55 ABl 2002 L 129.

56 ABl 2004 L 304.

57 ABl 2005 L 265.

58 ABl 2006 L 243.

59 VO 1219/2012, EU-ABl 2012 L 351/40.

Afrika

– Ägypten:	BIT neu von 2005[60], in Kraft seit 22.11.2009; DBA von 1987[61], in Kraft seit 21.1.1991, neues DBA paraphiert 2012
– Algerien:	BIT von 1996[62], in Kraft seit 30.5.2002 DBA von 2007[63], in Kraft seit 23.12.2008
– Libyen:	BIT von 2004[64], in Kraft seit 14.7.2010; DBA wird verhandelt
– Mali:	BIT von 1977[65], in Kraft seit 16.5.1980
– Marokko:	BIT neu von 2001[66], in Kraft seit 12.4.2008; DBA von 1972[67], in Kraft seit 8.10.1974, wird neu verhandelt
– Mauret.:	BIT von 1982[68], in Kraft seit 28.4.1986
– Somalia:	BIT von 1981[69], in Kraft seit 15.2.1985
– Sudan:	BIT von 1963[70], in Kraft seit 24.1.1967
– Tschad:	BIT von 1967[71], in Kraft seit 23.11.1968
– Tunesien:	BIT von 1963[72], in Kraft seit 6.2.1966; DBA von 1975[73], in Kraft seit 29.11.1976, neues DBA paraphiert 2010

Nahost

– Bahrain:	BIT von 2007[74], in Kraft seit 27.5.2010; DBA (L) und DBA (Information) paraphiert 2010
– Irak:	BIT von 2010, noch nicht in Kraft

60 BGBl 2007 II 94.
61 BGBl 1990 II 279.
62 BGBl 2002 II 286.
63 BGBl 2008 II 1189.
64 BGBl 2009 II 462.
65 BGBl 1979 II 77.
66 BGBl 2004 II 333.
67 BGBl 1974 II 22.
68 BGBl 1985 II 22.
69 BGBl 1984 II 778.
70 BGBl 1966 II 889.
71 BGBl 1968 II 221.
72 BGBl 1965 II 1377.
73 BGBl 1976 II 1654.
74 BGBl 2008 II 494.

- Iran:	BIT neu von 2002[75], in Kraft seit 23.06.2005; DBA von 1968[76], in Kraft seit 30.12.1969
- Jemen:	BIT neu von 2005[77], in Kraft seit 28.3.2008; DBA (L) von 2005[78], in Kraft seit 23.1.2007
- Jordanien:	BIT neu von 2007[79], in Kraft sei 28.8.2010; DBA in Verhandlung
- Katar:	BIT von 1996[80], in Kraft seit 19.1.1999; DBA in Verhandlung
- Kuwait:	BIT von 1994[81], in Kraft seit 15.11.1997; DBA von 1999[82], in Kraft seit 2.8.2000, wird verhandelt
- Libanon:	BIT von 1997[83], in Kraft seit 25.3.1999
- Oman:	BIT neu von 2007[84], in Kraft seit 4.4.2010; DBA paraphiert 2012
- Palästina:	BIT von 2000[85], in Kraft seit 19.9.2008
- S.-Arabien:	BIT von 1996[86], in Kraft seit 8.1.1999; DBA (L) von 2008[87], in Kraft seit 9.7.2009
- Syrien:	BIT von 1977[88], in Kraft seit 20.4.1980; DBA von 2010[89], in Kraft seit 30.12.2010
- Türkei:	BIT von 1962[90], in Kraft seit 16.12.1965
- VAE:	BIT von 1997[91], in Kraft seit 2.7.1999; DBA von 2010[92], in Kraft seit 14.7.2011

---

75 BGBl 2004 II 55.
76 BGBl 1969 II 2134.
77 BGBl 2007 II 87.
78 BGBl 2006 II 539.
79 BGBl 2009 II 469.
80 BGBl 1998 II 628.
81 BGBl 1997 II 166.
82 BGBl 2000 II 391.
83 BGBl 1998 II 1439.
84 BGBl 2008 II 512.
85 BGBl 2005 II 526.
86 BGBl 1998 II 593.
87 BGBl 2008 II 783.
88 BGBl 1979 II 422.
89 BGBl 2010 II 1360.
90 BGBl 1965 II 1193.
91 BGBl 1998 II 1474.
92 BGBl 2011 540.

Mittelost

– Afghanistan:	BIT von 2005[93], in Kraft seit 12.10.2007
– Aserbaidschan:	BIT von 1995[94], in Kraft seit 29.7.1998;
	DBA von 2004[95], in Kraft seit 28.12.2005
– Kasachstan:	BIT von 1992[96], in Kraft seit 10.5.1995;
	DBA von 1997[97], in Kraft seit 21.12.1998
– Kirgistan:	BIT von 1997[98], in Kraft seit 16.4.2006;
	DBA von 2005[99], in Kraft seit 22.12.2006
– Pakistan:	BIT von 1959[100], in Kraft seit 28.4.1962; BIT neu von 2009;
	DBA von 1994[101], in Kraft seit 30.12.1995
– Tadschikistan:	BIT von 2003[102], in Kraft seit 25.5.2006;
	DBA von 2003[103], in Kraft seit 21.9.2004, wird verhandelt
– Turkmenistan:	BIT von 1997[104], in Kraft seit 19.2.2001;
	Fortgeltung des DBA mit UdSSR, Notenwechsel 1999; Neues DBA paraphiert 2012
– Usbekistan:	BIT von 1993[105], in Kraft seit 23.5.1998;
	DBA von 1999[106], in Kraft seit 14.12.2001, wird verhandelt

Fernost

– Bangladesch:	BIT von 1981[107], in Kraft seit 14.9.1986;
	DBA von 1990[108], in Kraft seit 21.2.1993

93 BGBl 2007 II 101.
94 BGBl 1998 II 567.
95 BGBl 2005 II 1147.
96 BGBl 1994 II 3730.
97 BGBl 1998 II 592.
98 BGBl 2005 II 699.
99 BGBl 2006 II 1067.
100 BGBl 1961 II 793.
101 BGBl 1995 II 838.
102 BGBl 2005 II 538.
103 BGBl 2003 II 1034.
104 BGBl 2000 II 664.
105 BGBl 1997 II 2106.
106 BGBl 2001 II 979.
107 BGBl 1984 II 838.
108 BGBl 1991 II 1411.

- Indonesien: BIT neu von 2003[109], in Kraft seit 2.6.2007;
  DBA von 1990[110], in Kraft seit 28.12.1991, wird neu verhandelt
- Malaysia: BIT von 1960[111], in Kraft seit 6.7.1963;
  DBA von 2010[112], in Kraft seit 21.12.2010

109 BGBl 2005 II 514.
110 BGBl 1991 II 1087.
111 BGBl 1962 II 1064.
112 BGBl 2010 II 1311.

Jochen Hundt, LLM/DJCE (Straßburg), LLM (Sussex)

Niederlassungsformen im saudi-arabischen Investitions- und Gesellschaftsrecht unter besonderer Berücksichtigung der Problematik des Haftungsdurchgriffs

1. Einführung: Bedeutung des saudi-arabischen Niederlassungsrechts[1]

Das vergangene Jahrzehnt hoher Ölpreise spülte Billionen in die Kassen der Erbmonarchien am Persischen Golf. In weiser Voraussicht investierten die Regierungen der Golfstaaten einen großen Teil dieser Summen in die Ausbildung der einheimischen Bevölkerung einerseits und die Diversifizierung ihrer Volkswirtschaften andererseits. Die Folge war und ist, insbesondere im Königreich Saudi-Arabien, welches etwa 80 Prozent der Fläche der Arabischen Halbinsel einnimmt und mehr als die Hälfte zum Gesamt-Bruttoinlandsprodukt der Staaten des Golf-Kooperationsrates[2] beisteuert, eine Fülle von Großprojekten, zu deren Durchführung oft technisches Know-How aus den Industrieländern gefragt ist.

Zwar besteht für ausländische Unternehmen in Saudi-Arabien die Möglichkeit, sich als Betriebsstätte eines nicht niedergelassenen Unternehmens bei der Steuerbehörde DZIT[3] zu registrieren, jedoch ist dies meist nicht ausreichend, und zwar aus drei Gründen: Erstens ist – insbesondere zur Durchführung von Projekten mit längerer Laufzeit – die Gründung einer Niederlassung unumgänglich, da nur auf diese Art und Weise die Rechtsposition eines „Sponsors" eingenommen werden kann und deshalb das Unternehmen nur so eigenständig Einreisevisa

---

1 Hierzu zählen insbesondere das Gesetz über ausländische Investitionen, Kgl. Dekret Nr. 1 vom 5.1.1421H (10.4.2000), das Gesellschaftsgesetz, Kgl. Dekret Nr. 6 vom 23.3.1385H (22.7.1965), das Gesetz über freiberufliche Gesellschaften, Ministerratsbeschluss vom 16.2.1412H (26.8.1991) sowie der Repräsentanzbüro-Erlass, Ministerialerlass Nr. 1532 vom 6.6.1395H (15.6.1975).

2 Königreich Bahrein, Staat Katar, Staat Kuwait, Sultanat Oman, Königreich Saudi-Arabien und die Vereinigten Arabischen Emirate (VAE); englisch: „Cooperation Council of the Arab States of the Gulf" bzw. „Golf Cooperation Council" (GCC).

3 Department of Zakat and Income Tax, eine dem Finanzministerium zugeordnete Behörde.

und Aufenthaltstitel für nichtsaudisches Personal beantragen kann.[4] Zweitens ist es gemäß den Vorschriften der saudi-arabischen Zentralbank SAMA[5] nur einem in Saudi-Arabien niedergelassenen Unternehmen gestattet, Konten bei saudi-arabischen Geldinstituten zu eröffnen. Drittens machen bei vielen Projekten bereits die Ausschreibungsbedingungen die Gründung einer Niederlassung – bzw. deren Genehmigung qua Investitionslizenz – zur Grundvoraussetzung für die Teilnahme.

Die Beachtung und Anwendung der Vorschriften des saudi-arabischen Niederlassungsrechts – sowie deren grundlegendes Verständnis – ist also für ausländische Unternehmen von großer Wichtigkeit, um erfolgreich im Markt der zahlreichen Großprojekte des Königreichs, deren Gesamtwert sich einer Billion Euro annähert, mitzumischen.

2. Grundzüge des saudi-arabischen Rechtssystems

Das Königreich Saudi-Arabien in seiner heutigen Form wurde offiziell am 23.9.1932[6] gegründet, nachdem der Staatsgründer – und Vater des heutigen Königs Salman – Abdulaziz bin Abdulrahman Al Saud, 1902 aus dem kuwaitischen Exil kommend, zuächst die Hauptstadt Riad erobert, dann zahlreiche weitere Provinzen der Arabischen Halbinsel unterworfen und schließlich die beiden resultierenden Großprovinzen des Nadschd (zentrales Hochplateau mit der Hauptstadt Riad) und des Hedschas (Berg- und Küstenregion am Roten Meer mit den beiden heiligen Städten Mekka und Medina) zu einem Königreich vereinigt hatte. Dem Saudi-Arabien von heute waren im 18. und im 19. Jahrhundert zwei Vorgängerstaaten vorausgegangen, die sich jedoch gegenüber dem Osmanischen Reich jeweils nur wenige Jahrzehnte lang behaupten konnten.

Tragende Säule aller saudischen Staaten seit der ersten Staatsgründung im Jahr 1744 war ein Pakt zwischen dem weltlichen Herrschertum (erster Staatsgründer Mohammed bin Saud) und einer islamisch-puritanistischen Reformbewegung (Gelehrter und Prediger Mohammed bin Abdulwahab Al-Tamimi), welcher

---

4 Das Aufenthaltsrecht der GCC-Staaten bestimmt, dass der Staat hinsichtlich des Aufenthalts von Nicht-GCC-Staatsbürgern wichtige Befugnisse und Pflichten an deren Arbeitgeber im Inland abtritt, wodurch diesem die Funktion eines sogenannten „Sponsors“ (arabisch: kafil; wörtlich: Bürge) zugewiesen wird. Diese aufenthalts- und arbeitsrechtliche Besonderheit wird oft als Kafala-System bezeichnet (siehe https://de.wikipedia.org/wiki/Kafala; zuletzt abgerufen: 02.06.2015).

5 Saudi Arabian Monetary Agency, Rules Governing the Opening of Bank Accounts & General Operational Guidelines in Saudi Arabia, 3. Aufl. Dezember 2008, Ziff. 300-1-4 (S. 61 ff.).

6 Der 23. September ist deswegen staatlich verordneter „Nationaltag“ (Nationalfeiertag).

grundsätzlich auch noch in der Gegenwart weiterbesteht.[7] Die fundamental-islamische Grundordnung des saudischen Staates spiegelt sich auch in der 1992 per Dekret erlassenen Verfassung des Königsreichs[8] wider. Hier einige der einschlägigen Bestimmungen dieses „Grundgesetzes“:

> **Artikel 7:** Das Regierungssystem Saudi-Arabiens begründet die Ausübung der Macht auf dem Heiligen Koran und der Sunna[9] des Propheten. Sowohl der Koran als auch die Sunna haben Vorrang vor dieser Verfassung sowie vor allen staatlichen Gesetzen.
> **Artikel 8:** Das Regierungssystem im Königreich Saudi-Arabien gründet sich auf Gerechtigkeit, Schura[10] und Gleichheit gemäß dem islamischen Recht (Scharia).
> **Artikel 23:** Der Staat hat den islamischen Glauben zu schützen und muss die Scharia anwenden. Er muss Tugendhaftes anordnen und Verwerfliches verbieten und der Pflicht der „Einladung zum Islam“[11] nachkommen.
> **Artikel 46:** Die Justiz ist eine unabhängige Gewalt. Die Richter haben ihre Tätigkeit frei von jeglichem Einfluss und jeglicher Einmischung auszuüben, wobei die Scharia stets höchsten Vorrang hat.
> **Artikel 48:** Die Gerichte haben auf alle Streitfälle die Scharia anzuwenden, und zwar gemäß dem Koran und der Sunna sowie gemäß aller staatlichen Gesetze, insofern letztere mit Koran und Sunna in Einklang stehen.

Im Gegensatz zu den meisten GCC-Nachbarstaaten erkennt Saudi-Arabien das islamische Recht also nicht nur als „eine Rechtsquelle“[12] an, sondern vielmehr als „die Rechtsquelle“[13] schlechthin und darüber hinaus, als „die Verfassung“.

---

7 Neben der fundamental-islamischen Ausrichtung des Staates zeigt sich dies unter anderem an der Tatsache, dass Nachkommen des Predigers, heute als Al-Ascheich-Familie (wörtlich: „Familie des Gelehrten“) bezeichnet, von den Königen der Saud-Dynastie gerne vorzugsweise mit staatlichen Würden im religiösen Bereich bedacht werden (insbesondere als Großmufti, Religionsminister und Chef der Religionspolizei).

8 Das „Grundgesetz zur Ausübung der Herrschaftsgewalt“ vom 27.8.1412H (2.3.1992), dessen Artikel 1 festlegt, dass „die Verfassung des Staates der Heilige Koran und die Sunna des Propheten“ ist.

9 Vermächtnis als Leitbild und Traditionen des Propheten Mohammed (571–632).

10 Beratende Beiziehung der Öffentlichkeit; gemäß diesem Verständnis ist das gesetzgebende Organ des Königreichs der Ministerrat, also das Kabinett, dem der König als Premierminister und Staatsoberhaupt in Personalunion vorsteht, dabei aber von einer beratenden Versammlung (sogenannter Schurarat) unterstützt wird; bislang werden alle Mitglieder des Schurarats nicht gewählt, sondern vom König ernannt.

11 D.h. der Missionierung.

12 So Artikel 2 der Verfassung des Königreiches Bahrain, Artikel 1 der Verfassung des Staates Katar, Artikel 2 der Verfassung des Staates Kuwait und Artikel 7 der Verfassung der Vereinigten Arabischen Emirate.

13 So auch Artikel 2 der Verfassung des Sultanats Oman.

Bei der Interpretation des Schariarechts folgt Saudi-Arabien traditionsgemäß der sogenannten hanbalitischen Rechtsschule.[14] Im Gegensatz zu anderen fundamental-islamischen Staaten wie etwa dem Osmanischen Reich, welches die vermögensrechtlichen Bestimmungen des Schariarechts – der hanafitischen Rechtstradition folgend – in einem Kodex, der sogenannten Mecelle[15], zusammengefasst hatte, hat das Königreich Saudi-Arabien nie ein Scharia-Zivilgesetzbuch in Kraft gesetzt.[16] Da die Scharia außerdem Gerichtsurteilen keine Bindungswirkung zuerkennt, muss in Saudi-Arabien die anwendbare zivilrechtliche Norm stets mittels einer (Neu-)Interpretation der Quellen der Scharia – also dem Koran, der Sunna, dem Konsensus anerkannter Rechtsgelehrter[17] und der Rechtsanalogie unter bestimmten Voraussetzungen[18] – ermittelt werden, wobei sich die Richter an einer Reihe von klassischen hanbalitischen Kommentaren zu orientieren haben.[19]

---

14 Eine der vier heute verbreiteten Rechtsschulen des sunnitischen Islam, zurückgehend auf Aḥmad b. Ḥanbal (780–855); die anderen drei sunnitischen Rechtsschulen sind die von Abū Ḥanīfa (699–767) begründete hanafitische, die auf Mālik b. Anas (715–795) zurückgehende malikitische sowie die von Muḥammed b. Idrīs aš-Šāfiʿī (767–820) begründete schafi'itische Rechtsschule.

15 Osmanisch: mecelle-i aḥkam-i adliye, wörtlich „Buch der gesetzlichen Bestimmungen" (Allgemeiner Teil mit 100 Artikeln sowie 16 Bücher mit 1751 Artikeln); ab 1870 schrittweise im Osmanischen Reich in Kraft gesetzt, als Zivilgesetzbuch hat es noch heute Rechtskraft in Palästina.

16 Zwar wurde eine Kodifizierung des Schariarechts mit dem Titel mecelle al-ahkam al-schar'iah (2383 Artikel, kein Allgemeiner Teil) durch den hanafitischen Rechtsgelehrten Aḥmad al-Qārī (1891–1940) erstellt (posthum überarbeitet und erweitert von den ḥanbalitischen Rechtsgelehrten Abū Sulaimān und Aḥmad ʿAlī); dieser Kodex wurde jedoch nie zur Verwendung freigegeben. König Abdulaziz bin Abdulrahman Al Saud hatte außerdem im Jahr 1927 die Gründung einer Kommission angeordnet mit dem Auftrag, ein rechtsschulenübergreifendes Gesetzbuch zu erstellen, was jedoch in der Folge dann aufgegeben wurde.

17 Arab. iǧmāʿ.

18 Arab. qiyās.

19 Diese sind: Al-muġnī von Muwaffaq ad-Dīn b. Qudāma (gest. 1223); aš-šarḥ al-kabīr von Šams ad-Dīn b. Qudāma (gest. 1284); al-iqnāʿ von Mūsā al-Ḥiǧāwī (gest. 1580); muntahā al-irādāt von Taqī ad-Dīn al-Futūḥī alias Ibn an-Naǧǧār (gest. 1584); kaššāf al-qināʿ ʿan matn al-iqnāʿ (Erläuterung von al-Ḥiǧāwī) von Manṣūr Bahūtī (gest. 1641) und šarḥ muntahā al-irādāt (Erläuterung von al-Futūḥī) von Manṣūr Bahūtī; die von König Abdulaziz bin Abdulrahman Al Saud einberufene Rechtskommission erließ im Jahr 1928 auf seine Anordnung hin eine Verfügung, gemäß derer die Richter ausschließlich die hanbalitischen Kommentare zu verwenden haben, es sei denn, der Richter ist der Ansicht, dass das öffentliche Interesse das Ausweichen auf eine andere Rechtsschule erfordert; die Verfügung bestimmte außerdem, dass šarḥ muntahā al-irādāt Vorrang

3. Rechtspraxis in einem von der Scharia dominierten Rechtssystem

In der Praxis des saudi-arabischen Wirtschaftsrechts - einschließlich des Niederlassungsrechts - haben es ausländische Unternehmen überwiegend mit den zahlreichen staatlichen Gesetzen[20] und den nachgeordneten Rechtsnormen wie Ausführungsbestimmungen und ministeriellen Anordnungen zu tun, die oft sehr detailgenau formuliert sind und deren Schariakonformität in aller Regel gewährleistet ist und die deswegen auch ohne profunde Schariakenntnisse verstanden werden können. Zu diesen Gesetzen zählen das Aufenthaltsgesetz von 1952,[21] das Handelsvertretergesetz von 1962,[22] das Scheckgesetz von 1964,[23] das Gesellschaftsgesetz von 1965,[24] das Bankkontrollgesetz von 1965,[25] das Krankenversicherungsgesetz von 1999,[26] das GCC-Patentgesetz von 1999,[27] das Investitionsgesetz von 2000,[28] das Sozialversicherungsgesetz von 2000,[29] das Markengesetz von 2002,[30] die Schariazivilprozessordnung von 2003,[31] das Versicherungskontrollgesetz von 2003,[32] das GCC-Zollgesetz von 2003,[33] das Einkommensteuergesetz von 2004,[34] das Arbeitsgesetz von 2005,[35] das Ausschreibungsgesetz von 2006,[36] das Gerichtsverfassungsgesetz und das Verwaltungsgerichtsgesetz von 2007,[37] das Vollstreckungsgesetz von 2012[38]

---

hat vor dem Kommentar kaššāf al-qinā' 'an matn al-iqnā' und letzterer wiederum vor allen anderen; die Verfügung ist auch heute noch in Kraft.

20 Auf Grund der Vorrangstellung des Schariarechts werden diese traditionell als anẓima („Regularien"; arab. singular: niẓām) bezeichnet.

21 Kgl. Anordnung Nr. 1337/25/2/17 vom 11.9.1371H.

22 Kgl. Dekret Nr. 11 vom 20.2.1382H.

23 Kgl. Dekret Nr. 37 vom 11.10.1383H.

24 Kgl. Dekret Nr. 6 vom 22.3.1385H, nachfolgend auch mit dem Kürzel „GG" bezeichnet.

25 Kgl. Dekret Nr. 5 vom 22.2.1386H.

26 Kgl. Dekret Nr. 10 vom 1.5.1420H.

27 Beschluss des „GCC Supreme Council" in seiner 13. Sitzung, November 1992.

28 Kgl. Dekret Nr. 1 vom 5.1.1421H.

29 Kgl. Dekret Nr. 33 vom 3.9.1421H.

30 Kgl. Dekret Nr. 21 vom 28.5.1423H.

31 Kgl. Dekret Nr. 21 vom 20.5.1421H.

32 Kgl. Dekret Nr. 32 vom 2.6.1424H.

33 Beschluss des „GCC Supreme Council" in seiner 20. Sitzung, November 1999.

34 Kgl. Dekret Nr. 1 vom 15.1.1425H.

35 Kgl. Dekret Nr. 51 vom 23.08.1426H.

36 Kgl. Dekret Nr. 58 vom 4.9.1427H.

37 Kgl. Dekret Nr. 78 vom 19.9.1428H (beide zeitgleich verkündet).

38 Kgl. Dekret Nr. 53 vom 13.8.1433H.

sowie das Schiedsgesetz von 2012,[39] um nur die wichtigsten zu nennen.[40] Viele dieser Rechtsnormen gehen entweder auf internationale Vorgaben (insbesondere im Rahmen der WTO,[41] aber auch der UNCITRAL[42]) oder auf kontinentaleuropäisch beeinflusste Rechtsnormen (insbesondere die durch die französische Kolonisierung geprägten ägyptischen Rechtsvorstellungen)[43] zurück und entsprechen deshalb in vieler Hinsicht gewohnten Standards.[44]

Dazu kommt die Tatsache, dass das islamische Recht – im Gegensatz zu anderen Rechtssystemen[45] – das Prinzip der Privatautonomie garantiert. Die Scharia gewährleistet also die Rechtswirksamkeit einer Vereinbarung ohne weitere staatliche Einwirkung unter der einzigen Bedingung, dass diese nicht durch zwingende gesetzliche Bestimmungen unwirksam gestellt wird (wie zum Beispiel eine Vereinbarung über etwas Verbotenes wie einen Diebstahl oder die Erzeugung alkoholischer Getränke). Es genügen im islamischen Recht also die übereinstimmenden Willenserklärungen der Parteien, um einklagbare Rechte und Pflichten entstehen zu lassen.[46]

Andererseits lassen sich die in der Praxis bedeutsamen Besonderheiten des islamischen Rechts auf wenige Themen reduzieren, etwa anhand des folgenden „Merkzettels“:

---

39 Kgl. Dekret Nr. 34 vom 24.5.1433H.

40 Die Bestimmungen eines alten Handelsgesetzbuches von 1950 (engl. „Commercial Court Law“) wurden durch die neueren Gesetze fast zur Gänze aufgehoben, weswegen besagtes HGB in der heutigen Rechtspraxis eigentlich nur noch im Insolvenzrecht Bedeutung hat.

41 Zum Beispiel die Gesetze zum Recht des geistigen Eigentums und das Ausschreibungsgesetz.

42 Insbesondere das Schiedsgesetz.

43 Insbesondere das Gesellschaftsgesetz.

44 Englische Übersetzungen vieler dieser Gesetze finden sich auf den Webseiten des Handels- und Industrieministeriums (http://www.mci.gov.sa/en/LawsRegulations/Pages/default.aspx; zuletzt abgerufen: 03.06.2015) und der Investitionsbehörde „Saudi Arabian General Investment Authority“ (SAGIA) (http://www.sagia.gov.sa/Investment-climate/Some-Things-You-Need-To-Know-/Laws/; zuletzt abgerufen: 03.06.2015).

45 So der Typenzwang im römischen Recht.

46 Im römischen Recht war dies nur der Fall, wenn der Vereinbarung durch eine sogenannte actio die Rechtswirksamkeit vom Gesetzgeber ausdrücklich zuerkannt wurde (Liste der actiones siehe https://de.wikipedia.org/wiki/Liste_der_actiones_des_R%C3%B6mischen_Privatrechts; zuletzt abgerufen: 03.06.2015). Das römische Recht erreichte seine Blütezeit im 2. und 3. Jahrhundert n. Chr.; Justinians „Corpus Juris Civilis“ wurde im 6. Jahrhundert veröffentlicht; das islamische Recht entstand Mitte des 7. Jahrhunderts.

- Es besteht kein Rechtsanspruch auf Zahlung von Zinsen, und zwar weder Kredit- noch Verzugszinsen.[47]
- Es besteht kein Anspruch auf Erstattung von entgangenem zukünftigem Gewinn.[48]
- Rechtsansprüche verjähren nicht (außer durch Einwirkung von Währungsinflation, die wie gesagt nicht durch Zinsen ausgeglichen werden kann).[49]
- Eigentumsvorbehalt bei Kaufverträgen ist rechtsunwirksam.[50]
- Der Dividendenanspruch der Gesellschafter einer Gesellschaft kann nicht abweichend von der Kapitalverteilung verändert werden, muss sich immer mit letzterer decken.[51]
- Die Haftung der Gesellschafter einer Gesellschaft ist schwierig zu beschränken.

Dieser letzte Punkt, also die Frage des Haftungsdurchgriffs von Gläubigern gemäß der Scharia, wird im übernächsten Abschnitt diskutiert. Zunächst folgt jedoch eine Darstellung der verschiedenen Niederlassungsformen, die Investoren für Geschäftstätigkeiten in Saudi-Arabien zur Verfügung stehen.

4. Niederlassungsformen in Saudi-Arabien

Die möglichen Organisationsformen reichen vom einfachen Repräsentanzbüro bis hin zur börsennotierten Aktiengesellschaft.

a) Repräsentanzbüro

Ein solches kann in Saudi-Arabien von Unternehmen des produzierenden Gewerbes[52] in Form eines sogenannten „wissenschaftlich-technischen Büros“[53] gegründet werden. Rechtliche Grundlage für diese Niederlassungsform sind

---

47 Gemäß dem schariarechtlichen Verbot von ribā.

48 Gemäß dem schariarechtlichen Prinzip ġarar, welches die Rechtskraft von nicht klar Bestimmbarem unterbindet.

49 Gemäß der schariarechtlichen Vorgabe, dass ein Rechtsanspruch durch Verstreichen von Zeit nur dann erlöschen kann, wenn die Parteien dies ausdrücklich so vereinbart haben.

50 Gemäß der unabdingbaren Vorgabe des Schariarechts, dass bei Kaufverträgen Vertragsschluss, Eigentums- und Risikoübergang nicht voneinander losgelöst werden können.

51 Gemäß den Prinzipien des Scharia-Gesellschaftsrechts, mušāraka.

52 Unternehmen des Dienstleistungssektors steht diese Organisationsform nicht zur Verfügung.

53 Engl. „Scientific and Technical Office“ bzw. „Technical and Scientific Office“ (TSO).

Artikel 228 GG[54] sowie ein Ministerialerlass von 1975.[55] Gemäß letzterem hat das Repräsentanzbüro zwei Aufgaben: die wissenschaftlich-technische Unterstützung des saudi-arabischen Handelsvertreters bzw. Vertragshändlers einerseits und die Einholung von Marktinformationen für das Stammhaus im Ausland andererseits. Für die Gründung ist zwar kein Mindestkapital erforderlich, dafür muss jedoch vom saudischen Vertragshändler bzw. Handelsvertreter eine schriftliche Zustimmungserklärung eingeholt werden. Das Repräsentanzbüro darf Bankkonten führen und als Sponsor[56] Aufenthaltstitel für den Geschäftsführer und weitere Angestellte[57] beantragen, zusätzlich zu Geschäftsreisevisa. Allerdings darf es selbst nicht geschäftlich tätig werden; die Registrierung bei der Steuerbehörde DZIT sowie die jährliche Einreichung von Steuererklärungen ist deshalb zwar erforderlich, aber in der Praxis reine Formsache. Das Gründungsverfahren umfasst ein Genehmigungsverfahren bei der Investitionsbehörde SAGIA, danach die Erwirkung eines Genehmigungsschreibens beim Handels- und Industrieminister gemäß Artikel 228 GG und schließlich die Eintragung ins Handelsregister, welches in Saudi-Arabien beim Handels- und Industrieministerium geführt wird.

b) Projektbezogene Zweigniederlassung

Hier handelt es sich um eine weitere Sonderform einer unselbständigen Zweigniederlassung, auch als „befristete Zweigniederlassung"[58] oder „befristeter Handelsregistereintrag"[59] bezeichnet. Wie das Repräsentanzbüro kommt auch die befristete Zweigniederlassung ohne Mindestkapital aus. Anders als beim Repräsentanzbüro ist aber die Mitwirkung eines Handelsvertreters oder Vertragshändlers bei der Gründung nicht erforderlich. Die projektbezogene Zweigniederlassung ist voll geschäftsfähig im Rahmen der Durchführung eines bestimmten Auftrags für die saudi-arabische Regierung oder einen – ganz oder teilweise – staatseigenen

54 Dieser betrifft unselbständige Zweigniederlassungen und Repräsentanzbüros ausländischer Unternehmen. Er verpflichtet zur Einholung einer Genehmigung des Handels- und Industrieministers und macht alle Personen, die vor Erteilung dieser Genehmigung im Namen der Niederlassung bzw. des Büros tätig werden, persönlich und solidarisch haftbar.

55 Ministerialerlass Nr. 1532 vom 6.6.1395H.

56 Siehe oben, Fn. 4.

57 Die Zahl der Angestellten eines Repräsentanzbüros ist üblicherweise auf zehn beschränkt.

58 Engl. „temporary branch".

59 Engl. „temporary commercial registration" bzw. „TCR".

Betrieb.[60] Zur Gründung muss der öffentliche Auftrag oder zumindest das Zuschlagschreiben in Kopie vorgelegt werden. Die Genehmigung erfolgt unter Mitwirkung der SAGIA und des Handels- und Industrieministeriums. Nach der Genehmigung gemäß Artikel 228 GG erfolgt der Eintrag ins Handelsregister.

c) Permanente Zweigniederlassung

Die Gründung einer gewöhnlichen bzw. „permanenten" Zweigniederlassung erfolgt ebenfalls mit einem vorgeschalteten Genehmigungsverfahren bei der Investitionsbehörde SAGIA. Nach Erteilung der Investitionslizenz muss ein Investitionskapital von 500.000 SAR[61] auf ein Sperrkonto eingezahlt werden, welches erst nach Eintragung der Zweigniederlassung ins Handelsregister und Hinterlegung der Unterschrift (einschließlich Kopie der Aufenthaltsgenehmigung) des Geschäftsführers bei der Bank wieder abgehoben werden kann. Alleinige Rechtsgrundlage für permanente – wie auch befristete – Zweigniederlassungen ist Artikel 228 GG. Zweigniederlassungen können nur in den Wirtschaftsbereichen verwendet werden, in denen ausländische Investoren alleine, also ohne zwingende Beteiligung eines saudischen Investors, investieren dürfen.[62]

<u>Zum Haftungsdurchgriff</u>: Das saudi-arabische Recht behandelt in vieler Hinsicht Zweigniederlassungen ausländischer Unternehmen buchhalterisch und steuerlich wie Kapitalgesellschaften.[63] Diese Vorschriften sind jedoch rein steuerlicher Natur, was also der Tatsache keinen Abbruch tut, dass die Gläubiger saudi-arabischer

---

60 Zu letzteren zählen beispielsweise die Saudi Arabian Oil Company (Saudi Aramco), die Saudi Arabian Basic Industries Company (Sabic), die Saudi Telecom Company (STC) und die National Water Company (NWC).

61 Saudische Rial; die saudi-arabische offizielle Währung ist seit Jahrzehnten an den US-Dollar gebunden bei einem festen Umtauschkurs von 1 USD = 3,75 SAR.

62 Dies sind alle Bereiche außer diejenigen, in denen ausländische Investitionen Kraft einer Ausschlussliste verboten sind (siehe https://www.sagia.gov.sa/Documents/Download%20center/Business_not_permitted.pdf; zuletzt abgerufen: 03.06.2015) sowie die Bereiche „Handel/Vertrieb" und „Beratungsdienstleistungen", in denen das Gesetz vorschreibt, dass ein saudi-arabischer Investor mindestens 25 Prozent des Eigenkapitals hält.

63 Für die jährlichen Steuererklärungen müssen Jahresbilanzen erstellt werden. Die Steuerbelastung bemisst sich als 20 Prozent auf den Bruttogewinn plus 5 Prozent Quellensteuer auf den Nettogewinn, wenn dieser ins Ausland überwiesen wird; die Gesamtsteuerbelastung beträgt somit 24 Prozent; dies gilt sowohl für befristete als auch für permanente Zweigniederlassungen sowie gleichermaßen auch für die weiter unten beschriebenen Gesellschaftsformen.

Zweigniederlassungen – egal ob Repräsentanzbüro, projektbezogene oder permanente Zweitniederlassung – haftungsmäßig stets uneingeschränkt auf das Stammhaus durchgreifen können.[64]

d) Gesellschaft mit beschränkter Haftung

Diese Niederlassungsform wird von vielen ausländischen Investoren bevorzugt. Rechtsgrundlage sind Kapitel Eins[65] und Kapitel Sieben[66] des Gesellschaftsgesetzes.[67] Es finden sich dort viele Regeln, die dem deutschen GmbH-Gesetz und in noch stärkerem Maß dem französischen „Code de commerce" verwandt sind,[68] wie zum Beispiel die Regelungen zur Haftung der Geschäftsführer. Die Gesellschaft mit beschränkter Haftung kann entweder von einem Einzelgeschäftsführer oder von einem Vorstand geführt werden und die Mitglieder der Geschäftsführung haften solidarisch für Fehler und Verstöße gegen Gesetze oder den Gesellschaftsvertrag.[69] Wie auch sonst im saudi-arabischen Gesellschaftsrecht müssen mindestens zwei Gesellschafter an der Gesellschaft beteiligt sein; die Gründung einer Einmanngesellschaft ist also nicht zulässig.[70] In der Genehmigungspraxis der Behörden ist den Minderheitsgesellschaftern außerdem eine Mindestbeteiligung von fünf Prozent vorgeschrieben. Wenn ein ausländischer Investor also alleine, ohne einheimischen Joint-Venture-Gesellschafter investieren will,[71] muss

64 Vorbehaltlich der Vollstreckbarkeit saudi-arabischer Urteile, wie an anderer Stelle erläutert.

65 Allgemeiner Teil, Artikel 1 bis 15.

66 Artikel 157 bis 180.

67 Von den anderen vom GG vorgesehenen Gesellschaftsformen steht ausländischen Investoren ansonsten nur die Aktiengesellschaft (Kapitel 5, Artikel 48 bis 148) zur Verfügung.

68 In manchen englischen Übersetzungen (z.B. Nicolas Karam, Business Laws of Saudi Arabia, Kluwer 1999) wird deshalb zur Bezeichnung der Gesellschaftsformen auf die französische Terminologie zurückgegriffen; französische Rechtsvorschriften fanden meist durch die von den saudischen Regierungen in großer Zahl beigezogenen ägyptischen Fachjuristen Eingang in die saudische Rechtsordnung; das englische common law hatte hingegen so gut wie keinen Einfluss auf die saudi-arabische Gesetzgebung.

69 Hingegen fehlt eine solche Regelung für den Geschäftsführer einer Zweigniederlassung; er haftet somit lediglich gemäß den allgemeinen Haftungsgrundsätzen des Schariarechts, welche wegen des ġarar-Prinzips den Nachweis des Kausalzusammenhangs zwischen schadensetzender Handlung und Schaden stark erschweren.

70 Artikel 1, Artikel 15 Nr. 3 und Artikel 157 GG.

71 Wie oben erwähnt ist dies nicht gestattet in den Wirtschaftsbereichen „Handel/Vertrieb" und „Beratungsdienstleistungen" sowie in den von der Ausschlussliste erfassten Sektoren.

er mindestens zwei Gesellschaften seines Konzerns verwenden, zum Beispiel im Beteiligungsverhältnis 95 zu 5. Die Gründung umfasst wieder ein vorgeschaltetes Genehmigungsverfahren bei SAGIA. Dann erfolgt die Unterzeichnung des Gesellschaftsvertrages beim Notar[72], die Einzahlung des Stammkapitals[73] auf ein Sperrkonto und die Eintragung ins Handelsregister.

Zum Haftungsdurchgriff: Artikel 157 GG definiert die Gesellschaft mit beschränkter Haftung als eine Gesellschaft, deren „Gesellschafter gemäß ihrer Beteiligungen am Eigenkapital haften".[74] Erreichen jedoch die Verluste der Gesellschaft die Hälfte des Stammkapitals, muss gemäß Artikel 180 GG eine außerordentliche Gesellschafterversammlung einberufen werden, um über den Fortbestand der Gesellschaft zu entscheiden.[75] Dabei müssen die Gesellschafter schriftlich für die Schulden der Gesellschaft bürgen.[76]

e) Freiberufliche Gesellschaft

Beratungsdienstleistungen mit Ausnahme von Unternehmensberatung werden im saudi-arabischen Rechtsverständnis als nichtkommerzielle, freiberufliche Tätigkeiten eingestuft. Die Folge dieser Einstufung ist die Anwendbarkeit spezieller gesellschaftsrechtlicher Vorschriften im Rahmen eines Gesetzes über freiberufliche Gesellschaften.[77] Das Gesetz schreibt keinen Mindestbetrag für das Eigenkapital der Gesellschaft vor. Der in diesem Wirtschaftszweig gesetzlich vorgeschriebene

72 Das saudische Justizministerium kündigte im November 2014 an, dass saudi-arabische Rechtsanwälte in Kürze Aufgaben der staatlichen Notariate wahrnehmen dürften, insbesondere die Beglaubigung von Vollmachten und von Gesellschaftsverträgen; im benachbarten Dubai (Vereinigte Arabische Emirate) ist eine solche Maßnahme bereits in Kraft.

73 Die gesetzlichen Regeln schreiben keinen Mindestbetrag vor, 500.000 SAR oder mehr werden aber in der Behördenpraxis „gerne gesehen".

74 Arab. Originalterminologie: „مسئولين عن ديون الشركة بقدر حصصهم"; im Gegensatz zu § 13 Absatz 2 deutsches GmbHG nimmt Artikel 157 GG jedoch ausdrücklich weder auf die Beschränkung der Haftung auf das Eigenkapital noch auf die Rechtspersönlichkeit der Gesellschaft Bezug; die Rechtspersönlichkeit von Gesellschaften ist jedoch im Allgemeinen Teil des Gesellschaftsgesetzes (Artikel 13) grundsätzlich verankert.

75 § 49 Absatz 3 deutsches GmbHG enthält eine ähnliche Regelung.

76 Eine Art „präventiver Haftungsdurchgriff".

77 Gesetz über freiberufliche Gesellschaften, Ministerratsbeschluss vom 16.2.1412H (26.8.1991), welches allerdings in seinem Artikel 24 hinsichtlich aller nicht ausdrücklich dort geregelten Aspekte auf die Bestimmungen des Gesellschaftsgesetzes verweist.

saudi-arabische Joint-Venture-Gesellschafter[78] bringt seine saudi-arabische Berufslizenz in die Gesellschaft ein und darf gemäß Artikel 3 des Gesetzes seine Tätigkeit nur über die Gesellschaft ausüben. Eingetragen wird die Gesellschaft nicht in das Handelsregister, sondern in ein spezielles Register für freiberufliche Gesellschaften, welches ebenfalls beim Handels- und Industrieministerium geführt wird.

Zum Haftungsdurchgriff: Gemäß Artikel 22 des Gesetzes haften die Gesellschafter einer freiberuflichen Gesellschaft unbeschränkt und solidarisch für die Schulden der Gesellschaft.

f) Aktiengesellschaft

Da das Gründungsverfahren für eine saudi-arabische Aktiengesellschaft mit einem wesentlich größeren Aufwand verbunden ist als für eine Gesellschaft mit beschränkter Haftung, wird diese Gesellschaftsform von ausländischen Investoren sehr selten gewählt, außer im Bereich Banken und Versicherungen, wo Gesellschaften mit beschränkter Haftung nicht verwendet werden dürfen.[79] Rechtsgrundlage für die Aktiengesellschaft sind Kapitel Eins[80] und Kapitel Fünf[81] des Gesellschaftsgesetzes. Für die Gründung ist ein Eigenkapital von mindestens zwei Millionen Saudische Rial erforderlich, wovon zum Zeitpunkt der Gründung mindestens die Hälfte eingezahlt sein muss. Zusätzlich zum üblichen Gründungsprozedere unter Mitwirkung von SAGIA, einem saudi-arabischen Notar und dem Handelsregister muss für die Gründung einer Aktiengesellschaft außerdem ein spezieller Erlass des Handels- und Industrieministers ergehen, für Banken sogar ein königliches Dekret. Aktiengesellschaften müssen als geschlossene Gesellschaften von mindestens fünf Gründungsaktionären gegründet werden. Erst nach zwei Geschäftsjahren ist – nach Aufstockung des Eigenkapitals auf mindestens zehn Millionen Saudische Rials – ein Börsengang erlaubt.[82] Am saudi-arabischen Aktienmarkt „Tadawul“ notierte Aktiengesellschaften unterliegen dem Kapitalmarktgesetz von 2003.[83] Die Geschäftsführung obliegt einem Vorstand mit mindestens drei Mitgliedern, die für maximal drei Jahre ernannt werden.[84]

78 Der lokale Anteil kann auch auf mehrere natürliche Personen verteilt sein; juristische Personen sind als einheimische Gesellschafter nicht zugelassen.

79 Artikel 159 GG.

80 Allgemeiner Teil, Artikel 1 bis 15.

81 Artikel 48 bis 148.

82 Artikel 100 GG.

83 Kgl. Dekret Nr. 30 vom 2.6.1424H (31.7.2003).

84 Artikel 66 GG.

Zum Haftungsdurchgriff: Artikel 48 GG bestimmt hinsichtlich der Haftung der Aktionäre, dass diese „nicht haften, außer gemäß dem Wert der gehaltenen Aktien".[85] Gemäß Artikel 148 GG muss dann eine außerordentliche Gesellschafterversammlung einberufen werden, wenn die Verluste der Gesellschaft drei Viertel des Stammkapitals erreicht haben,[86] um über Fortbestand oder Auflösung der Gesellschaft zu entscheiden. Das Gesetz verpflichtet in diesem Fall die Aktionäre jedoch nicht dazu, Bürgschaften für die Schulden der Gesellschaft einzugehen.[87]

5. Die Frage der Rechtswirksamkeit des Haftungsschirms

Obige Analyse des saudi-arabischen Niederlassungsrechts lässt erkennen, dass ein tatsächlicher effektiver Haftungsschirm für die Gesellschafter vom Gesetzgeber nur im Fall einer Aktiengesellschaft vorgesehen wurde. Die anderen Niederlassungsformen erlauben entweder ganz unzweideutig den Haftungsdurchgriff der Gläubiger auf die Muttergesellschaft[88] oder enthalten Bestimmungen, die eine vorgebliche Haftungsbeschränkung *de facto* unwirksam machen.[89]

Hinsichtlich der letztgenannten Besonderheit, betreffend obendrein die von ausländischen Investoren am häufigsten verwendete Niederlassungsform, stellt sich die Frage, inwiefern das offensichtliche Zögern des saudischen Gesetzgebers hinsichtlich der haftungsrechtlichen Abschirmung der Investoren auf schariarechtliche Überlegungen zurückgeht. Auf Grund des in der Verfassung des Königreichs verankerten Primats des Schariarechts kommt der Beantwortung dieser Frage eine normativ entscheidende Bedeutung zu.

Voraussetzung für die Rechtswirksamkeit eines Haftungsschirms ist zuächst die Rechtsfähigkeit von Gesellschaften. Die schariarechtliche Würdigung

85 Arab. Originalterminologie: „لا يسأل الشركاء فيها الا بقدر قيمة اسهمهم"; die Beschränkung der Haftung ist hier also klarer zum Ausdruck gebracht als in Artikel 157 GG, für die Gesellschaft mit beschränkter Haftung.

86 Für Gesellschaften mit beschränkter Haftung liegt diese Grenze gemäß Artikel 180 GG bei der Hälfte des Stammkapitals, wie weiter oben erläutert, und zwar seit einer Gesetzesänderung im Jahr 2007; vorher galt für beide Gesellschaftstypen derselbe Grenzwert von 75%.

87 Im Gegensatz zu Artikel 180 GG für die Gesellschaft mit beschränkter Haftung, deshalb sollte diese besser als „Gesellschaft mit beschränkter Haftung" (in Anführungszeichen) bezeichnet werden.

88 So im Fall der verschiedenen Formen von Zweigniederlassungen und im Fall der freiberuflichen Gesellschaft.

89 So Artikel 157 und Artikel 180 GG im Fall der „Gesellschaft mit beschränkter Haftung".

dieser Frage (a) muss also der Analyse des Haftungsdurchgriffs im engeren Sinn (b) vorausgehen.

a) Rechtspersönlichkeit im Schariarecht

Wie oben erwähnt erkennt das saudische Gesellschaftsgesetz die Rechtsfähigkeit von Gesellschaften grundsätzlich an.[90] Vergleichbare Bestimmungen finden sich übrigens auch in anderen Bereichen des staatlich erlassenen saudi-arabischen Rechts, wie etwa dem Verwaltungsrecht.[91] Der Begriff wird also gleichermaßen für Körperschaften des privaten wie auch des öffentlichen Rechts verwendet.

Die klassischen Lehrbücher der Scharia hingegen enthalten – quer durch alle Rechtsschulen hindurch – keinerlei Ausführungen zur Rechtspersönlichkeit von Körperschaften. Fragen der Gesellschafterhaftung werden im Schariarecht aus dem Blickwinkel des Rechtsinstituts der Vollmacht betrachtet, im Sinne einer gegenseitigen Bevollmächtigung der Gesellschafter untereinander. Dies ist jedoch keine ausreichende Grundlage für die Anerkennung der Rechtspersönlichkeit von Gesellschaften, die ja von den Personen der Gesellschafter losgelöst sein müsste.[92]

Rechtsgelehrte der Gegenwart haben deswegen andere Rechtsinstitute des klassischen Schariarechts herangezogen, um die Rechtsfähigkeit von Gesellschaften zu untermauern, und zwar insbesondere die Waqf (i)[93] und den Bait al-māl (ii).

i. Waqf

Es handelt sich hier um eine wohltätige Stiftung, (auch: „fromme Stiftung“) der das klassische Schariarecht ein eigenes Vermögen zuerkennt. Damit ist die Waqf Träger von Eigentumsrechten, was eine Rechtsfähigkeit vermuten lassen könnte. Allerdings lässt sich aus dem Schariarecht nicht unbedingt ableiten, dass eine Waqf auch Träger von Pflichten sein kann. Die Tatsache allein, dass die Erträge

---

90 Artikel 13 G; arab. Originalterminus: „تعتبر ... شخصا اعتباريا“ (gilt als Rechtsperson).

91 So Artikel 2 der „Betriebsordnung“ der Investitionsbehörde SAGIA, in Kraft gesetzt zeitgleich mit dem Investitionsgesetz von 2000 (per Ministerratsbeschluss Nr. 20 vom 5.1.1421H), unter Verwendung desselben arabischen Terminus; demnach ist SAGIA anders als die verschiedenen Ministerien nicht mit dem saudi-arabischen Staat gleichzusetzen.

92 Hierzu ʿAlī al-Qara Dāǧī, Die Rechtspersönlichkeit – Bewertung im modernen Staat und Einfluss auf die Feststellung des Volleigentums (arab.), Siebzehntes Zakatsymposium. Kairo 2008.

93 Plural: awqaf.

der Waqf streng zweckgebunden sind, lässt diesen Schluss nämlich nicht zu. Insbesondere ist die Vertretungsbefugnis der Waqf im Schariarecht nicht geregelt, ohne die sie am Rechtsverkehr nicht teilnehmen kann. Von einer tatsächlichen Rechtsfähigkeit der Waqf kann also nicht die Rede sein, und das Rechtsinstitut der Waqf ist als Beweis für die Anerkennung von juristischen Personen durch das Schariarecht ungeeignet.

ii. Bait al-māl

Mit diesem arabischen Begriff wird im Schariarecht die Staatskasse eines islamisch verwalteten Staatsapparats bezeichnet. Der Bait al-māl wurde im siebten Jahrundert vom Kalifen ʻUmar b. al-Ḫaṭṭāb[94] eingeführt und wird deshalb dem klassischen Schariarecht zugerechnet.[95] In modernen Staaten ist an die Stelle des Bait al-māl das Finanzministerium getreten, also ein Organ des Staates, wobei letzterer als Rechtsperson am Rechtsverkehr teilnimmt. Ähnlich wie bei der Waqf enthält das Schariarecht jedoch auch hinsichtlich des Bait al-māl keine Ausführungen zur Vertretungsbefugnis. Das Scharia-Rechtsinstitut des Bait al-māl ist deshalb ebenfalls ungeeignet als Nachweis der Existenz und Rechtsfähigkeit von juristischen Personen im Schariarecht.

Die Behauptung, die Scharia würde juristische Personen und deren Rechtsfähigkeit anerkennen, bleibt also bei näherer Betrachtung unbelegt.

b) Beschränkung des Haftungsdurchgriffs im Schariarecht

Vor der schariarechtlichen Würdigung dieses Rechtsinstituts (ii) lohnt sich ein Blick auf seine Entstehungsgeschichte (i).

i. Geschichte der beschränkten Gesellschafterhaftung

Auch in den europäischen Rechtssystemen war bis vor gut einem Jahrhundert der Haftungsdurchgriff auf die Gesellschafter stets möglich, Gläubiger der Gesellschaft konnten also stets das Gesamtvermögen der Gesellschafter uneingeschränkt in Anspruch nehmen. Dieses Prinzip wurde zuerst schleichend im angelsächsischen

---

94 Zweites Kalifat, 634–644.

95 Nach Aussage des Propheten Muḥammed umfasst nämlich seine Sunna auch das Vermächtnis, d.h. die Traditionen und Aussagen der vier sogenannten „rechtgeleiteten Kalifen", also Abā Bakr aṣ-Ṣiddīq,ʻUmar b. al-Ḫaṭṭāb, ʻUṯmān b. al-ʻAffān und ʻAlī b. Abī Ṭālib (übrigens war nur letzterer blutsverwandt mit dem Propheten, weswegen der schiitische Islam ihn in eine Sonderstellung erhebt).

common law,[96] später systematisch durch das deutsche GmbH-Gesetz von 1892 durchbrochen. Die Neuerung war war höchst beliebt und markierte mit dem Begriff „Gründerzeit" die gesamte Epoche wirtschaftlicher und industrieller Expansion im deutschen Kaiserreich. Viele andere europäische Staaten führten deshalb in den Folgejahren ähnliche Gesetze ein.[97] Im Mittleren Osten finden sich ähnliche Rechtformen heute in den Gesellschaftsgesetzen aller Nationalstaaten.[98]

Doch zurück zum klassichen Schariarecht:

ii. Schariarechtliche Würdigung

In diesem Gesetzeswerk des 7. Jahrhunderts, das – wie oben erläutert – bereits der Rechtsfähigkeit juristischer Personen grundsätzlich ablehnend gegenübersteht, fehlen natürlich explizite Bestimmungen zur Beschränkung der Gesellschafterhaftung. Trotzdem haben zeitgenössische Rechtsgelehrte in den klassischen Rechtsinstituten zumindest einen Anhaltspunkt entdeckt, der auf die Zulässigkeit einer Haftungsbeschränkung schließen lässt.

Es handelt sich hierbei um den Gesellschaftstyp der *muḍāraba*.

In dieser auch im modernen islamischen Finanzwesen verwendeten Gesellschaftsform schließen sich ein Geldgeber (*rabb al-māl*) und ein Bewirtschafter (*muḍārib*) zu einer Gesellschaft zusammen, dessen Gewinne sie sich teilen, entweder gemäß einem vereinbarten Schlüssel oder hälftig, falls diesbezüglich nichts vereinbart wurde. Die Verlustverteilung hingegen regelt die Scharia in dem Sinn, dass der Gelgeber diese alleine trägt, stellt also den Bewirtschafter normalerweise von jeglichen Verlusten frei. Außerdem steht dem Bewirtschafter nur das vom Geldgeber zur Verfügung gestellte Kapital zur Verfügung, was bedeutet, dass letzterer nur in Höhe desselben haftet. Geht der Bewirtschafter jedoch Verpflichtungen ein, die den Kapitalbetrag übersteigen, so haftet er hierfür unbeschränkt. In dieser doppelten Einschränkung der Haftung, sowohl seitens des Geldgebers als auch seitens des Bewirtschafters (vorausgesetzt er hält sich an die Regeln), sehen viele moderne Islamwissenschaftler Beweis genug, um die allgemeine Zulässigkeit von Haftungsbeschränkungen für Gesellschafter anzunehmen.

---

96 Rechtspraxis der private limited company bzw. limited partnership association im US-Bundesstaat Pennsylvania.

97 Beispielsweise Österreich-Ungarn 1906, Portugal 1917, die Tschechoslovakei 1920 und Frankreich 1925; in Frankreich hatten im Jahr 1940 mehr als ein Drittel aller bestehenden Gesellschaften die Rechtsform société à responsabilité limitée angenommen.

98 So beispielsweise, für Saudi-Arabien, Artikel 157 GG.

So erließ beispielsweise der Islamisch-juristische Rat in Djedda[99] eine *fatwā*,[100] in der die allgemeine Zulässigkeit von Haftungsbeschränkungen aller Gesellschafter oder einer Kategorie von Gesellschaftern „allgemein als zulässig bekannt" eingestuft wurde.[101] Die *fatwā* führt als weiteres Argument die Tatsache an, dass den Vertragspartnern der Gesellschaft (mit beschränkter Haftung) sowohl die Höhe des Kapitals als auch das Rechtsprinzip der Haftungsbeschränkung bekannt sei und sie somit beim Vertragsschluss stets wissentlich handelten und sich somit auf das Gegenteil berufen könnten.

Andere, auch zeitgenössische Islamgelehrte[102] lehnen diese Schlussfolgerung jedoch mit Verweis auf explizite Aussagen des Propheten Muḥammed ab, insbesondere eine Überlieferung, in der er anlässlich des Kaufes einer schadhaften Ware dem Käufer Schadensersatz verweigert hatte und zwar mit einem allgemeinen Hinweis darauf, dass „der Besitzer einer Sache diese stets zu garantieren" habe,[103] sowie einer weiteren Überlieferung, gemäß derer jemand aus einer Sache nur dann Gewinn schlagen dürfe, wenn er sich für die Sache verbürge.[104]

Außerdem verweisen die Gegner der Theorie der Zulässigkeit der Gesellschafter-Haftungsbeschränkung auf ein weiteres Grundprinzip des islamischen Rechts, *al-ġaram bi-l-ġanam*, sinngemäß in Deutsche zu übersetzen als „Verluste sind gemäß den Gewinnen zu tragen" beziehungsweise „wer an einer Sache verdient, muss auch die Verluste tragen."

Es gibt aber noch einen letzten, noch schwerwiegenderen und für viele Kommentatoren entscheidenden Grund dafür, warum die Jurisprudenz in Saudi-Arabien weit mehrheitlich die Haftungsbeschränkung der Gesellschafter als rechtsunwirksam ablehnt. Und zwar legt das islamische Recht von verschiedener Seite ganz besonderen Wert auf den Schutz der Gläubiger gegenüber Schuldnern. In dieser Hinsicht beschäftigt sich das Schariarecht als religiös fundiertes und orientiertes Recht auch eingehend mit Rechtsnormen und Regeln, die mit dem Tod in Zusammenhang stehen, und bestimmt insbesondere, dass ein Sterblicher nur

---

99 Offizielle englische Bezeichnung: Islamic Fiqh Council; der Rat hat seinen Sitz zwar in der westsaudischen Hafenstadt Djedda, ist jedoch eine unabhängige internationale Institution, die nicht in das saudische Rechtssystem eingebunden ist.

100 Islamisches Rechtsgutachten, Plural fatāwā.

101 Fatwā Nr. 63 (7/1) in der Sitzung vom 9. bis 14. Mai 1992 zu einer Reihe von Fragen bezüglich der Kapitalmärkte.

102 Hier: Muḥammed b. Ṣāliḥ al-'Uṯaimīn (1925–2001), Qāsim, Saudi-Arabien.

103 Überlieferung Nr. 3508 in der Sammlung „Ṣaḥīḥ wa-ḍa'īf sunan Abī Dawūd" von Muḥammed Naṣr ad-Dīn al-Albānī.

104 Überlieferung Nr. 3504 in ebenda.

nach vollständiger Bezahlung seiner zu seinen Lebzeiten angehäuften Schulden in das Paradis eingehen könne.

Lesern saudi-arabischer Tageszeitungen ist diese Regel in hohem Maße vertraut: Man findet dort nicht selten großflächige Anzeigen der Hinterbliebenen, die um das Vorstelligwerden der Schuldner des Verstorbenen bitten, um dessen Schulden unverzüglich begleichen zu können.

Die Ablehung der Haftungsbeschränkung der Gesellschafter formulieren die islamischen Rechtsgelehrten deshalb gerne als eine – rhethorische – Frage: Wenn selbst der Tod einen Menschen nicht von seinen Schulden trennen kann, wie kann dies eine rechtliche Fiktion (die juristische Person)?

RA Christoph Keimer, Legal Consultant (Dubai)

Rechtliche Besonderheiten bei der Entsendung deutscher Arbeitnehmer in die arabischen Golfstaaten

Seit den siebziger Jahren des letzten Jahrhunderts haben sich die arabischen Golfstaaten (Katar, Saudi Arabien VAE, Oman, Bahrain und Kuwait) dank ihrer enormen Erdöl- und Erdgasvorkommen zu wichtigen Wirtschaftspartnern vor allem der europäischen Industrienationen entwickelt. Nachdem in den Anfangszeiten überwiegend reine Handelsbeziehungen vorherrschten, erfordert nun der schnell wachsende arabische Wirtschaftsraum vor allem aufgrund seinen international ausgeschriebenen Großprojekte – aber auch aufgrund kultureller Besonderheiten – eine zunehmend dauerhafte lokale Präsenz ausländischer Unternehmen. Zur Deckung des dafür erforderlichen Arbeitskräftebedarfs gewinnt deshalb angesichts eines vor Ort existierenden Fachkräftemangels die Beschäftigung und die Entsendung deutscher Mitarbeiter mehr und mehr an Bedeutung. Eine solche grenzüberschreitende Verlagerung von Arbeitnehmern stellt deutsche Unternehmen und Arbeitgeber aber häufig vor erhebliche arbeits-, aufenthalts,- steuer- und sozialversicherungsrechtliche Probleme, die hier erst allgemein und dann am Beispiel Saudi Arabiens kurz aufgezeigt werden sollen.

A. Die Entsendung von deutschen Arbeitnehmern in die arabischen Golfstaaten

1. Vorbereitung des Auslandseinsatzes

Ungeachtet der vielfältigen rechtlichen Besonderheiten beginnt der Einsatz eines deutschen Mitarbeiters in arabischen Ländern mit der rechtzeitigen Auswahl eines geeigneten Kandidaten, der das sorgfältig für diesen Fall aufgestellte Anforderungsprofil abdecken muss. Gerade bei der Auswahl des richtigen Mitarbeiters machen viele Unternehmen aber bereits die ersten Fehler. Neben fachlichem Können sind angesichts des andersartigen kulturellen, sprachlichen, klimatischen und sozialen Umfelds vor allem persönliche Fähigkeiten gefragt. Einen solchen Mitarbeiter, der häufig langfristig übersiedeln muss, findet man nicht über Nacht und an jeder Straßenecke. Viele größere deutsch-arabische Vorhaben scheitern schon deshalb, weil vor allem der deutsche Partner die Personalsuche auf die leichte Schulter genommen hat und letztlich nicht in der Lage war, entsprechend qualifizierte Mitarbeiter in ausreichender Anzahl zum richtigen Zeitpunkt zu beschaffen. Hat man dann den/die richtigen Mitarbeiter gefunden, müssen diese – ihre Familien eingeschlossen – im Rahmen der allgemeinen arbeitsrechtlichen Fürsorgepflicht des Arbeitgebers sorgfältig auf ihre vielfältigen Aufgaben vorbereitet und, was häufig übersehen wird, über den Zeitraum der Entsendung hinweg betreut werden, um bei einer regelmäßig vereinbarten Rückkehr auch möglichst reibungsfrei wiedereingegliedert werden zu können.

2. Die „vier rechtlichen Säulen" einer Entsendung

Die Entsendung eines deutschen Mitarbeiters ist in rechtlicher Hinsicht ein komplexer Vorgang, da neben arbeits- und aufenthaltsrechtlichen Aspekten vor allem auch sozialversicherungs- und steuerrechtliche Belange berücksichtigt werden müssen und zwar sowohl im Heimatland als auch im Entsendungsstaat. Das schließt sowohl die betriebliche als auch die individuelle Seite einer Entsendung ein. Gerade bei Nicht-EU Staaten, wie den arabischen Staaten, bezüglich derer zuverlässige Informationen nicht mal eben „gegoogelt" werden können, ist deshalb gerade auch angesichts des nicht unerheblichen Haftungsrisikos, dem der entsendende Arbeitgeber unterliegt, fachkundige Unterstützung von Beginn an zwingend erforderlich, um die verschiedenen Bereiche optimal abzustimmen und wirtschaftlich sinnvoll miteinander zu verzahnen.

a. Arbeitsrechtliche Rahmenbedingungen

aa. Allgemeines

Arbeitgeber und Arbeitnehmer müssen sich rechtzeitig darüber klar werden, welches arbeitsrechtliche Vertragsmodell sie dem internationalen Mitarbeitereinsatz zu Grunde legen wollen. Die Auswahl des richtigen Modells hängt von vielen Faktoren ab, die sorgfältig gegeneinander abgewogen werden müssen. Die Auswahl des falschen Modells kann insbesondere zu erheblichen sozialversicherungsrechtlichen Nachteilen für Arbeitgeber und Arbeitnehmer in Deutschland führen. Auch Fragen der Arbeitnehmerüberlassung nach deutschem AÜG spielen eine zunehmend wichtigere Rolle. In den wenigsten Fällen reicht der bereits vorhandene deutsche Arbeitsvertrag aus, um den Anforderungen eines grenzüberschreitenden Einsatzes zu genügen. In der Regel wird deshalb der ansonsten bestehenbleibende deutsche Arbeitsvertrag durch eine Zusatzvereinbarung ergänzt (der klassische Entsendungsvertrag), die alle für die Entsendung notwendigen Regelungen aufnehmen muss. Daneben ist aber auch – häufig schon aus steuerlichen oder sozialversicherungsrechtlichen Gründen notwendig – denkbar, den deutschen Arbeitsvertrag für die Dauer der Entsendung mit einer separaten Vereinbarung ruhend zu stellen und den Mitarbeiter mit der Niederlassung/ Tochtergesellschaft vor Ort ein neues Arbeitsverhältnis eingehen zu lassen. Unabhängig von diesem Fall ist es ohnehin in allen golfarabischen Staaten notwendig, dass der Arbeitnehmer zur Erlangung der Arbeitserlaubnis einen lokalen Arbeitsvertrag mit dem für die Erlangung der Arbeits- und Aufenthaltsgenehmigung notwendigen lokalen Arbeitgeber (sponsor) abschließt. Da dieser lokale Vertrag unbeschadet etwaiger Vereinbarungen in Deutschland im Zweifel immer lokalem Recht unterliegt und auch vor Ort immer durchsetzbar ist, bedarf es im Vorfeld einer genauen Abstimmung der jeweiligen Rechts- und Vertragssysteme, um später böse Überraschungen zu vermeiden.

bb. Vertragsmodelle

Für die Auslandstätigkeit von deutschen (oder auch sog. Third Country Nationals, also Mitarbeitern, die aus Drittstaaten direkt in die arabischen Golfstaaten geschickt werden) gibt es keine einheitlichen rechtlichen Grundsätze. Letztlich müssen die Vertragsparteien anhand der Umstände des Einzelfalls, immer auch unter Berücksichtigung der arbeits- und aufenthaltsrechtlichen Umstände in den verschiedenen Staaten, entscheiden, wie der Entsendungssachverhalt arbeitsrechtlich strukturiert werden soll. Da das einseitige Weisungsrecht des deutschen Arbeitgebers in aller Regel keine ausreichende Rechtsgrundlage für eine Entsendung ist, hat sich in der Praxis der so genannte Entsendungsvertrag eingebürgert. Eigentlich müsste er Delegationsvertrag heißen, da der Begriff Entsendung aus dem Sozialversicherungsrecht stammt. Ein einheitliches Bild dieses Entsendungsvertrages gibt es jedoch nicht. Es gibt jedoch eine Reihe unterschiedlicher Gestaltungsformen:

aaa. Einvertragsmodell

Wird ein Mitarbeiter eigens und ausschließlich zu dem Zweck von einem in Deutschland befindlichen Unternehmen eingestellt, dass er seine Leistung im Ausland erbringen soll, erhält er in der Regel auch nur einen einzigen Vertrag, den so genannten Entsendungs- oder Auslandsarbeitsvertrag. Es ist darauf zu achten, dass ggfls. Tarifverträge und Betriebsvereinbarungen auch für diesen Vertrag gelten. Im Zweifel ist der Betriebsrat bei einer Entsendung vorher anzuhören.

bbb. Zweivertragsmodell mit Ergänzungsvereinbarung

Häufig arbeitet der Mitarbeiter schon bei dem Unternehmen, das ihn für eine Auslandstätigkeit vorsieht. Entweder enthält der eigentliche Arbeitsvertrag bereits alle Regelungen für eine Entsendung, was eher selten ist, oder, was die Regel ist, es muss eine Ergänzungsvereinbarung abgeschlossen werden, die dann die zusätzlichen Inhalte aufnimmt, was der Regelfall einer Entsendung ist.

ccc. Übertrittsmodell

In diesem Fall wird das inländische Arbeitsverhältnis beendet und ein neues mit einem ausländischen Unternehmen begründet, häufig einer Tochtergesellschaft. Sofern vorliegend nur eine rechtlich unselbständige Zweigniederlassung des ausländischen Unternehmens vor Ort existiert, so kann aufgrund der rechtlich unselbständigen Stellung dieses „Branches" ein gesondertes Arbeitsverhältnis zumindest aus deutscher Sicht nicht abgeschlossen werden kann.

ddd. Zweivertragsmodell mit Ruhensvereinbarung

Ähnlich wie Zweivertragsmodell mit Ergänzungsvereinbarung, doch wird hier der deutsche Anstellungsvertrag auf der Basis einer Ruhensvereinbarung zwischen Arbeitnehmer und deutschem Arbeitgeber suspendiert, und ein neuer Arbeitsvertrag mit der Gesellschaft vor Ort wird begründet. Dieses Modell kann aus steuerlicher Sicht empfehlenswert bzw. geboten sein; es kann aber auch dazu dienen, die sog. sozialversicherungsrechtliche Ausstrahlung zu umgehen, da dann kein aktives inländisches Arbeitsverhältnis mehr vorliegt.

eee. Ortsverträge

Ein weiteres Vertragsmodell stützt sich auf sog. Ortsverträge. Das sind Verträge, die ein Unternehmen zur Deckung seines Arbeitskräftebedarfs direkt vor Ort mit dort vorhandenen Arbeitskräften abschließt. Das können auch Deutsche sein, die vor Ort bereits leben. Es ist dem inländischen (deutschen) Arbeitgeber insofern gestattet, Arbeitsverträge nach ausländischem Recht abzuschließen. Nach lokalem Recht ist dies in der Regel ohnehin vorgeschrieben. Gibt es keine ausdrückliche vertragliche Vereinbarung, so gilt auch nach deutschen Rechtsgrundsätzen zwingend Ortsrecht, also das Recht des jeweiligen arabischen Staates, ggfls. sind jedoch einige zwingende deutsche Regelungen weiterhin anwendbar. Verfügt das deutsche Unternehmen deshalb über eine selbständige Einheit vor Ort, so ist grundsätzlich ein Entsendungsvertrag nicht notwendig, wenn dieses Unternehmen vor Ort Arbeitskräfte einstellt.

Ungeachtet dessen ist zu berücksichtigen, dass aus aufenthaltsrechtlichen Gründen (zur Erlangung einer Arbeits- und Aufenthaltserlaubnis, s.u.) in jedem der arabischen Golfstaaten ein lokales Arbeitsverhältnis begründet werden muss, wofür ein entsprechender Arbeitsvertrag nach lokalem Recht abgeschlossen werden muss. Das führt insbesondere in den klassischen Entsendungsfällen häufig dazu, dass auf ein Arbeitsverhältnis (ggfls. „gemittelt" über eine Tochtergesellschaft) zwei verschiedene Rechtsordnungen Anwendung finden. Das hat – konsequent zu Ende gedacht – zur Folge, dass ein so entsendeter Arbeitnehmer, selbst wenn er einen deutschen Entsendungsvertrag hat, rechtlich in der Lage ist, auf der Basis des lokalen Arbeitsvertrages und den gesetzlichen Bestimmungen seine sich daraus ergebenden, häufig abweichenden Rechte in seinem Einsatzland (gegen den dortigen Arbeitgeber) durchzusetzen. Daneben stehen diesem Arbeitnehmer aber auch noch seine Ansprüche aus dem Entsendungsverhältnis in Deutschland zu. Um eine solche Doppelinanspruchnahme zumindest in Deutschland auszuschließen, sollten entsprechende Regelungen im deutschen Arbeitsvertrag/Entsendungsvertrag aufgenommen werden. Ansprüche nach lokalem (arabischem) Recht können so aber nicht ausgeschlossen werden.

cc. Vertragsinhalte

Eine Entsendung ist ein komplexer Vorgang, da sie arbeitsrechtliche, sozialversicherungsrechtliche, steuerrechtliche und aufenthaltsrechtliche Aspekte berücksichtigen muss. Für den Arbeitgeber entstehen zusätzliche Haftungsrisiken, die man in jedem Fall im Vorfeld berücksichtigen muss. Dazu gehören auch umfangreiche Aufklärungspflichten seitens des Arbeitgebers gegenüber dem Arbeitnehmer vor der Entsendung. Wichtig sind in einem Entsendungsvertrag i.d.R. folgende Regelungen:

- Vergütungsmodelle einschließlich „Allowances"
- Sozialversicherungen (Ausstrahlung ja oder nein – siehe unten)
- Steuern (DBA ja oder nein; Auswirkungen)
- Versicherungen (Haftplicht, D&O, Unfallversicherung, etc.)
- Rückkehrklauseln (Garantie ja oder nein)
- Rückrufklauseln (OB, und wenn ja, unter welchen Bedingungen)
- Kündigungsklauseln (Zusammenspiel von Entsendungsvertrag, lokalem Arbeitsvertrag, deutschem Arbeitsvertrag -wenn neben Entsendungsvertrag existierend)
- Kostentragungspflichten (Flüge, Umzug, Visa, Arbeitserlaubnis, Familie, etc.)
- Haftungsklauseln
- Ausschluss-/Anrechnungsklauseln (zur Vermeidung einer Doppelinanspruchnahme nach beiden Rechtssystemen, z.B. der lokale unabdingbaren Abfindung im Rückkehrfall, etc.)
- Rechtswahl und Gerichtsstand
- etc.

dd. Ergebnis

Letztlich muss in jedem Einzelfall entschieden werden, welches Modell für die beiden Arbeitsvertragsparteien die geeignete Form der Zusammenarbeit darstellt. Dazu gehören – zwingend und notwendig – frühzeitig anzustellende Überlegungen zur steuerlichen (einkommen- und unternehmenssteuerlich) und sozialversicherungsrechtlichen Seite.

b. Sozialversicherungsrechtlichen Rahmenbedingungen

aa. Allgemeines

Von wichtiger Bedeutung bei einer wie auch immer arbeitsrechtlich ausgestalteten Entsendung ist die rechtzeitige Berücksichtigung und Beachtung sozialversicherungsrechtlicher Aspekte und zwar sowohl im Entsendungsstaat (arabischer Golfstaat) als auch im Heimatstaat (meistens Deutschland). Das wird häufig von beiden Vertragsparteien übersehen oder vernachlässigt, die beide in vielen Fällen einfach auf die Fortgeltung der deutschen Rechtsvorschriften oder auf privat abgeschlossene Versicherungen vertrauen. Von entscheidender Bedeutung in diesem Zusammenhang ist die Beantwortung der Frage, ob der aus Deutschland übersiedelnde Mitarbeiter weiter im deutschen Sozialversicherungsrecht verbleibt oder nicht. Eine zuverlässige Klärung ist für den Arbeitgeber deshalb so wichtig, weil eine falsche Beitragsabführung zu einer Leistungsfreiheit des deutschen Sozialversicherungsträgers im Leistungsfall oder eine unterlassene Abführung zu erheblichen Nachforderungen (bis zu 4 Jahren rückwirkend) der Sozialversicherungsbeiträge führen kann. Ein Rückgriff auf den Mitarbeiter ist dabei in der Regel ausgeschlossen. Daneben entstehen erheblichen Haftungsrisiken für den entsendenden Arbeitgeber vor allem im Falle eines unzureichenden Krankenversicherungsschutzes, da die arabischen Sozialversicherungssysteme bislang deutschen Standard noch nicht erreicht haben.

bb. Ausstrahlung

aaa. Voraussetzungen

Arbeiten deutsche Arbeitnehmer oder (ausländische) Arbeitnehmer, die aus Deutschland entsandt werden im Ausland, hier in Golfarabien, so liegt aus der Sicht des deutschen Sozialversicherungsrechts ein Sachverhalt mit Auslandsberührung vor. In diesen Fällen stellt sich die Frage, welche Rechtsordnung für die Versicherungs- und Beitragspflicht sowie für Leistungsansprüche des im Ausland Beschäftigten oder seiner Angehörigen maßgeblich ist. Insofern gibt es kein überstaatliches Sozialrecht, weshalb sich die Rechtsgrundlagen entweder aus bilateralen (Sozialversicherungsabkommen) oder multilateralen Verträgen der Staaten untereinander (z.B. EU-Verträge) oder aus dem jeweiligen nationalen Rechtssystem selbst ergeben.

Da die golfarabischen Staaten weder Mitglied der EU sind noch Sozialversicherungsabkommen mit Deutschland existieren, handelt es sich bei diesen Staaten aus deutscher Sicht um sog. „vertragsloses Ausland". In diesen Fällen müssen als erstes die sozialversicherungsrechtlichen Voraussetzungen dieses (arabischen) Staates überprüft werden. Insbesondere in den VAE und in Saudi Arabien bestehen mittlerweile Sozialversicherungssysteme, in denen ausländische Arbeitnehmer Pflichtmitglieder werden müssen. In der Regel ist aber nur eine Krankenversicherung Gegenstand dieser Pflichtversicherung.

Neben der Sozialversicherungspflicht in dem jeweiligen Golfstaat kann aber auch eine Sozialversicherungspflicht in Deutschland bestehen (sog. Doppelversicherung), was bedeutet, dass dann in beiden Staaten Beiträge bezahlt werden müssen, aber dann auch in beiden Staaten Schutz besteht. Ein entsendeter Arbeitnehmer unterliegt neben den Bestimmungen am Beschäftigungsort aber auch und nur dann kraft Gesetzes (§ 4 SGB IV) den deutschen Sozialversicherungsvorschriften, wenn ein Fall der sog. Ausstrahlung vorliegt. Diese Ausstrahlung liegt nur dann vor, wenn nachfolgende drei Voraussetzungen erfüllt sind:

- der Arbeitnehmer muss sich auf Weisung seines Arbeitgebers ins Ausland begeben (Entsendung),
- die Entsendung muss im Rahmen eines inländischen Beschäftigungsverhältnisses stattfinden und
- die Tätigkeit im Ausland muss im Voraus zeitlich befristet sein.

Die Entsendung setzt voraus, dass es zu einer tatsächlichen Bewegung des Arbeitnehmers vom Inland ins Ausland gekommen ist.

Es muss auch bei der Entsendung und bei der Tätigkeit vor Ort weiterhin ein inländisches (deutsches) Beschäftigungsverhältnis mit der entsendenden Gesellschaft bestehen. Das ist nicht der Fall, wenn dieses im Rahmen des Entsendungsvertrages ruhend gestellt wird oder wenn z.B. das Gehalt, das von der entsendenden Gesellschaft gezahlt wird, im Innenverhältnis von einer lokalen Betriebsstätte an die entsendende Gesellschaft rückerstattet wird. Wechselt das disziplinarische Weisungsrecht komplett zum lokalen Arbeitgeber, liegt wohl ebenfalls kein inländisches Arbeitsverhältnis mehr vor. Der Arbeitnehmer muss also weiter in den Betrieb des deutschen Arbeitgebers eingegliedert bleiben. In Fällen, wo der Arbeitnehmer zu einer Tochter- oder Schwestergesellschaft oder zu einer Niederlassung derselben entsendet wird, ist besondere Vorsicht geboten, da hier zwischen den beiden Unternehmen häufig mit Dienstleistungsverträgen gearbeitet wird. Wird die

Dienstleistung (Zurverfügungstellung des Arbeitnehmers) abgerechnet und z.B. mit Gewinnaufschlag weitergegeben, so mag das unternehmenssteuerlich richtig und auch geboten sein, doch kann es als Gehaltsweiterbelastung angesehen werden, mit der Folge, dass das Tatbestandsmerkmal des inländischen Beschäftigungsverhältnisses nicht mehr gegeben ist, und somit keine Ausstrahlung und Entsendung mehr vorliegen können.

Die Entsendung muss weiterhin im Voraus zeitlich befristet sein. Die zeitliche Befristung muss bereits bei Aufnahme der Auslandsbeschäftigung durch ein festes Datum oder durch den Eintritt eines bestimmten Ereignisses festgelegt sein. Eine automatische Verlängerungsklausel im Vertrag ist schädlich.

bbb. Rechtsfolgen

Liegt dann eine Ausstrahlung vor (am besten nach Bestätigung durch die deutsche Einzugsstelle), so verbleibt der Mitarbeiter – trotz seiner Zugehörigkeit zum arabisch-lokalen Sozialversicherungssystem – zwingend im deutschen Sozialversicherungssystem. Der Arbeitnehmer unterliegt dann weiter den 5 Säulen der deutschen Sozialversicherung (Krankenversicherung, Pflegeversicherung, Arbeitslosenversicherung, Renten- und Berufsgenossenschaftsversicherung). Die Beiträge sind dann vom Arbeitgeber wie bisher abzuführen.

Ein zusätzlicher Versicherungsschutz ist insbesondere im Krankenversicherungsbereich aber häufig notwendig und anzuraten. Gerade der Arbeitgeber sollte darauf achten, da er bei einem deutschen Entsendungsvertrag dem Arbeitnehmer die Art und den Umfang der Leistungen, die eine deutsche Krankenversicherung gewährleistet, auch im Ausland sicherstellen muss (Art. 17 I SGB V). Sind die Leistungen im Ausland teurer als im Inland und werden deshalb von der deutschen gesetzlichen Krankenversicherung nicht übernommen, so haftet der Arbeitgeber im Zweifel auf die Differenz. Der Abschluss einer privaten Zusatzversicherung kann in diesen Fällen deshalb nur empfohlen werden. Bei der Unfallversicherung als reiner Territorialitätsversicherung sollte zur Prüfung des Schutzumfanges mit der zuständigen Berufsgenossenschaft Kontakt aufgenommen werden. In der Regel muss eine spezielle Anmeldung zur Auslandsunfallversicherung erfolgen.

cc. Keine Ausstrahlung – freiwillige Versicherung

Liegt eine Ausstrahlung nicht vor oder ist diese nicht gewollt (was man z.B. dadurch gewährleisten kann, dass man den Entsendungsvertrag nicht befristet), so bestehen für den betroffenen Mitarbeiter aber in der Regel Möglichkeiten der freiwilligen Versicherung, die er mit seiner Krankenkasse, aber auch den anderen Trägern klären muss. Folgende Möglichkeiten der freiwilligen Versicherung bestehen in der Regel:

aaa. Krankenversicherung:

- Anwartschaftsversicherung bei bisheriger Krankenversicherung
- ggfls. private Zusatzversicherung
- oder private Vollversicherung; dann wichtig: Versicherungsmöglichkeit bei Rückkehr prüfen!

bbb. Pflegeversicherung

- freiwillige Weiterversicherung ist gem. § 26 I SGB XI möglich, aber: Antragsfrist von 1 Monat nach Ausscheiden aus der Versicherungspflicht beachten!

ccc. Unfallversicherung

- evtl. ist eine freiwillige Versicherung auf Antrag des Arbeitgebers möglich, was jedoch abhängig ist von der Satzung der zuständigen Berufsgenossenschaft

ddd. Rentenversicherung

- Beibehaltung der deutschen Rentenversicherung muss in jedem Fall empfohlen werden und zwar entweder auf Antrag des Arbeitgebers (dann Beitragszahlung nach Entgelthöhe) oder freiwillige Versicherung durch Arbeitnehmer (Beitragshöhe zwischen Mindest- und Höchstbeitrag möglich)

eee. Arbeitslosenversicherung

- freiwillige Absicherung ist möglich; Voraussetzung: innerhalb der letzten 24 Monate vor Aufnahme der Tätigkeit muss mindestens ein 12 monatiges Pflichtversicherungsverhältnis bestanden haben und der Antrag muss innerhalb von 1 Monat nach Aufnahme der Beschäftigung gestellt werden.

dd. Ergebnis

Letztlich muss also wohl überlegt werden, was die Vertragsparteien wählen (wenn diese Wahlmöglichkeit aufgrund der Umstände überhaupt besteht): Darüber sollten sich die Parteien ggfls. auch mit den verschiedenen Sozialversicherungsträgern abstimmen. Viele Arbeitnehmer wollen im deutschen Sozialversicherungssystem bleiben und machen das zur Bedingung für ihren Auslandseinsatz. Liegt keine Ausstrahlung vor (oder ist keine gewollt), so bestehen für den deutschen Arbeitnehmer aber – bis auf die Unfallversicherung (hier nur in Ausnahmefällen) – in allen deutschen Sozialversicherungszweigen (Kranken-, Pflege-, Renten- und Arbeitslosenversicherung) die Möglichkeit einer freiwilligen Versicherung, die auch deshalb anzuraten ist, weil die lokalen (arabischen) Sozialversicherungssysteme in der Regel kein deutsches Qualitäts- und Leistungsniveau besitzen. Eine wirkliche Doppelbelastung für Arbeitnehmer und Arbeitgeber ist insoweit aber kaum zu erwarten, da die Beiträge zu den lokalen Systemen in der Regel (noch) überschaubar sind.

c. *Steuerliche Rahmenbedingungen*

aa. *Allgemeines*

Bis auf Bahrain und die VAE verfügen die golfarabischen Staaten alle über eigenständige Steuersysteme. Unabhängig davon findet jedoch in keinem dieser Staaten eine Besteuerung von Arbeitseinkommen aus nichtselbständiger Beschäftigung statt. Das Risiko einer Besteuerung dieser Einkommensart ist also ausschließlich in Deutschland anzusiedeln, zumal Deutschland bislang nur mit den VAE und Kuwait Doppelbesteuerungskommen (DBA) abgeschlossen hat, die aber nicht (mehr) zu einer Steuerfreistellung in Deutschland führen. Von entscheidender Bedeutung ist demnach, ob der aus Deutschland entsendete Mitarbeiter weiterhin in Deutschland steuerpflichtig ist, zumal sich daran auch eine etwaige Lohnsteuerabführungspflicht des Arbeitgebers bemisst.

Sofern kein DBA einschlägig ist, richtet sich eine Besteuerung in Deutschland nach dem Wohnsitz oder ständigen Aufenthalt in Deutschland. Anders gesagt: hat der Arbeitnehmer (er muss kein Deutscher sein) in Deutschland einen Wohnsitz, unterliegt er mit seinem Welteinkommen der deutschen Steuer. Gem. § 8 Abgabenordnung hat jemand seinen Wohnsitz dort, wo „er eine Wohnung unter den Umständen innehat, die darauf schließen lassen, dass er die Wohnung beibehalten und benutzen wird“. Hierzu sind eine Vielzahl unterschiedlichster Fälle denkbar und von deutschen Finanzgerichten in der Regel auch schon entschieden worden. Bleibt z.B. die Familie des Arbeitnehmers in der gemeinsamen Familienwohnung in Deutschland zurück und lebt man nicht dauerhaft getrennt, so ist dies eine Wohnung im Sinne des § 8 AO. Entsprechendes gilt für Wohnungen/Häuser, die man – ggfls. mit der nachgezogenen Familie – über die Jahre der Entsendung weiter regelmäßig nutzt und beispielsweise nicht komplett leer stehen lässt oder nicht dauerhaft an Dritte vermietet. Die Tatsache, dass man sich in Deutschland behördlich abmeldet, sein Konto aufgibt oder ggfls. noch andere Wohnungen im Ausland vorhält, ist unbeachtlich. Liegt kein Wohnsitz, aber ein gewöhnlicher (zusammenhängender) Aufenthalt von mehr als 6 Monaten in Deutschland vor, besteht dort ebenfalls Steuerpflicht. Deshalb kann der Arbeitnehmer ohne ein DBA und andere Steuerbefreiungsmechanismen nur dann der deutschen Steuerpflicht entgehen, wenn er seinen deutschen Wohnsitz aufgibt und keinen gewöhnlichen Aufenthalt dort begründet. Das muss vor Auslandsantritt wohl bedacht sein. Es kann aber auch ohne Wohnsitz in Deutschland eine sog. beschränkte Steuerpflicht eintreten und zwar für Einkünfte, die weiterhin in Deutschland erzielt werden (Einkünfte aus Vermietung und Verpachtung, Zinsen für Kontoguthaben, aber auch für Vergütungen, die für in Deutschland erbrachte Tätigkeiten gezahlt werden etc.).

bb. Auslandstätigkeitserlass

Eine Steuerbefreiung in Deutschland bei Beibehaltung eines Wohnsitzes in Deutschland ist nur noch denkbar, wenn der Arbeitnehmer dem sog. Auslandstätigkeitserlass (ATE) von 1983 (ehemals „Montageerlass") unterfällt. Die Anwendung des ATE kommt jedoch bei Vorliegen eines DBA nicht in Betracht, so dass diese Möglichkeit für die VAE und Kuwait nicht in Betracht kommt. Im Falle eines solchen abkommenslosen Zustandes begünstigt der ATE steuerlich bestimmte Auslandstätigkeiten von Arbeitnehmern, wie z.B. die Planung, Errichtung, Wartung usw. von Fabriken, Bauwerken, ortsgebundenen Maschinen und ähnlichen Vorrichtungen sowie die Beratung ausländischer Auftraggeber im Hinblick auf solche Tätigkeiten. Es müssen folgende Voraussetzungen vorliegen:

- eine mindestens 3 monatige ununterbrochene Auslandstätigkeit
- die Tätigkeit muss im Rahmen eines inländischen (deutschen) Arbeitsverhältnisses ausgeübt werden
- es darf kein DBA mit dem Tätigkeitsland bestehen
- es müssen im Ausland bestimmte begünstigte Tätigkeiten durchgeführt werden (Arbeiten im Zusammenhang mit der Errichtung und dem Betrieb von Maschinen, Anlagen und Fabriken, Beratung ausländischer Auftraggeber im Rahmen der vorgenannten Tätigkeiten, dem Aufsuchen/Gewinnen von Bodenschätzen und Arbeiten der Entwicklungshilfe).

Sind alle Voraussetzungen erfüllt, erteilt das zuständige Betriebsstättenfinanzamt auf Antrag eine Freistellungsbescheinigung.

d. Aufenthaltsrechtliche Rahmenbedingungen

aa. Arbeits- und Aufenthaltserlaubnis

Unabhängig der drei anderen rechtlichen Säulen der Entsendung wird der vorsorgende Arbeitgeber vorab klären müssen, ob seine Mitarbeiter überhaupt vor Ort mittel- oder langfristig – mit Familie – leben und arbeiten dürfen. Bei deutschen Arbeitnehmern ist das in den arabischen Golfstaaten in der Regel kein Problem, doch hat jedes Land seine eigenen Bestimmungen. Wie in Deutschland auch bedarf es zur Erlangung einer zeitlich befristeten Aufenthaltsgenehmigung (residence visa/*iqāma*) in der Regel einer ebenfalls zeitlich befristeten Arbeitserlaubnis (work permit), die je nach Tätigkeit vor Ort an bestimmte Voraussetzungen geknüpft ist.

Grundsätzlich muss man sagen, dass es aufenthaltsrechtlich – und zwar in jedem Golfstaat – keinen Unterschied macht, ob der Arbeitnehmer lediglich basierend auf seinem deutschen Arbeitsvertrag oder auf der Basis einer weitergehenden Entsendungsvereinbarung einreist. Die arbeitsrechtliche Konstellation in Deutschland oder sonst wo im Ausland ist den arabischen Behörden in der Regel gleichgültig. Es gilt die Faustformel: Wer in einem der Staaten des Golf-Kooperationsrates arbeiten will, muss dort auch über eine ausreichende Arbeits- und Aufenthaltserlaubnis verfügen. Die Beantragung einer Arbeits- und Aufenthaltserlaubnis durch ein in einem der Golfstaaten tätiges deutsches Unternehmen setzt aber voraus, dass dieses dort selbst durch eine eigene rechtliche Einheit vertreten ist und zwar entweder durch eine eigene Zweigniederlassung oder eine Tochtergesellschaft (mit oder ohne inländische Beteiligung). Diese Einheiten fungieren dann vor Ort als lokale Arbeitgeber (sogenannte „Sponsoren") und zwar sowohl in aufenthalts-, arbeits- als auch sozialversicherungsrechtlicher Hinsicht. Nur dadurch kann eine legale Beschäftigung von Arbeitnehmern durch ein ausländisches Unternehmen erreicht werden. Die – allerdings weiterhin gängige – Praxis, wonach ausländische Arbeitnehmer vor Ort lediglich pro forma bei Drittunternehmen (Kunden, Handelsvertretern, Sub-Unternehmern etc.) angestellt werden, um Arbeits- und Aufenthaltstitel zu erwerben, letztlich aber weiter für den ausländischen Arbeitgeber arbeiten und von diesem auch bezahlt werden, verstößt regelmäßig gegen vor Ort geltendes Recht (und zwar sowohl gegen Aufenthalts- als auch Niederlassungsrecht), auch wenn offiziell alle behördlichen Erlaubnisse für den Arbeitnehmer vorliegen sollten. Diese Form der „Arbeitnehmerüberlassung" ist deshalb sowohl für den Arbeitgeber als auch für den Arbeitnehmer rechtlich problematisch und haftungsträchtig.

Ungeachtet dessen kann – auch bei kurzfristigen Tätigkeiten/Beschäftigungen vor Ort – nur nachdrücklich vor einer weiteren beliebten Unsitte gewarnt werden: der Tätigkeit/Arbeitsaufnahme vor Ort auf der Basis eines Besuchs- oder Geschäftsvisums. In allen Golfstaaten ist das illegal und sowohl für den Arbeitnehmer (im schlimmsten Fall Haft und Abschiebung) und als auch den Arbeitgeber (Haftung) extrem nachteilhaft. So reicht z.B. der in den VAE deutschen Staatsbürgern üblicherweise am Flughafen in den Pass gestempelte Sichtvermerk nicht aus, um vor Ort arbeiten zu können. Es handelt sich lediglich um ein Touristenvisum, mit dem man maximal Geschäfts- und Messebesuche machen, Besprechungen abhalten und ggfls. auch andere kleinere Dinge erledigen kann. Weitergehende Tätigkeiten sind unstatthaft.

bb. Nationalisierungsprogramme

Der entsendende deutsche Arbeitgeber ist weiterhin gut beraten, bereits vor dem Einsatz eines ausländischen Mitarbeiters am Golf abzuklären, ob und inwieweit sog. Nationalisierungsprogramme (Emiratisierung, Saudisierung etc.) einschlägig sind, die angesichts der hohen Arbeitslosigkeit in der lokalen Bevölkerung mittlerweile in allen arabischen Golfstaaten eingeführt wurden und arbeitssuchenden Einheimischen Vorrang bei einer Beschäftigungsaufnahme einräumen sollen.

So ist z.B. in Saudi Arabien die Erteilung von Arbeitsvisa abhängig von der Einhaltung der gesetzlichen Vorschriften hinsichtlich der vorgeschriebenen Quoten zur Einstellung saudi-arabischer Arbeitskräfte. Seit dem Jahr 2011 müssen nunmehr alle in Saudi Arabien tätigen Unternehmen je nach Größe und Betätigungsfeld eine Mindestanzahl an saudischen Staatsangehörigen beschäftigen. Nach diesem Nationalisierungssystem, genannt „*Niṭāqāt*", werden alle in Saudi Arabien ansässigen Unternehmen in fünf (Farb-)Kategorien eingestuft, wobei die Einstufung davon abhängt, inwieweit das betreffende Unternehmen die für seinen Tätigkeitsbereich vorgeschriebene Saudisierungs-quote unter Berücksichtigung der Größe der Belegschaft erreicht.[1] Bei Nichtbeachtung drohen empfindliche Nachteile wie die Nichtgewährung neuer und Nichtverlängerung bereits gewährter Arbeitserlaubnisse. Außerdem sind konkurrierende Unternehmen dann berechtigt, unter vereinfachten Voraussetzungen Personal des anderen Unternehmens abzuwerben.

B. Rechtliche Besonderheiten bei einer Beschäftigung eines deutschen Arbeitnehmers in Saudi Arabien[2]

Der Umfang dieses Aufsatzes lässt es nicht zu, jedes einzelne arabische Golfland näher zu betrachten. Deshalb sollen einige besonders wichtige Besonderheiten am Beispiel von Saudi Arabien stellvertretend für die anderen Golfstaaten noch einmal näher betrachtet werden:

1. Gesellschaftliche Besonderheiten

Den deutschen Arbeitgeber treffen bei der Entsendung eines Mitarbeiters nach Saudi-Arabien über das normale Maß hinausgehende Fürsorgepflichten hinsichtlich der umfassenden Vorbereitung dieses Einsatzes. Auch wenn der Arbeitgeber

---

1 Das niṭāqāt („Zonen", Bereiche) genannte Programm der „Saudisierung" wurde im Juni 2011 vom saudischen Arbeitsministerium ins Leben gerufen.

2 Siehe hierzu insgesamt: Saudi Arabien – Arbeits- und Sozialrecht, AHK Saudi Arabien August 2014.

nicht die Pflicht hat, auf jedes mögliche Detailproblem hinzuweisen, so ist es gerade aufgrund der vielen, teilweise grundlegenden Unterschiede in den Bereichen Recht, Steuern, Sozialversicherung, Klima, Staat/Politik, Religion, Kultur, Sprache, etc. angeraten, anhand einer sorgfältig zu erstellenden Checkliste den Arbeitnehmer zu sensibilisieren und ihm ggf. auch externe Beratung zu empfehlen.

2. Ausstrahlung deutschen Arbeitsrechts

Auch wenn in Saudi-Arabien Gewerkschaften und betriebsverfassungs-rechtliche Strukturen (noch) unbekannt und verboten sind, kommt weiterhin im Rahmen einer sog. Ausstrahlung die Fortgeltung des Betriebs-verfassungsgesetzes für das Arbeitsverhältnis des entsendeten Arbeitnehmers in Betracht. Das ist insbesondere bei Versetzung, Kündigung und anderen personellen Maßnahmen des Arbeitgebers zu berücksichtigen. Auch die Fortgeltung anderer öffentlich-rechtlicher Normen wie denen des Mutter- und Schwerbehindertenschutzes ist denkbar. Der deutsche Arbeitgeber sollte ebenfalls vorab klären, ob es sich bei der „Entsendung" um eine erlaubnispflichtige Arbeitnehmerüberlassung nach deutschem AÜG handelt. Die gesetzlichen Folgen bei Nichtbeachtung sind sowohl vertraglich als auch sozialversicherungsrechtlich beachtlich.

3. Eltern/Kindergeld

Der nach Saudi-Arabien entsandte Arbeitnehmer hat grundsätzlich Anspruch auf Elterngeld, sofern die Beschäftigung im Ausland im Rahmen einer Ausstrahlung weiterhin der deutschen Sozialversicherungspflicht unterliegt; auf Kindergeld jedoch nur, wenn der anspruchsberechtigte Arbeitnehmer in Deutschland aufgrund seines Wohnsitzes weiterhin der deutschen Steuer unterliegt und dieser Wohnsitz auch tatsächlich mit einer gewissen Regelmäßigkeit genutzt wird.

4. Arbeits- und Aufenthaltsgenehmigung

Vor Arbeitsaufnahme in Saudi-Arabien muss der deutsche Arbeitnehmer über seinen lokalen Arbeitgeber (Sponsor) beim saudischen Ministry of Labor eine Arbeitsgenehmigung (work permit) und beim saudischen Ministry of Interior eine Aufenthaltsgenehmigung (*iqāma*) beantragen. In der Regel werden diese zeitlich auf zwei Jahre befristet. Hierfür ist – allerdings nur im Rahmen des Verfahrens auf Erteilung eines Arbeitsvisums vor der Botschaft des Heimatlandes – ein mit dem arabischen Arbeitgeber unterzeichneter Arbeitsvertrag (also nicht der Entsendungsvertrag) vorzulegen, der bilingual (arabisch/englisch) gehalten sein sollte und den Voraussetzungen des saudischen Arbeitsgesetzes entsprechen muss. Ein Formvertrag (wie z.B. in den VAE), der auch noch in Saudi-Arabien selbst den Behörden vorgelegt werden muss, ist aber noch nicht vorgeschrieben. Die Vorlage eines Vertrages ist lediglich im Rahmen des Antragsverfahrens beim saudi-arabischen Konsulat im Heimatland des Arbeitnehmers bei der Beantragung eines Arbeitsvisums vorzulegen. Derzeit wird in Saudi-Arabien das bereits aus den VAE bekannte System der „Wage Protection" eingeführt. Es bleibt abzuwarten, ob hier in Zukunft schriftliche Arbeitsverträge bei der Behörde eingereicht werden müssen.

5. Gesundheitsprüfung

Der deutsche Arbeitnehmer muss sich überdies einer Gesundheitsprüfung sowohl in Deutschland als auch später noch einmal in Saudi-Arabien un-terziehen. Sind sowohl work permit als auch *iqāma* erteilt, kann der Ar-beitnehmer dann auch seine Familienangehörigen „sponsern", also für sie die Aufenthaltsgenehmigung beantragen. Verliert er seine work permit und sein *iqāma* z.B. durch Kündigung etc., endet auch die Erlaubnis für seine Familie und er muss mit ihr grundsätzlich innerhalb einer kurzen Übergangsfrist ausreisen. Ein Jobwechsel in Saudi-Arabien ist in der Regel nur nach zwei Jahren Arbeitstätigkeit in Saudi-Arabien und nur mit Zustimmung des alten Sponsors möglich, sofern nicht Saudisierungsbestimmungen (im Rahmen des „*Niṭāqāt*"-Programms, s. o.) eingreifen, die ein früheres Wechseln ermöglichen.

6. Mitgliedschaft im saudischen Sozialversicherungssystem

Die Mitgliedschaft im saudischen Sozialversicherungssystem (GOSI) ist Voraussetzung für die Erteilung des *iqāma*. Entsprechend sind auch Sozi-alversicherungsbeiträge durch den saudischen Arbeitgeber lokal abzuführen und nicht aus dem Ausland. Gleichwohl sollten sowohl der Arbeitnehmer als auch der deutsche Arbeitgeber darauf achten, dass der entsendete Mitarbeiter ausreichenden Versicherungsschutz hat, und zwar entweder über lokale Versicherungen oder Versicherungen in Deutschland, was Unfall- und Haftpflichtversicherungen unbedingt einschließen sollte.

7. Steuern

Deutschland verfügt über kein DBA mit Saudi-Arabien. Arbeitnehmer, die weiterhin einen Wohnsitz in Deutschland unterhalten, müssen deshalb in Deutschland Einkommenssteuern zahlen bzw. muss der Arbeitgeber, wenn der Lohn weiterhin aus Deutschland gezahlt wird, in Deutschland Lohnsteuern abführen. Sofern der deutsche Arbeitnehmer nicht dem bereits erwähnten Auslandstätigkeitserlass von 1983 (ATE) unterfällt, kann er der deutschen Steuer nur durch Aufgabe seines deutschen Wohnsitzes entgehen.

8. Arbeitsrecht

a. Allgemeines

In allen arabischen Golfstaaten gelten – aus deutscher Sicht – recht aktuelle Arbeitsgesetzbücher:

- VAE: Bundesgesetz Nr. 8/1980 v. 20.4.1980
- Saudi Arabien: Königl. Erlass Nr. M/51 v. 27.9.2005
- Katar: Gesetz Nr. 14/2004 v. 19.5.2004
- Oman: Sultan Erlass Nr. 35/2004 v. 26.4.2003
- Bahrain: Gesetz Nr. 36/2012 v. 26.7.2012
- Kuwait: Gesetz Nr. 6/2010 v. 15.2.2010

Daneben gibt es in allen Ländern eine Vielzahl von ministeriellen Beschlüssen und behördlichen Anweisungen, die der Gesetzeskonkretisierung dienen. Hier soll lediglich ein kurzer Überblick über das saudische Arbeitsrecht gegeben werden, zumal sich die o.g. Gesetze ähneln.

b. Arbeitsrecht von Saudi Arabien – ein Überblick[3]

aa.

Das saudi-arabische Arbeitsgesetz wurde im Jahr 2005 durch Königliches Dekret Nr. M/51 v. 23.8.1426H/27.9.2005G vollständig überarbeitet und als Ersatz für das Vorgängergesetz von 1969 neu erlassen.[4] Das neue Gesetz führte jedoch im Wesentlichen nur kleinere Änderungen ein, wobei der Hauptrahmen des alten Gesetzeswerkes in Kraft blieb. Das Arbeitsgesetz regelt nunmehr abschließend die Rechte und Pflichten von aus- und inländischen Arbeitnehmern und Arbeitgebern sowohl untereinander als auch gegenüber dem Staat, was u.a. Vergütungs- und Kündigungsregelungen, Arbeitnehmerschutzvorschriften, die Beschäftigung von Frauen

---

3 Siehe hierzu insgesamt: Saudi Arabien – Arbeits- und Sozialrecht, AHK Saudi Arabien August 2014; Keimer, Chr., Länderbericht Saudi-Arabien. In: Recht der internationalen Wirtschaft (RIW), Frankfurt am Main 3/2014, S. 126–130.

4 Das Arbeitsgesetz wurde kürzlich durch Beschluss des saudischen Arbeitsministeriums (Nr. 258 vom 3.6.1436, veröffentlichet am 24.4.2014) in 38 Bereichen geändert. Die Änderungen werden 6 Monate nach Veröffentlichung wirksam werden.

und Jugendlichen sowie die Beilegung von Streitfällen umfasst. Abweichungen vom Gesetz zu Ungunsten des Arbeitnehmers sind qua Gesetz unwirksam (Art. 8). Das neue Arbeitsgesetzbuch statuiert für saudische Staatsbürger nunmehr ausdrücklich ein Recht auf Arbeit (Art. 3), was unterstützt wird durch eine gesetzliche Verpflichtung für alle lokalen Arbeitgeber, eine lokale Beschäftigungsquote von mindestens 75% Saudis zu gewährleisten (Art. 26). Daneben enthält das neue Arbeitsgesetzbuch deutlich ausführlichere Regelungen für die Beschäftigung von Ausländern (Art. 32–41). Angesichts der aktuellen arbeitsmarktpolitischen Spannungen hat es gerade in diesem Bereich in den letzten 3 Jahren die meisten Änderungen und Reformen gegeben. Jede Vertragsbedingung, die dem Arbeitsgesetz widerspricht, sowie der einseitige Verzicht von dem Arbeitnehmer nach dem Arbeitsgesetz zustehenden Rechten ist nichtig, es sei denn sie gereicht dem Arbeitnehmer zum Vorteil.

bb.

Aus Art. 52 Arbeitsgesetz ergibt sich, dass Arbeitsverträge grundsätzlich befristet oder unbefristet abgeschlossen werden können. Verträge mit ausländischen Arbeitskräften müssen jedoch gem. Art. 37 Arbeitsgesetz eine befristete Laufzeit haben, die verlängert werden kann, sofern die Parteien nichts anderes vereinbaren. Falls gleichwohl im Vertrag keine Dauer festgesetzt ist, bestimmt das Ablaufdatum der Arbeitserlaubnis die Gültigkeitsdauer des Vertrages. Hierzu ist grundsätzlich Schriftform erforderlich (Arabisch, aber auch eine andere Sprache ist möglich). Eine Probezeit beträgt 90 Tage (demnächst 180 Tage), wenn sie vereinbart wird; mehrmalige Beschäftigung auf Probe bei demselben Arbeitgeber ist unzulässig. Beide Parteien können den Vertrag während dieser Frist kündigen, außer es ist etwas anderes vereinbart.

cc.

Das Arbeitsgesetz bestimmt (noch) keine Mindestlöhne. Grundlage für die Bestimmungen der Höhe des Arbeitsentgelts sind demnach die Festlegungen des Arbeitsvertrages. Hier können die Parteien frei verhandeln, auch wenn bei saudischen Mitarbeitern auf die Mindestgehälter zur Anrechnung der Saudisierungsquoten geachtet werden sollte. Die Vergütung eines Arbeitnehmers und alle sonstigen finanziellen Ansprüche müssen gemäß Art. 90 Abs. 1 Arbeitsgesetz in der amtlichen Währung des Königreichs, in Saudischen Riyal (SAR), gezahlt werden.

dd.

Nachdem über viele Jahrzehnte in Saudi Arabien das offizielle Wochenende am Donnerstag und Freitag stattfand, wurde dies – eher überraschend – aus Gründen des öffentlichen Interesses mit Wirkung zum 29.6.2013 (Königliches Dekret

v. 14.8.1434H/23.6.2013G) auf Freitag und Samstag verschoben. Entsprechend hat sich dann auch die Arbeitswoche verschoben, die jetzt auch für den Privatsektor regelmäßig sonntags beginnt und am Donnerstag endet. Gemäß Art. 98 Arbeitsgesetz beträgt die gesetzlich zulässige Arbeitszeit acht Stunden pro Tag bei sechs Tagen pro Woche. Momentan ist damit die zulässige wöchentliche Arbeitszeit grundsätzlich auf 48 Stunden begrenzt. Ruhepausen müssen zusammen mit der Arbeitszeit dergestalt geplant werden, dass kein Arbeitnehmer länger als fünf Stunden in Folge ohne eine Pause von mindestens 30 Minuten zum Ausruhen, Beten und Essen tätig ist (Art. 101 Arbeitsgesetz); Einschließlich Ruhepausen darf jedoch ein Arbeitnehmer nicht länger als elf Stunden täglich am Arbeitsplatz verbleiben, was auch die Anzahl von Überstunden entsprechend eingrenzt. Bei Überstunden erfolgt ein Zuschlag von 50%, der nicht in Freizeit abgegolten werden darf. Arbeitnehmer haben Anspruch auf einen im Voraus zu bezahlenden Jahresurlaub von mindestens 21 Kalendertagen, der sich auf mindestens 30 Kalendertage erhöht, falls der Arbeitnehmer fünf Jahre ununterbrochen im Dienst desselben Arbeitgebers verbleibt (Art. 109 Arbeitsgesetz). Bei Krankheit gilt eine Lohnfortzahlung im Krankheitsfall für die ersten 30 Tage in Höhe von 100% des Einkommens, für die nächsten 60 Tage 75% des Einkommens, danach kein Anspruch mehr (gerechnet auf 1 Jahr).

ee.

Das Arbeitsgesetz sieht in Art. 74 (und Art. 79) einen wohl abschließenden Katalog von Möglichkeiten vor, ein Arbeitsverhältnis, das dem Arbeitsgesetz unterfällt, zu beendigen. Dabei handelt es sich um folgende Formen:

- Einvernehmliche Beendigung des Arbeitsverhältnisses, wobei zumindest die Zustimmung des Arbeitnehmers der Schriftform bedarf (Art. 74 Nr. 1);
- Ablauf eines befristeten Arbeitsvertrags, der nicht verlängert wird, sofern dieser nicht gem. der gesetzlichen Bestimmungen verlängert wird (Art. 74 Nr. 2 i.V.m. Art. 55 Satz 1);
- Kündigung eines unbefristeten Arbeitsvertrages durch eine der Parteien (Art. 74 Nr. 3);
- Erreichen des gesetzlichen Rentenalters (bei Frauen 55 und bei Männern 60 Jahre, berechnet nach dem islamischen bzw. dem gregorianischen Kalender, je nachdem, welcher Kalender auf den Arbeitsvertrag Anwendung findet);
- Tod oder Erwerbsunfähigkeit des Arbeitnehmers (Art. 79).

Das saudische Arbeitsrecht unterscheidet zwischen ordentlichen und außerordentlichen Kündigungen von Arbeitsverhältnissen. Das entsprechende Kündigungsregime des Arbeitsgesetzes wird in Art. 75 bis 82 Arbeitsgesetz abschließend geregelt.

Ordentliche Kündigungen setzen dabei grundsätzlich die Einhaltung zumindest der gesetzlichen Kündigungsfrist sowie das Vorliegen eines ausreichenden, gesetzlich aber nicht definierten Grundes („valid reason") voraus. Außerordentliche Kündigungen können hingegen fristlos ausgesprochen werden, sofern einer der im Gesetz aufgeführten Gründe/Fälle vorliegt.

Neben der wohl eher theoretisch bestehenden Möglichkeit der Wiedereinstellung/Weiterbeschäftigung bei einer Kündigung ohne ausreichenden Grund durch den Arbeitgeber, sieht das Arbeitsgesetz in solchen Fällen vor allem finanzielle Ersatzansprüche des Arbeitnehmers („Kündigungsentschädigung" gem. Art. 77 Arbeitsgesetz) vor. Daneben hat der Arbeitnehmer – außer bei berechtigter außerordentlicher Kündigung des Arbeitgebers – Anspruch auf eine Entlassungsentschädigung/Abfindung („End-of-Service Benefit" gem. 84 ff. Arbeitsgesetz).

Unter Berücksichtigung von Art. 74 Arbeitsgesetz gilt deshalb allgemein, dass

- befristete Arbeitsverträge nur aus wichtigen Grund gem. Art. 80 oder 81 Arbeitsgesetz vor Ablauf der festgelegten Laufzeit,
- unbefristete Arbeitsverträge hingegen unter folgenden Umständen gekündigt werden können:
  - jederzeit aus wichtigem Grund gem. Art. 80 oder 81 Arbeitsgesetz, oder
  - jederzeit ordentlich unter Einhaltung der Kündigungsfrist mit ausreichender Begründung.

ff.

Anders als in Deutschland kennt das saudische Arbeitsrecht – ähnlich wie in den umliegenden arabischen Staaten auch – die Zahlung einer Entlassungsentschädigung (End-of-Service Benefit), die aus Anlass der Beendigung des Arbeitsverhältnisses vom Arbeitgeber an den Arbeitnehmer zu zahlen ist. Die Zahlung dieses End-of-Service-Awards, der am Ende der Beschäftigung fällig und zahlbar wird, ist gemäß Art. 83, 84 Arbeitsgesetz gesetzlich vorgeschrieben und kann nicht vertraglich ausgeschlossen werden.

Bei der Berechtigung, ob und in welchem Umfang dem Arbeitnehmer die Entlassungsentschädigung zusteht, muss zwischen befristeten und unbefristeten Verträgen sowie danach unterschieden werden, wer gekündigt hat, der Arbeitgeber oder der Arbeitnehmer:

aaa.

Wenn ein befristeter Vertrag endet oder wenn der Arbeitgeber das befristete Beschäftigungsverhältnis aus einem anderen als den in Art. 80 Arbeitsgesetz angegebenen Gründen kündigt, oder wenn der Arbeitnehmer das befristete

Arbeitsverhältnis aus Gründen gem. § 81 Arbeitsgesetz beendigt, hat der Arbeitnehmer gemäß Art. 84 Arbeitsgesetz Anspruch auf eine Abfindung, die sich wie folgt berechnet:

- in den ersten fünf Jahren der Beschäftigung: ein halbes Monatsgehalt für jedes Jahr dieser Beschäftigung (bzw. anteilig für „unvollständige“ Jahre), und
- für jedes weitere Jahr: ein volles Monatsgehalt (bzw. anteilig für „unvollständige“ Jahre).

Ein Arbeitnehmer, der vor der Ablauf eines befristeten Arbeitsvertrages ohne wichtigen Grund nach Art. 81 Arbeitsgesetzbuch kündigt, hat keinen Anspruch auf eine Abfindung.

bbb.

Bei unbefristeten Arbeitsverhältnissen ist wie folgt zu unterscheiden:

- Kündigt der Arbeitgeber das unbefristete Arbeitsverhältnis (egal ob mit oder ohne „ausreichenden Grund“), hat der Arbeitnehmer den gleichen Anspruch gem. § 84 Arbeitsgesetz wie oben dargestellt.
- Falls jedoch der Arbeitnehmer einen unbefristeten Arbeitsvertrag kündigt, wird der gemäß Art. 84 Arbeitsgesetz berechnete Betrag
  - bei einer Betriebszugehörigkeit von zwei bis fünf Jahren auf ein Drittel, und
  - bei einer Betriebszugehörigkeit von fünf bis zehn Jahren auf zwei Drittel reduziert.

Bei einer Kündigung in den ersten zwei Jahren des Arbeitsverhältnisses erhält der Arbeitnehmer keine Abfindung. Nach einer Betriebszugehörigkeit von zehn oder mehr Jahren erhält der Arbeitnehmer, der einen unbefristeten Arbeitsvertrag kündigt, die volle Abfindung (Art. 85 Arbeitsgesetz). Falls ein Arbeitnehmer aus einem in Art. 81 Arbeitsgesetz angegebenen Grund kündigt, hat er ebenfalls Anspruch auf volle Abfindung.

Die Berechnung der Abfindung beruht auf dem letzten Gehalt. Grundsätzlich umfasst das Gehalt jegliche Einkünfte und finanziellen Zuwendungen, die der Arbeitnehmer bis zum Tag der Kündigung durchschnittlich erhalten hat (Art. 84 i.V.m. Art. 2 Definition „Gehalt“). Das Gesetz schreibt ausdrücklich vor, dass die Berechnung auf dem vollständigen Gehalt beruhen muss (anders in den VAE, wo die Berechnung nur auf der Basis des Grundgehaltes erfolgen muss).

C. Ergebnis

Insgesamt lässt sich deshalb festhalten, dass die Entsendung und die Beschäftigung eines Mitarbeiters in einem der arabischen Golfstaaten ein komplexer rechtlicher

Vorgang ist, der nicht nur die beiden Parteien, sondern auch den juristischen Berater vor ernstzunehmende Herausforderungen stellt. Immerhin muss letzterer nicht nur das deutsche Rechtsystem, sondern auch die verschiedenen lokalen Rechtssysteme kennen und entsprechend aufeinander abstimmen. Bei rechtzeitiger und sorgfältiger Planung kann ein solches Unterfangen aber durchaus rechtssicher und zur Zufriedenheit beider Parteien gestaltet werden.

Kai Kreutzberger, LL.M. (London)

Equitable justice in a hybrid legal setting. The principle of good faith in Middle Eastern commercial laws

1. Introduction – a comparative analysis of good faith

1.1 The increasing interest in good faith in commercial law

The principle of good faith in Middle Eastern laws has enjoyed for some time now considerable attention, in particular from international law firms operating in the Middle East. This is somewhat unusual for a general principle of law; the everyday work of these firms normally focusses on substantive areas of 'hard law' that are of interest to their client base, rather than on concepts of 'legal method' or 'legal philosophy', like the concept of good faith.[1]

Yet there are a number of reasons for this current interest in good faith. One lies in the current political events in the region. Good faith and its derivative concepts, such as the doctrines of abuse of rights or force majeure, all attract increased attention in the current unstable political situation that also has an effect on the business world. As a principle of equitable justice that allows for adjustment to contractual bargains – or even the letter of the law – with the aim of reaching the equitable solution of specific cases (*Einzelfallgerechtigkeit*), good faith is bound to become more important in a situation where political events can have profound and unforeseen effects on contractual arrangements. The social impetus of the good faith principle also resonates well in the current context of the protests in the Arab world, which were directed also at social injustices.[2]

---

1 It is difficult to give a comprehensive definition of the good faith principle. In very brief terms, good faith in its various shapes consists of three, interrelated, aspects:
   i. a state of mind of person engaging in legal transactions that attracts a certain protection (for example, the purchaser in good faith of a stolen item);
   ii. an objective standard of dealings used as a standard or 'measuring stick' (similar to concepts like the 'ordinary man' in English law); and
   iii. a set of concrete legal doctrines and concrete rules (such as the prohibition on the abuse of a right or the doctrine of contradictory past behaviour).

2 In Germany, jurisprudence around the principle of the Treu und Glauben made significant developments during the hyperinflation between 1921 and 1924, and again

The interest of English and US law firms in good faith can also be explained with the heightened attention good faith has received lately in Common Law systems. English law has long held not to have a comprehensive, overarching concept of good faith.[3] Recent case law has – carefully – moved away from that position, in particular in the decision in *Yam Seng v International Trade Corporation*.[4] In the area of private international law, English courts have also frequently become engaged with continental good faith principles or related doctrines, such as the German concepts of abuse of powers (*Missbrauch der Vertretungsmacht*)[5] or intentionally causing damage contrary to good morals (*vorsätzliche sittenwidrige Schädigung*).[6] Lastly, 'good faith clauses' have proliferated in the drafting of contracts, in particular in relation to 'pre-contracts' (terms of agreement or memoranda of understanding) which might contain a clause that the final agreement is to be 'negotiated in good faith',[7] or dispute resolution provisions that ask for 'good faith attempts' to settle disputes.

1.2 Sources, influences and formants – a methodology for assessing good faith

This article does not aim at a description of the good faith principle in a particular legal system (such as the concepts of *Treu und Glauben* in German law, *bonne foi* in French law or *ḥusn an-nīya* in the laws of the Egyptian legal tradition). Rather, it aims at a surveying how good faith, as a *general principle* of law and legal philosophy, with specific (and differing) expressions in several legal systems operates in the context of a mixed, or hybrid, legal surrounding. The focus will be in particular on the commercial laws of the monarchies bordering the Persian Gulf and the legal operations of trans-national law firms there.

---

during the German reunification. See Wieacker, F., Privatrechtsgeschichte der Neuzeit: Unter besonderer Berücksichtigung der deutschen Entwicklung 1967, pp. 306, 409.

3 Interfoto Picture Library v Stiletto Visual Programmes Ltd [1989] QB, 433 (Court of Appeal) p. 439.

4 Yam Seng Pte Ltd (Singapore) v International Trade Corporation Ltd [2013] EWHC 111 (QB).

5 UBS AG (London Branch) and others v Kommunale Wasserwerke Leipzig [2014] EWHC 3615 (Comm), [534–547].

6 Constantin Medien v Ecclestone & Ors [2014] EWHC 387 (Ch), [339–367].

7 This is again somewhat of a contrast to English case law, which has noted negotiation in good faith to be "repugnant to the adversarial position of the parties when involved in negotiations". See Walford v Miles [1992] AC, 128 (House of Lords) p. 138, per Lord Ackner.

1.2.1 Mixed and hybrid legal systems

Hybrid legal systems have received increased attention within the broader comparative law scholarship; methods and approaches to capture this phenomenon have extended beyond the well-known fields of studying mixed Common and Civil Law systems, or the study of transplants and receptions. There has been a recognition that the process of cross-fertilisation between legal systems deserves study in its own right as mixed legal systems are 'more than the sum of their parts', displaying phenomena that cannot be traced back to its constituent legal systems but that arise from the very act of mixing itself, and from the acts of negotiation and accommodation that are involved when the actors in a legal system deal with that hybrid situation.[8] The study of mixed jurisdictions was long based on the norm of unitary legal systems and approached the transfer of laws against that background, and as exceptions to this norm. Recent studies have moved towards an attempt to capture a reality of permanent cross-influences between legal systems, as scholarship came to realise that even at the height of European nation states and their legal systems cross-influences between jurisdictions remained common, and that this phenomenon is bound to increase in importance in a globalised world. Accordingly, attention has shifted to studying hybridity itself and the places of interaction between legal systems and legal traditions, to discern new comparative law methodologies that enable the comparison of laws in a globalised world.[9]

1.2.2 Middle Eastern civil laws and the commercial laws of the Persian Gulf monarchies as examples of a hybrid legal surrounding

The turbulent legal history of the Middle East in modern times is reflected in the varied positions scholarship has taken on the subject, in particular on the relative influence of Islamic law and European laws and legal style. This applies to Middle Eastern laws in general, but also to the specific field of civil and commercial laws, leading to divergent answers to the question if Islamic law 'still matters'. These

---

8 Palmer, V.V., Mixed Jurisdictions Worldwide: The Third Legal Family 2001, pp. 469–470; Glenn, H.P., 'Mixing It Up' (2003) 78 Tulane Law Review, 79, pp. 85–87.

9 Örücü, A.E., 'What Is a Mixed Legal System? Exclusion or Expansion?' (2008) 12 Electronic Journal of Comparative Law, <http://www.ejcl.org/121/art121-15.pdf> accessed 26 January 2014; Örücü, A.E., 'Comparatists and Extraordinary Places' in Legrand, P. and Munday, R. (eds), Comparative legal studies: traditions and transitions Cambridge, UK; New York, 2003.

range from the opinion that Islamic law runs as a "*golden thread*"[10] through today's legal systems, or that the modern laws constitute a "*secular reconstruction*" of Islamic law.[11] Overall, Middle Eastern civil laws have attracted significant amounts of scholarship, covering their broader outlines and history,[12] as well as specific legal rules.[13] In addition to analyses of the external influences on Middle Eastern civil laws (addressing, for example, French[14] and Islamic law)[15] works have also addressed the unique genesis of the 'Egyptian legal tradition' through the work of ʿAbd ar-Razzāq as-Sanhūrī, the draftsman of the Egyptian Civil Code.[16]

The commercial law and commercial legal scene of the Persian Gulf monarchies has only fairly recently emerged as a result of the far-reaching economic development in that region. Scholarship has only recently begun to address its unique features, such as the presence of international law firms dominating – and even developing – entire areas of the law[17] or the existence of 'legal free zones'

10 Ballantyne, W.M., 'Introduction', Commercial law in the Arab Middle East: the Gulf States 1986, pp. 1–2.

11 Bälz, K.R., Das Versicherungsvertragsrecht in den arabischen Staaten, vol. 99 Karlsruhe, 1997, pp. 180–184.

12 Saleh, N., 'Civil Codes of Arab Countries: The Sanhuri Codes' (1993) 8 Arab Law Quarterly, 161; Krüger, H., 'Überblick über das Zivilrecht der Staaten des Ägyptischen Rechtskreises' (1997) 14 Recht van de Islam, 67.

13 Among many others, see Bälz, K., Das Versicherungsvertragsrecht in den arabischen Staaten (n 11); Foster, N.H.D., 'An Unstoppable Force Meets a Movable Object? Assignment of Rights in the UAE' (2004) 19 Arab Law Quarterly, 169; Rutow, G.N., Rechtsvergleich über die Zulässigkeit von Haftungsausschlüssen, Haftungsbeschränkungen und pauschaliertem Schadensersatz in einzelnen arabischen Rechtsordnungen Frankfurt am Main, 2014.

14 Centre d'Etudes des Droits du Monde Arabe Beyrouth and Université Saint-Joseph (eds), 'Le Code civil français et le dialogue des cultures juridiques: colloque de Beyrouth des 3, 4 et 5 mai 2004.' Bruxelles, 2007.

15 Ballantyne, W.M., 'The New Civil Code of the United Arab Emirates: A Further Reassertion of the Shari'a' (1986) 1 Arab Law Quarterly, 245.

16 The term was coined by Krüger (n 12).

17 An example is the field of syndicated loans in Gulf states. For example in the UAE many English or US law firms – including firms without lawyers qualified under local law – took the decision that they can advise on settling UAE law syndicated loan agreements. This is on the basis that the market for syndicated loans had essentially developed with them being involved. Consequently, syndicated loans largely follow the standard contracts of the Loan Markets Association and only few adaptations are made from the standard form English law syndicated loan agreement to an equivalent agreement under UAE law. English law firms have also started to provide the common

that create 'Common Law enclaves' in a predominantly Civil Law surrounding.[18] Yet that scholarship has made unique contributions to the field of comparative law, focusing on under-researched forms of legal transfer, such as the development of the law through commercial practices, contract drafting habits and standardised model-form agreements or the movement of legal practitioners and trans-national law practice.[19]

1.2.3 'Formants of law' as a means of analysing hybrid legal systems

Within the 'toolbox' of comparative law at a more granular level, Rodolfo Sacco's theory of 'legal formants' is particularly well suited to analysing laws in a hybrid context. This article employs the notion of 'formants' to account for the variety of elements that make up a principle of good faith in the commercial laws of the Persian Gulf monarchies, and for the varied origins of these elements in terms of philosophical schools and national legal systems.

Sacco's notion of the formant arises from his critique of 'sources of law' as an object of comparative study. The notion of a source evokes a unitary, deductive structure in which all elements of a legal systems can be 'linked back' to some form of original rule, a notion that is a mainstay of legal education and introductory accounts of legal systems. Sacco notes, however, that this notion tends to portray a false unity of the legal system and underestimate influences on the law that lie outside that hierarchy of sources and that materialise in phenomena such as changes to the 'correct' doctrine or the interpretation of a particular law or case over time. In short, it underestimates the way in which the law constantly reacts to influences outside its structure and reaches different decisions at different points in time based on the same 'sources'.

For example, the notion of sources has difficulties in accounting for the considerable factual influence of case law in legal systems without a formal notion of precedent, or explaining the role of academic legal scholarship and statements about the law developed in an academic setting.

---

legal opinions in a syndicated loan transaction, concerning the borrower's capacity and the enforceability of the contract.

18 For example: Grapentin, S., 'Dichotomie zweier Rechtsordnungen: Das Dubai International Financial Centre' in Heckel, M. (ed), Rechtstransfer: Beiträge zum islamischen Recht VIII, vol. 29 Frankfurt am Main, 2011.

19 Bälz, K., 'Rezeption durch Vertrag. Der Einfluss der internationalen Vertragspraxis auf die Rechtsentwicklungen in den arabischen Golfstaaten' in Heckel, M. (ed), Rechtstransfer: Beiträge zum islamischen Recht VIII, vol. 29 Frankfurt am Main, 2011.

While a single legal system is able to reconcile these contradictions (e.g. by declaring that an interpretation or doctrine is *correct* while others are not or the notion that a rule is *discovered* by the courts rather than *judge-made*),[20] Sacco argues that comparative law ought to take a neutral stance, and adopt an independent framework for classification, that seeks to capture these factors also.[21]

Sacco adopts his alternative notion of the *formant* from linguistics, defining them as micro-elements of information in a legal system that cause a specific question being decided in a specific way, and that are themselves granular enough so as to be no longer open to interpretation or subliminal influences. The array of what can be a formant is broad, including laws (mandatory statements decreeing the outcome of a certain action), propositions of scholarly doctrine or case law (whether under some *stare decisis* rule or inofficially).[22] While Sacco has most prominently applied his formants approach to the way in which scholarship and 'authoritative doctrine' influence a legal system, his structure of formants can equally be applied to the transfer of ideas and legal style in a hybrid legal setting.

One of Sacco's distinctions is between mandatory formants (the actual 'legal rule') and justificatory/explanatory formants. The role of explanatory formants tends to receive less attention than that of 'hard rules', yet Sacco points out that these are not mere attachments to an operative rule, but can have a life of their own. Explaining the existence of a rule with a certain reasoning or principle can create strictures on how that rule is applied in the future and frames the future drafting of laws in parliament, the development of doctrine in scholarship, or the interpretation of the rule by scholars and practitioners. The notion of a 'source of law' re-enters the analysis at this juncture. Sacco considers it a legal formant in its own right, as a statement about a legal rule's origins (real, believed or professed).[23] The notion of explanatory formants will be revisited below in connection with the

---

20 See, for example the statement by the German Bundesgerichtshof in 1977 NJW, (Bundesgerichtshof) pp. 375–376, quoted in Köhler, H., 'Gesetzesauslegung und "gefestigte höchstrichterliche Rechtsprechung"' [1984] Juristische Rundschau, 45: "This Court has a duty to contantly scrutinise its jurisprudence. If it arrives at a **better finding** (*bessere Erkenntnis*), it must pronounce it at once" (emphasis added). The decision that a finding is 'better' would be one towards which comparative law in Sacco's vein would take a neutral observer stance, and one that within a legal system remains largely unexplained as well.

21 Sacco, R., 'Legal Formants: A Dynamic Approach to Comparative Law (Instalment I of II)' (1991) 39 American Journal of Comparative Law, 1, pp. 21–25.

22 Ibid pp. 27–32; Sacco, R., 'Legal Formants: A Dynamic Approach to Comparative Law (Instalment II of II)' (1991) 39 American Journal of Comparative Law, pp. 343, 344–346.

23 Sacco (n 21) p. 30.

question of the professed Islamic law elements and origins of good faith and this article will argue that, quite apart from the question whether and to what degree good faith can indeed be linked back to Islamic law and religious principles, the fact that Islamic law is *said to be* a source of good faith is relevant in itself and has repercussions on how the principle of good faith takes shape.

1.2.4 The scope of this article

To paint a landscape of the elements that make up good faith in the commercial law of the Gulf states, this article will describe the various elements or influences – formants in Sacco's terminology – that underpin good faith in contemporary Middle Eastern laws, including its philosophical background (section 2) and its doctrinal expression in a number of legal systems that influenced its development, moving from German and French law, via Egyptian law to the law of the UAE (section 3). Finally, it will survey good faith as it appears in the publications of Western law firms in today's Gulf states (section 4).

2. Good faith in legal philosophy

2.1 The sociological school of jurisprudence

Two distinct origins of the concept of good faith can be made out in legal history and legal philosophy. On the one hand, good faith draws from Roman law concepts of *jus aequum* as opposed to *jus strictum*,[24] concepts that were developed further in mediaeval law into a general doctrine of *aequitas*, that found its concrete expression in doctrines such as the *exceptio doli generalis*, but that was near eliminated in early modern law and legal thinking.[25] On the other hand, most of the content of the modern good faith doctrine in German and French law can be traced back to developments in legal philosophy during the late 19th and early 20th century, and in particular the 'sociological school' of jurisprudence.

As a common denominator for the various – and often highly divergent – legal schools from the mid-19th century onwards, Jan Schröder has identified the notion of voluntarism, a focus on the will as a formative element of the law, whether

24 Schermaier, M.J., 'Bona Fides in Roman Contract Law' in Zimmermann, R. and Whittaker, S. (eds), Good faith in European contract law Cambridge; New York, 2000.

25 Schröder, J., Recht als Wissenschaft: Geschichte der juristischen Methodenlehre in der Neuzeit (1500–1933) 2012, pp. 17–19; Gordley, J., 'Good Faith in Contract Law in the Medieval Ius Commune' in Zimmermann, R. and Whittaker, S. (eds), Good faith in European contract law Cambridge; New York, 2000.

that is the will of the legislator or state, or of the 'legal community'; a departure from earlier, more natural law based notions of the law.[26]

Within that current of thinking, the sociological school of jurisprudence explains the formation of that will of the legal community with a concept of societal interests. According to Rudolf Jhering, laws are based on underlying societal purposes, and develop through the making of value-based choices between contravening interests. In Philipp Heck's development of this 'jurisprudence of interests' (*Interessenjurisprudenz*), laws are defined as orders that express the declared will of the legal community, which in turn arises from a decision between contravening interest positions in society. Legal methodology is then called upon to identify those underlying *interest positions* to aid courts or parliament in their decisions.[27]

This emphasis on the sociological underpinnings of the law developed, on the one hand, into the field of legal sociology that sought to empirically explain existing laws. However, the sociological theory was also the origin of a number of idealistic strands of legal philosophy. These differ from theories of natural law by maintaining that laws are created by a voluntary act of the legislator. However, social realities were seen as criteria for the 'correct law', as guides for how legislators should develop and courts should interpret laws and fill gaps.[28] The most pronounced expression of this line of thinking in German law is in the works of Ignatz Kornfeld, who considers rules that are *habitually obeyed* a subsidiary source of law. That category is not purely customary law, as habitual obedience, according to Kornfeld, arises from the two – related and interacting – factors of custom and the "*perception of the legal and social utility*" of a rule.[29] French legal thinking, for example in the works of Leon Duguit or Louis Josserand, developed a similar philosophy, focusing even more strongly on the social cohesion of society.[30]

The concrete legal concepts developed out of these lines of thinking frequently took the nature of equitable principles that fill the gaps between formal sources of

26 Schröder, J., 'Zur Geschichte der juristischen Methodenlehre zwischen 1850 und 1933' (2008) 13 Rechtsgeschichte, pp. 160–164; Schröder (n 25) pp. 281–283.

27 Schröder (n 25) pp. 284–285; Billier, J.-C. and Maryioli, A., Histoire de la philosophie du droit Paris, 2001, pp. 195–196.

28 Schröder (n 25) pp. 285–286.

29 Kornfeld, I., Soziale Machtverhältnisse: Grundzüge einer allgemeinen Lehre vom positiven Rechte auf soziologischer Grundlage. Wien, 1911, p. 89.

30 Billier and Maryioli (n 27) pp. 214–217.

law, or principles of legal interpretation.[31] The French sociological school became closely connected with the interpretive principle of *interpretation téléologique*, a method that in German law at that time also gained importance. Concepts connected with good faith also emerged from that line of thinking, these being inlets for equitable justice in the broader context of voluntarist principles that emphasised the positive law. One could point in particular to the work of Jhering on *culpa in contrahendo* (now seen as part of the good faith principle in German law)[32] or the concept of *abus du droit* developed in French law by Duguit for the public law, and Josserand for the private law area.[33]

The impetus for this re-orientation of legal thinking towards social justice lay in the transformations to economy and society brought about by industrialisation. These put pressures on the laws with which the civil codes of that era – the *Code Napoléon* of 1804 or the German *Bürgerliches Gesetzbuch (BGB)* of 1900 – were ill suited adapt to. Both codifications subscribe to a liberal theory of contract law, emphasising the freely negotiated content and binding nature of contractual obligations, and assumed the reasoned conclusion of agreements by parties at arm's length and of broadly equal bargaining power. Industrialisation brought about different forms of contractual relationships; standard form contracts, disparities in bargaining power (for example in employment contracts or supplier relationships), a substantially increased volume of contracting and the problem of the dislocation between the contractual relationship and the causation of damage (such as in product liability).[34] Good faith and similar concepts can in this context be seen as *"legal and moral controls of networks of exchange which, due to their integrative effect compensate processes of intense division of labour and thus make them possible in the first place"*.[35]

---

31 The more radical demands of these authors for the free dispensation of 'objective justice' – unhindered at all by written laws – now known as the 'free law movement' (*Freirechtsbewegung*), were ultimately unsuccessful. Schröder (n 25) pp. 348–350.

32 Jhering, R. von, Culpa in contrahendo: oder Schadensersatz bei nichtigen oder nicht zur Perfection gelangten Verträgen Jena, 1860.

33 David, R., French Law; Its Structure, Sources, and Methodology Baton Rouge, 1972, pp. 199–201; Josserand, L., De l'esprit des droits et de leur relativité: théorie dite de l'abus des droits Paris, 1927.

34 Wieacker (n 2) p. 306; Billier and Maryioli (n 27) p. 212.

35 Teubner, G., '§ 242 (Grundsatz von Treu und Glauben)' in Brüggemeier, G. (ed), Allgemeines Schuldrecht (§§ 241–432) Neuwied [u.a], 1980, p. 42. In the way these operates, however, Teubner sees a significant difference between the good faith principle in English and German law and considers a transfer of the principle between the two

2.2 'Abd ar-Razzāq as-Sanhūrī as a representative of the sociological school and the origins of the Egyptian civil code

The impact of 'Abd ar-Razzāq as-Sanhūrī on the civil laws of most Middle Eastern states today can hardly be overstated. The Egyptian Civil Code was to a large part his work; adaptations of that code were enacted in several Middle Eastern states already with his participation,[36] and in even more states at later points.[37] He is also the author of the most authoritative commentary on the Egyptian Civil Code[38] that is frequently cited as legal authority in states that have a 'Sanhūrī-code'.[39]

Like Middle Eastern laws more generally, scholarship has approached the person of Sanhūrī from a number of angles, addressing how Islamic law, French law or the comparative legal method influenced his thinking. They pointed at the abolition of the caliphate as an important impetus for Sanhūrī in the creation of 'his' civil codes and his idea of an Islamic community of states that, rather than gathering around the person of a caliph, gathered around a common set of laws, arrived at through reforming Islamic law using the comparative legal method.[40] Note was also taken of Sanhūrī's frequent references to Islamic law when setting out the legal rules of 'his' civil codes, and of the fact that among Sanhūrī's extensive writings is an important systematic account of the "*Sources of [Islamic] law*".[41] Scholarship has also addressed Sanhūrī's experience in comparative legal scholarship as the author of comparative accounts of topics of English and French

---

legal systems impossible. Teubner, G., 'Legal Irritants: Good Faith in British Law or How Unifying Law Ends Up in New Differences' (1998) 61 Modern Law Review, p. 11.

36 These were Syria, Iraq, Libya and Kuwait. See Krüger, H., 'Zur Rezeption des ägyptischen Zivilrechts in der arabischen Welt' in Heckel, M. (ed), Rechtstransfer: Beiträge zum Islamischen Recht VIII Frankfurt am Main, 2011, pp. 10–13.

37 Qatar, Somalia, Algeria, Jordan, Yemen, Sudan, United Arab Emirates, Bahrain. See Ibid pp. 14–19.

38 Sanhūrī, 'Abd-ar-Razzāq A., al-Wasīṭ fī Šarḥ al-Qānūn al-Madanī al-Ǧadīd reprint, Bairūt, 2009. My copy of the Wasīṭ is a Lebanese print bought in the United Arab Emirates.

39 The wording is that of Saleh (n 12).

40 Sanhoury, A., Le califat, son évolution vers une Société des nations orientales Paris, 1926; Hill, E., Al-Sanhuri and Islamic Law: The Place and Significance of Islamic Law in the Life and Work of 'Abd Al-Razzaq Ahmad Al-Sanhuri, Egyptian Jurist and Scholar, 1895–1971 Cairo, Egypt, 1987. The idea of finding legal communalities through comparative law, the droit commun legislatif, is similar in the works of Sanhūrī's teacher, Édouard Lambert. See Lambert, E., La fonction du droit civil comparé Paris, 1906.

41 Sanhūrī, 'Abd Ar-Razzāq Aḥmad Al-, Maṣādir Al-Ḥaqq Fī Al-Fiqh Al-Islāmī Bairūt, 1998.

law.[42] The creation of his civil codes involved an extensive comparative review of laws around the world for inclusion. What role precisely Islamic law plays in the drafting work of Sanhūrī is disputed. While Anderson points at a number of ways in which Islamic law has direct influence (including by filling lacunae in the law, by informing Sanhūrī's choice of what principle to import or through the inclusion of some Islamic law rules directly),[43] Bechor sees Sanhūrī's use of Islamic law as confirmatory rather than operative. While a legal principle before inclusion in the civil code was confirmed to be in line with Islamic law, the legal rules that were included came from a wide range of laws among which Islamic law "*did not enjoy any special legal status*". Likewise, Islamic law was not a guiding principle in searching for legal rules to include.[44] The main function of Islamic law in Bechor's view is justification:

> "This was the artifice by means of which Sanhūrī convinced the parliamentarians to digest hard to accept legal doctrines: he claimed that these doctrines originated in the Sharīʿa or that they already existed in the Egyptian court decisions. In most cases this claim was only partially true, but that was enough to convince the Parliament."[45]

Rather, Bechor locates the guiding principle behind Sanhūrī's codification in his connection to the sociological school, noting in his thinking a strong social justice impetus, and a perception of Egyptian society as crippled by injustices that a civil code should mediate and remove in the interest of increasing societal cohesion.[46] Bechor notes the similarity of that position as a social reformer with the European proponents of the sociological school, to whom Sanhūrī directly refers in his works.[47]

Bechor specifically notes good faith as one of the principles that were included by Sanhūrī into his civil codes to pursue the aim of social justice, although he notes that it remains at the level of a general concept, rather than a clearly formulated

---

42 Sanhūrī completed two doctoral dissertations, one of which was on English law: Sanhoury, A., Les restrictions contractuelles à la liberté individuelle de travail dans la jurisprudence anglaise Paris, 1925. The other dissertation is Sanhoury (n 40).

43 Anderson, J.N.D., 'The Shariʿa and Civil Law' (1954) 1 Islamic Quarterly, 29.

44 Bechor, G., The Sanhuri Code, and the Emergence of Modern Arab Civil Law (1932 to 1949) Leiden ; Boston, 2007, p. 84.

45 Ibid p. 195.

46 Bechor, G., '"To Hold the Hand of the Weak". The Emergence of Contractual Justice in the Egyptian Civil Law' (2001) 8 Islamic Law and Society, pp. 179, 183–191.

47 Ibid p. 186.

doctrine.[48] More emphasis is placed by Bechor on the doctrine of the abuse of rights, which is sometimes noted as closely related to, or even part of, good faith.[49]

3. A variety of legal doctrines: the application of the good faith principle in German, French, Egyptian and UAE law

3.1 Treu und Glauben in German law

The text of the German BGB gives little indication of the far-reaching good faith principle that has developed in German law. It is contained in the relatively restrictive wording of section 242 BGB, which reads:

> "*Section 242:*
> An obligor has a duty to perform according to the requirements of good faith, taking customary practice into consideration."[50]

Good faith is further referred to in connection with specific contracts, or obligations, and in section 157 BGB concerning the interpretation of contracts:

> "*Section 157:*
> Contracts are to be interpreted as required by good faith, taking customary practice into consideration."[51]

None of this is phrased in terms of an 'overarching principle of law'. Section 242 BGB is not part of the 'general part' of the BGB, but appears in the specific context of the performance of an obligation. No intention of creating a general principle is apparent from the records of the drafting commission for the BGB, and the final form of section 242 BGB arose out of debates with proponents of an even narrower application.[52] In 1911, a critic of the general duty of good faith

48 Bechor (n 44) pp. 188–190.

49 Ibid pp. 167–174.

50 "Der Schuldner ist verpflichtet, die Leistung so zu bewirken, wie Treu und Glauben mit Rücksicht auf die Verkehrssitte es erfordern." The translations used for the German Civil Code are Bundesministerium für Justiz, 'German Civil Code, BGB' Gesetze im Internet, <http://www.gesetze-im-internet.de/englisch_bgb/index.html> accessed 26 April 2015.

51 "Verträge sind so auszulegen, wie Treu und Glauben mit Rücksicht auf die Verkehrssitte es erfordern."

52 Note the similarity of section 359 in the first draft of the BGB with French law, extending the duties of contract parties to "...what...law and usage, as well as the protection of good faith imply in terms of its binding content." Quoted after Roth, '§ 242 Leistung nach Treu und Glauben' in Rinne, M.E. and Rebmann, K. (eds), Münchener Kommentar zum Bürgerlichen Gesetzbuch München, 2004, p. 121.

described the section as "*one of 2385 sections, before it a rule on auctions, after it one on conditions*".[53]

This stands in contrast with the extensive application good faith was to have in German law. It applies as a general principle, extending far beyond the wording of section 242 BGB, or even the area of civil law.[54] It encompasses duties of the parties to a contract to inform each other,[55] to cooperate towards the aim of the contract and to protect its subject matter.[56] It extends into the pre-contractual sphere through the concept of *culpa in contrahendo*,[57] and creates duties towards third parties.[58] Departing somewhat from the wording of section 242 itself, it is the basis of a prohibition of the illicit use of rights (*Unzulässige Rechtsausübung*)[59] which includes the loss of a right for past contrary behaviour (*venire contra factum proprium*), i.e. a form of estoppel, as well as 'forfeiture' (*Verwirkung*) which operates in a manner similar to the doctrine of laches, as a equitable (and flexible) form of limitation.[60] Some now codified rules in German law addressing force majeure (*Wegfall der Geschäftsgrundlage*) or standard terms in long term contracts were also originally developed based on section 242.

In terms of the theory of sources of law, good faith at first sight might appear as an example for how specific rules develop out of a general clause or principle. Yet the history of good faith in Germany rather testifies to the development of a legal principle through influences that fall between its formal sources.

Firstly, the development of good faith into the wide general principle it is today, was significantly aided by the wider political and economic developments

53 Henle, R., Treu und Glauben im Rechtsverkehr: Vortrag, gehalten 1911 zu Bonn Berlin, 1912, pp. 1–3.

54 Roth (n 52) p. 118.

55 See Ibid p. 157. For example, the information to the buyer of a property that it was formerly used as a 'hotel' was held to be misleading as the former use was that of a brothel (a 'Stunden-hotel' in German, i.e. a 'hotel booked by the hour'). Stundenhotel [1992] Bundesgerichtshof V ZR 97/91, NJW 1992, 2564. Likewise, the courts held there was a duty to inform a buyer of 'neighbours from hell' lowering the value of a property. See Böse Nachbarn [1991] Bundesgerichtshof V ZR 299/89, NJW 1991, 1673.

56 Roth (n 52) p. 157.

57 Now codified in section 311 et seq. BGB. See Rieble, V., 'Die Kodifikation Der Culpa in Contrahendo' in Konzen, Schmidt and Dauner-Lieb (eds), Das neue Schuldrecht in der Praxis 2003.

58 For example Gemüseblattfall 66 BGHZ, 51 (Bundesgerichtshof).

59 Roth (n 52) pp. 170–222.

60 German law also knows fixed limitation periods, known as Verjährung. See sections 194–218 BGB.

in Germany that created requirements in the law to adapt to unforeseen circumstances. This was first the period of industrialisation after the foundation of the unified German state (the *Gründerzeit*), a period of unprecedented political and social change. The unstable economy and unruly politics of the Weimar Republic gave a further boost to the development of the German good faith rules, when in response to hyperinflation the Imperial Court (*Reichsgericht*) in 1923 flatly set aside the currency laws and re-assessed the agreed consideration in contracts on the basis of the changes in the value of the Reichsmark at that time.[61]

Secondly, the content and meaning of section 242 BGB was provided to a significant degree by pre-existing legal philosophy, for example in the form of the doctrine of *culpa in contrahendo*, that developed independently to a degree from good faith, but was anchored to section 242.

Thirdly, the development of how section 242 was interpreted reveals a prominent role of court decisions and legal scholarship, two factors that are not accepted as official sources in German law. Faced with concrete cases and gaps in the law, it was the courts that extended the meaning of section 242 BGB to an ever wider set of factual circumstances and decided cases on the basis of it. The role of legal scholarship lay in the structuring and systematisation of the legal field. Scholars developed 'case clusters' and thematic groups that provided an explanation, rationalisation and systematic to the unstructured legal decisions.[62]

3.2 *Bonne foi* in French law

While good faith is generally accepted as a general principle underlying French law,[63] and although it is said to have informed – while not being explicitly stated – many

---

61 Goldmark, (Reichsgericht).

62 Weber, R., 'Einige Gedanken zur Konkretisierung von Generalklauseln durch Fallgruppen' (1992) 192 Archiv für die civilistische Praxis, p. 516. The main way of accessing a rule like section 242 BGB is by reading one or more of the major commentaries. These are ordered into Fallgruppen. See, for example the overall structure of Roth (n 52); Hohloch, G., '§ 242 BGB. Leistung nach Treu und Glauben' in Westermann, H.P., Aderhold, L. and Erman, W. (eds), Erman, Bürgerliches Gesetzbuch: Handkommentar mit EGBGB, ErbbauVO, HausratsVO, LPartG, ProdHaftG, UKlaG, VAHRG und WEG 12th edn, Münster; Köln, 2008. The 'alternative commentary' on section 242 by Teubner is an attempt to systematise the section in a different way Teubner, '§ 242 (Grundsatz von Treu und Glauben)' (n 35).

63 See an 'advertising' of various German and French bar organisations highlighting good faith as an advantage over the Common Law. Baïssus, J.-M. and others, 'Continental Law. Global. Predictable. Flexible. Cost-Effective', <http://www.kontinentalesrecht.de/> accessed 31 August 2014.

court decisions,[64] at least in terms of the rules that were derived from it, the French version of good faith is more limited. On a structural level, the French good faith concept (or *bonne foi*) is closely connected with the rules on the formation of the contract, and the principle of *pacta sunt servanda*. Sections 1134 and 1135 of the Code Civil state:

> "*Section 1134:*
> Legally created contracts take the place of the law for those that made them.
> ...
> They must be performed in good faith.
> *Section 1135:*
> Contracts not only create an obligation as to their explicit content, but also to all things that equity, usage or the law imply into an obligation in accordance with its nature."

The general caution of French jurisprudence towards the doctrine of good faith and related doctrines such as the *abus du droit* is a marked difference from how the German courts have approached good faith. French law generally accepts that good faith has a certain gap-filling function, for instance where the explicit wording of a contract leaves matters open. Also widely accepted and attributed to good faith are duties of cooperation and information, as well as certain limited pre-contractual duties. Overall, however, Barry Nicholas notes, its overall function is limited in the law of contract.[65]

In particular, good faith has not become the source of an elaborate set of legal rules as it has in German law. While in Germany *Treu und Glauben* has been the subject of decisions of the highest courts from shortly after the enactment of the BGB, the *Cour de Cassation* has rarely elaborated on bonne foi, let alone developed extensive sets of rules out of it. For example, no clear distinction was established between good faith as a state of mind and good faith as an abstract principle, a distinction much more pronounced in German law.[66] Within the broader structure of French law, good faith is considered within the remit of the trial court (its *pouvoir souverain*) and has therefore not been scrutinised to as high a degree by upper courts.[67]

Further, good faith has in French law not been a 'formal anchor' for extending liability. Rather, formal liability is created by other rules of the Civil Code, but the

---

64 Nicholas, B., The French Law of Contract 2nd ed, Oxford, 1992, p. 153.

65 Ibid pp. 153–154.

66 The terminology is also different. German law uses the term *Guter Glaube* or *gutgläubig* to refer to subjective good faith, and Treu und Glauben for the objective principle.

67 Cour de Cassation 239/17, 15 App. Civ, 1688.

content of those rules is then shaped by the good faith principle. The most prominent section in this regard are the 'general tort provisions' in section 1382–1383:

> "*Section 1382:*
> Every act of a person which causes harm to another causes him by whose fault it was brought about to compensate for it.
> *Section 1383*:
> Everyone is responsible for the damage he has caused not only through things he has done but also through his negligence or recklessness."

At a purely formal level it is these provisions on which a court would base liability in most cases where it assesses a party's good faith.

Likewise, pre-contractual liability in French law is largely regulated through a set of doctrines separate from good faith, in particular the concepts of mistake (*erreur*) or deceit (*dol*), which is similar to English law misrepresentation, i.e. the inducement of an innocent party to enter into a contract through a false statement. Yet while good faith has no role in the doctrine itself, it has an effect on how it operates. An example in the case of *dol* is the figure of *reticience dolosive*, a form of *dol* established through silence. The conditions for reticience dolosive are as follows:

- Party 1 holds certain information (or is deemed to hold it by virtue of her profession);
- that information is decisive for Party 2's decision to enter into the contract;
- Party 2 does not herself hold this information;
- Party 2's ignorance is not inexcusable; and
- Party 2 legitimately relies on Party 1.

The crucial aspects of this doctrine, and the aspects most open to interpretation, are whether the ignorance of Party 2 is 'inexcusable' (i.e. whether it has an interest that merits protection) and whether there is 'legitimate reliance' of Party 2 (i.e. a duty for Party 1 to speak). Good faith – as a general principle rather than an elaborate doctrine – plays a substantial role in how these principles are interpreted and how the duties of parties in such a situation are assessed.[68]

Further, certain doctrines from the ambit of good faith entered French law independently and despite their absence in the legal text. In particular, *abus du droit* is accepted in French civil law as an independent doctrine – formally also based on section 1382 Civil Code – that can bar the exercise of a right.[69] Its application is most frequent in land law.

---

68 David (n 33) pp. 102–106.

69 Ibid p. 199.

Finally, while the French civil courts have been reluctant to accept good faith and related doctrines, that does not apply to the administrative courts, headed by the *Conseil d'Etat*. That court has (in the context of claims against the state) rendered decisions on the basis of certain general principles, including the concepts of abuse of power, good faith or *fraus omnia corrumpit*.[70] The administrative courts also developed a doctrine concerning the judge's right to review a public law contract where there are changes in circumstances. This power of *imprévision* goes much wider than *force majeure* in the civil law.

Proponents of the French sociological school had envisaged these principles also for the civil law, and the principles were to make a return into that are in the civil laws of the Middle East.[71]

3.3 *Ḥusn an-nīya* in the laws of Egypt and the United Arab Emirates

3.3.1 Structure – the position of good faith within the Civil Codes of Egypt and the UAE

A. Egyptian law

French law plays an ambiguous role as regards the way in which good faith is phrased in Egyptian law:

- As regards the role and scope of good faith, Sanhūrī departed from the reluctance of French civil law towards the principle, envisaging a much wider application of good faith and, to reach this outcome, borrowing from other legal systems and philosophies (including from Islamic law as regards terminology, from French administrative law and from the work of the German proponents of the sociological school).
- Structurally, however, much of the way in which good faith appears in Egyptian – and by extension Middle Eastern – laws shows strong similarities to French law.

Good faith is set out in Egyptian law in sections 147 and 148 of the Egyptian Civil Code, that show a striking similarity to their French equivalents.

70 Ibid pp. 194–207.

71 Ballantyne, W.M., 'Secular Law and the Shari'a: Pacta Sunt Servanda and the Theory of Imprevision' in Ballantyne, W.M. (ed), Essays and Addresses on Arab Laws London, 2000.

> "*Section 147:*
> The contract is the law of the contracting parties.[72]
> ...
> *Section 148:*
> 1. The contract must be performed in accordance with its content and in line with what good faith demands.
> 2. A contact obliges the parties not only as to its content, but also as to its necessary appurtenances in accordance with the law, usage and equity, in line with the nature of the obligation."

This is a near verbatim rendering of sections 1134 and 1135 of the French Civil Code, despite the slight shift by which performance good faith is moved into one section with the provisions on equity and usage.

Like French law, Egyptian law also has a 'general tort provision', section 163 Egyptian Civil Code, which provides:

> "*Section 163:*
> Every fault causing harm to another makes the perpetrator liable to compensation."

The principle of the abuse of a right is codified and appears prominently in the Egyptian Civil Code:

> "*Section 5:*
> The exercise of a right is unlawful, if:
> 1. It is done with the intention of harming another;
> 2. The interests to be achieved are insignificant out of proportion with the damage thereby caused to another;
> 3. The interests to be achieved are unlawful."

B. The law of the UAE

On a structural level, the rules in the UAE Civil Code (based on the Civil Code of Jordan) are again very similar. Section 246 of the UAE Civil Code repreats nearly verbatim 148 of the Egyptian Civil Code. The only slight variation is a reference to the "*nature of the transaction*"[73] at section 246(2), as opposed to the Egyptian reference to equity, and the "*nature of the obligation*". In practice, this change in terminology is likely only of limited significance, in particular in view

72 This formula is rendered in Arabic as "al-ʿaqd šarīʿat al-mutaʿaqqidain/mutaʿaqqidīn" on the use of the Arabic terms and their religious connotations, see Ballantyne, W.M., 'Arab Comparative Commercial Law' in Ballantyne, W.M. (ed), Essays and Addresses on Arab Laws London, 2000, pp. 22–26.

73 Wa-lā yaqtaṣiru al-ʿaqd ʿalā ilzām al-mutaʿāqad bimā warada fīhi, wa-lakinna yatanāwalu ayḍan mā huwwa min mustalzimātihi, wifqan li-l-qānūn wa-l-ʿurf wa-ṭabīʿat al-taṣarruf.

of the extensive recourse to Egyptian legal scholarship in the interpretation of the UAE Civil Code.[74] A curious effect of this shift in terminology is, however, that it takes the UAE Civil Code somewhat closer to the terminology the Common Law would use, which affects the understanding of a reader from a Common Law background, a factor of significance for the way in which good faith is seen by international law firms.[75]

A further effect of this change in terminology is a certain blurring of the line between two levels at which good faith operates, the levels of a contractual term and of a duty in contractual performance. This distinction appears very pronounced in German law, where good faith in contractual interpretation (section 157 BGB) was held to be limited to filling lacunae in the legal text in the absence of knowledge on the parties' true intention, with section 242 being capable of applying despite the parties stated intention.[76] It is already less pronounced in French law. The Egyptian law rendering of sections 147 and 148 further blurs this line to a degree by combining in one article contractual elements phrased in terms of an implied term, and the duty of good faith. The distinction is further reduced in UAE law by abandoning the reference to obligations. The practical significance of the distinction lies in the question whether and to what degree parties are able to contract out of a duty of good faith. This aspect will be revisited below in this section with respect to the position of Egyptian and UAE courts, and in section 4 with regards to the understanding of good faith of Western law firms in the Gulf.

Like in Egyptian law, the prohibition of the abuse of rights is explicitly codified in the UAE Civil Code. However, contrary to Egyptian law, it is phrased as a right to compensation. Section 106 of the UAE Civil Code provides that "*who exercises his rights unlawfully must give compensation*". The categories of unlawful use are then set out as follows in section 106(2):

> "The exercise of a law is unlawful if
> a. it is an intentional breach;
> b. the interests intended by it are contrary to the rules of the Islamic Šarīʿa, the law, public order or morals;

74 Krüger (n 36) p. 17.

75 For UAE law, there are extensive databases of translated laws available in English, through the Westlaw and Lexis Library services. The common translation of the UAE civil code used in this context is Whelan, J. (tr), UAE Civil Code and Ministry of Justice Commentary - 2010 London, 2011.

76 Backmann, '§ 157 BGB Auslegung von Verträgen', Juris Praxiskommentar BGB. Bd 1. Allgemeiner Teil 4th edn, Köln, 2008, paras 5–7, <http://www.juris.de/jportal/portal> accessed 24 August 2014.

c. the interests intended by it do not correspond with the harm thereby done to another person;
d. it exceeds what is allowed by usage and morals."

3.3.2 *Terminology – the use and connotations of "nīya"*

The term chosen by Sanhūrī for good faith – *ḥusn al-nīya* – is in itself a striking choice and a relevant formant in determining how the concept takes shape and can develop. As a defined term, *ḥusn al-nīya* was rarely used prior to as-Sanhūrī's codification. However, the constituent concept of *nīya* (i.e. intention) carries heavy implications in religious law.

From the perspective of Islamic law, *nīya* is foremost a concept of ritual law (*ʿibādāt*). Within that context, *nīya* describes the 'active intention' of a person to perform a religious act, such as the decision to convert (through the *šaḥāda*), to perform the prayer (*ṣalāt*) or the religious pilgrimage (*ḥağğ*).[77] Commentators regularly set out *nīya* as an independent, formative element of the relevant religious duty,[78] and it is near-universally accepted that *nīya* is required for the validity of the act, i.e. that a prayer or a pilgrimage is invalid if there was no proper *nīya*. Paul R Powers considers the reason for this strict insistence on *nīya* for ritual acts to be a need to account for religious acts performed without conviction, i.e. to find a conceptual way to deny the benefit of the religious performance to a person merely pretending performance, or performing under duress. Consequently, the concept is charged with a highly normative quality. According to legal commentators, *nīya* is more than a factual finding of intent, but something that 'should be there' in a religious act, and the absence of which is viewed negatively. Some forms of belief, in particularly Sufi spirituality and modern popular belief credit *nīya* with an even higher quality as an element of spirituality.[79]

By contrast, the concept of *nīya* is much less strongly present in temporal transactions (*muʿāmalāt*). While *nīya* is near exclusively used to refer to intention in the area of the *ʿibādāt*, in the *muʿāmalāt* it is used interchangeably with other terms, such as *qaṣd* or *irāda*. The term itself "*looses many of the specific technical implications it had in fiqh al-ʿibādāt*",[80] both being more generic and less imbued with a morally positive connotation. Intention further loses its character

77 Powers, P.R., Intent in Islamic Law: Motive and Meaning in Medieval Sunnī Fiqh 2006, pp. 25–60.
78 Wizārat al-Auqāf wa al-Šuʿūn al-Islāmīya (ed), 'Ṣalāt', Al-Mausūʿa Al-Fiqhīya Kuwait,.
79 Paul R Powers, Intent in Islamic Law: Motive and Meaning in Medieval Sunnī Fiqh (BRILL 2006) 25–60.
80 Powers (n 77) p. 100.

as a separate, defining element of the legal act.[81] The proof of intention also moves from the subjective level to the objective indication of intent (such as the act of speech). Intention is presumed to exist if there are explicit (*ṣarīḥ*) words indicating the will to enter into a contract. While in certain circumstances, in particular allusive speech (*kināya*), recourse can be had to an assessment of the real intent, its role is significantly reduced.[82] Intention is further restricted in terms of its reach, and in particular whether it covers only immediate intent or also 'ulterior motives'. This element is the subject of disagreement between the legal schools. While the Šāfiʿī and Ḥanafī schools, in the interest of contractual certainty, took a restrictive view and, for example, did not invalidate contracts for mere suspicion of an illegal motive (such as the sale of a weapon that might be used for an unlawful killing), the Mālikī and Ḥanbalī schools took a more moralistic position in scrutinising the ulterior motive.

The term *ḥusn al-nīya* is a unique contribution of Sanhūrī. Its borrowing from the language of the *ʿibādāt* is in line with tendencies that pervade his civil code drafting, exhibiting his motive of creating a new 'common civil law' of the Islamic states, his use of references to Islamic law principles to justify and explain his laws, and his generally moralistic approach to the law of contracts and the interest to include provisions act to provide 'contractual justice'. In the same vein, in the question of whether ulterior motives can render a contract illegal, Sanhūrī tends towards the approach of the Mālikī and Ḥanbalī schools in his codification of the *abus du droit* in section 5 of the Egyptian Civil Code, that renders the exercise of a right unlawful if "*the interests to be achieved are unlawful*".[83]

81 In the Kuwaiti encyclopedia of Islamic law, al-Mausūʿa al-Fiqhīya, *Nīya* is mentioned in the entry on the Prayer as one of its 'Pillars' (Arkān). See Wizārat al-Auqāf wa al-Šu'ūn al-Islāmīya (n 78) 15. The entry on the Contract mentions niyya, but does not set it out as a separate requirement. See Wizārat al-Auqāf wa-š -Šuʿūn al-Islāmīya (ed), 'ʿAqd', Al-Mausūʿa Al-Fiqhīya Kuwait,. See also Arabi, O., 'Intention and Method in Sanhūrī's Fiqh: Cause as Ulterior Motive' (1997) 4 Islamic Law and Society, p. 200.

82 See Powers (n 77) pp. 97–99. Sanḥūrī in setting out the Egyptian civil code present in this objectivity as a compromise position between entirely objective theories of contractual formation (such as in German law) and entirely subjective ones (such as French law). See Hill (n 40).

83 Arabi notes that this more extensive view of motive is less an application of Islamic law than one of "...the doctrines of the French judiciary and the experience of their implementation by the Egyptian judiciary". See Arabi (n 81) pp. 222.

3.3.3 Good faith in the courts and in legal scholarship

A. Egypt

In his commentary to the Egyptian Civil Code, Sanhūrī prominently linked the good faith principle to the general moral impetus of his codification, noting on good faith that:

> "This principle opposes acting in bad faith and intervenes against those who disregard moral principles."[84]

It appears from commentary literature as well as court decisions that good faith encompasses a duty for the parties to cooperate in fulfilling the contract. This can include prohibitions on entering into competition with a business just sold or on poaching customers, an obligation described by Sanhūrī as a requirement of justice even if not mentioned in the contract.[85] Sanhūrī further names some special provisions in the Egyptian Civil Code as applications of good faith, such as the rules on delivery of the subject matter of the contract in section 428, according to which the obligor has to do everything necessary to effect delivery and must abstain from any action that makes performance impossible or difficult. Good faith also encompasses information duties. In certain circumstances, the duty to cooperate and inform is enhanced, such as in relation to business partnerships, where sections 530–531 Egyptian Civil Code give the court a far-reaching right to intervene. Sanhūrī also mentions insurance law as an area where enhanced good faith duties apply, referring to a French law on insurance[86] and, more generally, the information duty appears enhanced where a professional party is involved.

In describing these duties, Sanhūrī makes extensive reference to applicable rules of French law.[87] Notably, he also distinguishes between the conclusion and the performance of a contract.[88]

A further generally accepted outflow of good faith appears to be a duty to protect the subject matter of the contract, which can take the various concrete forms, such as the protection of passengers in transportation or the protection of goods during delivery. However, depending on the form of the contractual duty the parties have entered into, the duty of good faith might well the superseded by an absolute duty to deliver the good.[89]

---

84 Sanhūrī (n 38), Vol. 1, p. 128.
85 Ibid, Vol. 1, pp. 840–841.
86 Law of 13 July 1930 Arts 17, 19, 21.
87 Sanhūrī (n 38), Vol. 1, p. 841.
88 Ibid, Vol. 1, p. 706.
89 Rutow (n 13), pp. 60–62, 71.

Neither the Egyptian Civil Code, nor Sanhūrī set out any fixed legal consequences of a finding of bad faith. Sanhūrī appears to envisage considerable latitude for the judge to vary the terms of a contract if that is found to be the case. The Wasīṭ merely provides examples, chiefly from other sections of the Egyptian Civil Code, where the presence or absence of good faith have a specific result.[90] While not explicitly stated in the Wasīṭ, the main practical source of liability in case of a breach of good faith lies in a possible finding of tortuous liability under section 163 of the Egyptian Civil Code that provides for a duty to compensate for "*any mistake causing damage to another*". It remains unclear whether a simple finding of bad faith is always sufficient to trigger that rule. Its result would be a duty to compensate rather than a finding of invalidity of the contract. It further changes the rules on remoteness of damage. Under section 221(2) Egyptian Civil Code, the limitation of damages for breach of contract to foreseeable harm is removed where there is a finding of "*fraud or gross fault*", bringing the measure of damages into the area applicable to tortuous duties.[91]

Egyptian court decisions on good faith rarely go into detailed elaborations of good faith. Frequently, they repeat the text of the statute as confirmation of a decision, or mention good faith when applying a contract to a concrete situation. The basic 'gap filling' role of good faith appears to be routinely practised by Egyptian courts. However, good faith is in such instances frequently put forward as a mere confirmatory statement, and not elaborated in any further detail.[92]

Egyptian court decisions generally make little distinction between the 'duty in performance'-element of good faith and the element of an implied term. Court decisions frequently address sub-sections 148(1) and 148(2) of the Egyptian Civil Code together, using the term "*determination of the scope of the contract*" to refer to both the finding of good faith, and of equity or usage.[93]

B. UAE

Like Egyptian scholarship and courts, the UAE courts generally affirm one function of good faith to lie in supplementing gaps in a written contract when applied to a concrete situation, also providing only brief explanation – frequently mere

90 Such as the judicial discretion to extend time for an overview debtor who acted in good faith, section 346 Egyptian Civil Code.

91 This appears to mirror a wider view that contracts are generally capable of excluding tortuous liability, but that it continues to apply where the damage arised from a crime, was caused intentionally or grossly negligent. See Rutow (n 13) p. 92.

92 This is generally in keeping with the French style of writing judgment.

93 [1988] Egyptian Court of Cassation 1990/54. The Arabic phrase is taḥdīd niṭāq al-ʿaqd.

mention – of the principle. Relevant decisions have, for example, held that in the sale of land under a short form contract the fixtures will be presumed to form part of that land.[94] Some decisions indicate a wider scope, allowing departure from the strict wording of the law justified by the principle of good faith, but the extent of this remains unclear.[95]

Information duties also appear accepted as a category of good faith.[96] Heightened good faith duties in specific contracts also appear accepted and have been separately codified in relation to some contracts.[97]

The relation in structure and content to Egyptian law also extends to areas where the codification in UAE law differs from the text of the Egyptian Civil Code, and UAE court decisions have supplemented the law in areas without explicit rules in the UAE Civil Code, frequently by recourse to the relevant Egyptian rules. Notable in relation to the present topic are the rules on pre-contractual liability through the figure of 'dol', which is codified in the Egyptian Civil Code (section 125), but was not replicated in the UAE Civil Code. Nevertheless, the UAE courts have found such a rule to exist.[98] The brevity of their rulings makes it difficult to determine on what basis that decision was reached, and whether there was a process of deduction from some general principle in a manner like German law used good faith as an anchor for pre-contractual liability. In relation to other elements of Egyptian law that were not codified in the UAE, a wider tendency has been found by which UAE legal personnel, accustomed to Egyptian legal interpretation, imported Egyptian rules into the law in this way.[99] Similarly, little judicial comment is available on the content of the concept of *dol*, but there are indications that it functions in a manner broadly similar to French law, for example in requiring the false representation to be determinative for entering into the contract.[100]

UAE court decisions provide comment on the scope of the prohibition on the abuse of a right (section 106 UAE Civil Code). The UAE version of this provision contains a number of changes from the Egyptian one, such as a direct reference to Islamic law and to the notion of "*usage and morals*".

UAE court decisions place particular emphasis on the 'interest behind' the exercise of a right. Courts have held unenforceable exercises of a right where the

94 [2000] UAE Federal Supreme Court 425 and 470/2000.
95 UAE Federal Supreme Court 848/24.
96 [2006] UAE Federal Supreme Court 48/27; [2008] Dubai Court of Cassation 298/2008.
97 Sections 1032–1033 UAE Civil Code on insurance contracts.
98 [2000] UAE Federal Supreme Court 524/20.
99 Foster (n 13).
100 [2006] UAE Federal Supreme Court 165/2006.

underlying interest was illegal (including contrary to Islamic law), but also where there was no real interest behind the exercise.[101] The grounds enumerated in section 106 UAE Civil Code were held to be an exhaustive list, but decisions on the abuse of a right can be composite, including several of these grounds.[102] The burden of proof is with the party claiming that the other party has abused or is abusing its right.[103] A somewhat odd decision is reported from the Abu Dhabi Court of Cassation which in 2008 held that a requirement in all four of the grounds in section 106 UAE Civil Code was a finding of bad faith,[104] a decision that is at odds with the stated aim of Sanhūrī that an abuse of rights should be based on both subjective (as in French law) and objective grounds.[105]

4. Common Law meets Civil Law at the Persian Gulf - good faith in the practice of English and US law firms

Having explored the different formants that influence the form good faith takes in the commercial law of the Persian Gulf monarchies today, I aim to look at the field of legal mixing itself. As noted above, international law firms have established a strong presence in the Persian Gulf states, entire areas of law being 'cornered' by them, such as the field of syndicated loans. Their presence brings another legal tradition into the fray – the Common Law – as most large established firms come from an English or US background.[106] The overview below is from publications by such firms, i.e. information materials published by them as occasional leaflets on their web pages, or as contributions to industry journals aiming at a particular region or industry line (oil and gas, infrastructure, telecommunications, finance).

4.1 Focus on flexibility

A common focus in publications addressing good faith is on the flexibility of the concept. The amount of detail given on specific ways in which good faith operates is generally low, and there are frequent references to good faith being an 'open' concept or one that enables judicial discretion to reach a free-standing decision. Focus is also put on the lack of predictability of decisions based on good

101 [1993] Dubai Court of Cassation 193/1993.
102 [2007] UAE Federal Supreme Court 456/28.
103 [2004] UAE Federal Supreme Court 532/2004.
104 [2008] Abu Dhabi Court of Cassation 601/2008.
105 Bechor (n 44) pp. 167–174.
106 Bälz, 'Rezeption durch Vertrag. Der Einfluss der internationalen Vertragspraxis auf die Rechtsentwicklungen in den arabischen Golfstaaten' (n 19).

faith. For example, a publication of the law firm Archer Marks notes that "*there is no definition of good faith carved in stone*".[107] Clyde & Co describe good faith as a concept that is "*difficult to define*".[108] An article by Tamimi & Co aiming at a western audience states:

> "There is no precise definition against which we can measure our conduct; the effect of the duty of good faith is determined by reference to the prevailing facts and contract terms."[109]

The impression from law firm publications and very much appears to be that of a concept that is open, unplannable or even uncertain, and further one that is frequently applied by courts and of potentially significant impact on the contractual bargain struck by the parties. This stands in somewhat of a contrast to the impression from UAE court decisions. While in those decisions good faith is regularly referred to, it is in many cases no more than a remark or mention the court makes when applying the text of the contract to a concrete situation. None of the decisions in the UAE court goes in a direction that would be unusual in view of what is known on the application of good faith in French or Egyptian law. There might well be fewer surprises in the courts' application of good faith as the publications suggest.

In the practice of contract drafting (i.e. in drafting recommendations in those publications) this picture of good faith results in recommendations to try to exclude the free application of good faith as far as possible. Contract drafting in a Common Law environment has a tendency towards a long-winded, detailed style. While Civil Law contracts frequently only add specific rules to an overall structure provided by codified law, Common Law contracts rather aim at creating a complete regulatory regime for the contractual relationship. Confronted with good faith, the drafting recommendations propose the drafting of extensive exclusion clauses in which the parties purport to limit the operation of the concept, or to define what they consider the content of the concept to be. The use of recitals to explain a court the bargain between the parties has also been mooted.

4.2 Comparative statements

4.2.1 Common Law comparisons

Publications try on occasion to explain good faith with comparisons from the Common Law, frequently rather strained ones. For example, the publication of

---

107 'Good Faith', <http://www.archermarks.com/construction-law/good-faith/> accessed 26 April 2015.

108 Hodgins, P. and Rotherham, T., 'Good Faith in the UAE' 2012.

109 Hunt, S., 'Good Faith' 2009.

Tamimi & Co draws a comparison with the 'clean hands doctrine' in the English law of equity:

> "In a similar vein, the duty of good faith would generally require a party seeking to enforce a contractual or legal right to appear before the court (or arbitration) with 'clean hands'; a party cannot expect the full support of the law, that party, had itself, being in breach or otherwise at fault."[110]

While this might well be an effect of good faith under UAE law, the comparison of good faith itself with the clean hands doctrine is difficult. The clean hands doctrine applies to equitable remedies under English law, which the court has a discretion to give (e.g. specific performance instead of damages, which are a legal right). Clean hands operates on the side of the Claimant who seeks equitable remedies and who can forfeit them when he is himself in some form at fault.[111] As the restriction of an equitable concept, it differs from good faith, being an closer to an equitable principle in its own right.

Consequently, the comparison with the English rules of equity themselves is also a frequent one:

> "Case law has made broad use of the principle of good faith in order to render ineffective some contractual provisions which, in the opinion of the court and in that context, are not executed in good faith.
>
> ...
>
> In some instances, when the court is of the opinion that contractual provisions leads to an inequitable solution, it will not hesitate even to find implied bad faith in order to render those provisions ineffective."[112]

While this passage describes an effect that good faith under UAE law can certainly have, its view is strongly influenced by a Common Law understanding in the focus on an inequitable *solution*.[113] While the effect of such a focus remains unclear, it comes in the context of a situation in the wider law of the UAE where the relative weight of the subjective and objective ways of determining good or

---

110 Ibid.

111 Quadrant Visual Communications v Hutchinson Telephone. In this case, the claimant did not have a right to obtain specific performance because [...].

112 Gide Loyrette Nouel AARPI, 'Lex Mundi Guide to Doing Business. Iraq' Iraq, 2003 Doing business guide.

113 It is often said that equity operates 'on the conscience of the parties'. Strikingly, this has not meant that the court will enquire into the parties' intention, good or bad faith. Rather, equity analyses whether a particular outcome must be set aside because it would burden the conscience of a party. The result is a focus on objective equity rather than the finding of a fault in the parties' intention.

bad faith is disputed.[114] In this situation, the Common Law understanding might well affect that balance.

4.3 Islamic law references

Islamic law is very frequently mentioned as the source of good faith obligations in law firm publications. For example a leaflet of Mayer Brown notes that "*acting in good faith in commercial transactions is an important part of Shari'a law*".[115] While court decisions and legal publications also make reference to Islamic law to justify the duty of good faith in court decisions and legal publications,[116] the mention in law firm brochures tends to increase that perception, and strengthen Islamic law as a formant of good faith.

Yet that note of Islamic law as a source has only little influence on the material content of good faith as set out in law firm brochures. There is hardly any reference to Islamic law sources or principles beyond the remark that a duty of good faith exists. Once that question is decided, the material content of the doctrine is frequently explained by reference to English law comparisons, or concepts of good faith derived from international law or *lex mercatoria*.

4.4 Implied term or duty in performance

If the duty of good faith is cast in Common Law terminology, the translation of the concept of a 'performance duty' will be relevant. In the absence of a theory of obligations, when creating implied duties, Common Law systems most often use the device of an implied term, while in Civil Law systems these are rather cast in terms of an 'ancillary obligation'. Already Egyptian and UAE court decisions have shown that the distinction between those aspects is frequently blurred. The publications of law firms on good faith regularly use the implied term analogy to describe the duty of good faith.[117]

114 Enid Hill notes that Sanhūrī saw his codification as a compromise between the codes of 'subjectivist' legal systems (such as French law) and 'objectivist' ones, such as German law. See Hill (n 40). Similar: Anderson (n 43). Bechor is critical of this theory, see Bechor (n 44) pp. 85–86.

115 Abu-Manneh, R., 'Contracting in the Middle East' 57 Mayer Brown legal update. Construction & engineering, 2.

116 Whelan (n 75) 2:0267.

117 'United Arab Emirates – Construction & Engineering Law 2014' International Comparative Legal Guides, <http://www.iclg.co.uk/practice-areas/construction-and-engineering-law/construction-and-engineering-law-2014/united-arab-emirates> accessed 27 April 2015.

The analogy does not function merely by way of explanation, but has also been taken up in laws of the region. The DIFC Contract Law (Law No 6 of 2004) is a codification of chiefly English law of contract for the purposes of the Dubai International Financial Centre, a 'legal free zone' in Dubai where a version of the Common Law applies. However, this contract law contains provisions on the duty of good faith. In that context, section 57 of the DIFC Contract Law lists good faith among a set of 'implied obligations', along with reasonableness, established practice between the parties and the nature and the purpose of the contract. The duty of the parties to cooperate, which was identified as a frequent element of good faith in the view of the courts, is separately codified (section 58 DIFC Contract Law).

5. Conclusion

This article has listed an array of elements – formants – arising from legal philosophy and from different domestic legal systems with the aim of showing the influences on the principle of good faith in a hybrid legal environment. These formants carry different weights and affect the principle in different ways. This article has not sought to quantify the different grades of impact these formants have, and further empirical work would be needed to do so. However, by way of conclusion, they allow for a tentative assessment how the concept of good faith is likely to fare in the context of the commercial law of the Persian Gulf monarchies, and the wider Middle East today.

Firstly, there is likely to be a continuing interest in good faith. The circumstances of political uncertainty are likely in the foreseeable future to continue to spark interest in principles of law that deal with changes in circumstances or equitable justice.

Secondly, the increasing influence of the Common Law will affect the principle of good faith, but is unlikely to lead to its replacement. On the contrary, Common Law systems have themselves shown an increasing interest in good faith, despite attempts to circumscribe its 'uncertainty'. Tellingly, the DIFC contract law as a recent codification from a Common Law background has also included in its codification the principle of good faith.

Thirdly, good faith is unlikely to be adopted in the form of extensive sets of legal rules of the kind that developed in German law. Nor is it likely to become a 'creative' principle out of which extensive rule systems are developed. Courts in the UAE have not shown much inclination to extend or elaborate on the principle beyond its application to particular cases. Expositions of the principle in judgments have remained brief and have not explored the principle in detail. More generally, the cursory style of judgments in the French-Egyptian tradition is itself a factor standing against a larger role of the courts in developing the principle. Some core elements of good faith (such as the duty to cooperate and the principle of protecting the subject matter of a contract) will likely remain part of it. However, there is a tendency to go for the lowest common denominator as regards the extent of doctrines arising out of good faith.

Fourthly, there will be some adaptations of the principle under the influence of Common Law. In particular, the conceptual position of good faith as an 'ancillary duty' or 'performance obligation' is likely to all but disappear. Even leaving aside German law with its rigid conceptual distinction between implied terms and ancillary duties, already the comparison of French, Egyptian and UAE law shows a blurring of the concept. Publications from a Common Law background introduce the analogy of the 'implied term' which is likely to become the dominant way of picturing good faith.

This raises the question how strongly the principle is positioned vis-à-vis attempts to contract out of it. English law knows several grades of implied terms. For example, an implication can take the form of a mere presumption, an 'implication in fact' (i.e. an assumption of what the parties intended) or an 'implication in law'.[118] In relation to good faith in English law, Landbrecht has shown that this classification matters. While the court in *Yam Seng* found there to be a duty of good faith in English law, this was circumscribed by being merely of the nature of a factual implication, that would be displaced by any evidence of the parties' true intention. In the case of a cursory contract like in *Yam Seng* good faith could be implied, but any more detailed contractual framework would severely limit its application.[119] The DIFC Contract Law puts good faith in terms of a legal implication, giving it a relatively strong position, but one that still at least evokes the possibility of contracting out of it, merely by being a contract term.

Lastly, there is the Islamic law element of good faith. The development of the principle shows very few Islamic law elements at a structural level, as Islamic law is normally seen more firmly on the side of emphasising the strict contractual obligation.[120] The use of the term *nīya* in the modern civil codes has largely not led to the import of religious connotations that come with this concept in the area of the *ʿibādāt*. Islamic law, however, has a strong position as a *justificatory formant*

---

118 For example of the kind implied by the Supply of Goods and Services Act 1982.

119 Landbrecht, J., 'Treu Und Glauben im englischen Vertragsrecht. Wie Fußball die Welt des englischen Rechts verändert' (2013) 9 Recht der internationalen Wirtschaft, pp. 592, 597–598.

120 Saleh, N., 'The Role of Intention (Niyya) Under Saudi Arabian Hanbali Law' (2009) 23 Arab Law Quarterly, 347.

or *purported explanation* of the background of the legal rule, rather than as an *operative formant*. In this regard, a review of good faith confirms the observations Kilian Bälz has made in other areas of law.[121]

There is a tendency to dismiss justificatory references as without relevance to the real operation of the law. Yet, Sacco has warned of disregarding the significant impact justifications or explanations can have on the development of a law. By linking a particular law to a different legal area, or to a philosophy or set of beliefs, the development of that law and the strictures of its future interpretation are affected. As an example, Sacco refers to the French law explanation for the authority of a 'mistaken heir', which uses the principles of agency, an explanation that immediately imports into the area of succession law the entire field of the law of agency, including a detailed set of rules regulating the rights of a good faith third party.

Taking the example of good faith in the UAE, there are clear signs of concrete effects of this 'Islamic explanation'. For example, they affect the question whether a duty of good faith can be implied into contracts that pre-date the UAE Civil Code of 1985. An assumption that good faith derives from or is contained in Islamic law immediately affects that question and leads to good faith applying to obligations that pre-date the UAE Civil Code. This author is not aware of any court decision on that particular point, but has heard this opinion from practitioners in the region, and was shown legal materials where this question was relevant to a case.

Another example of this effect appears in private international law and concerns the question whether under applicable conflict of law rules the good faith duty would be part of the UAE's *ordre public* and would, for example, be applied to a contract under English law. In the view of this author this would likely be the case in view of the central constitutional position of Islamic law,[122] the laws on court organisation and court powers that provide for the application of Islamic law as a subsidiary source,[123] and the general religious prestige this explanatory formant gives to good faith.

The Islamic law explanation also has a bearing on how the principle of good faith will fare in the future, and might well lead to its increased use. In the context of the Arab Spring and its effect on commercial contracts Kilian Bälz – while doubting that there will be substantive changes to the commercial laws or a direct application of Islamic law – nevertheless notes that there might be an emphasis

---

121 Bälz, Das Versicherungsvertragsrecht in den arabischen Staaten (n 11), see his chapter Zusammenfassung.

122 Article 7 of the UAE Constitution.

123 Section 8 Federal Courts Law and section 75 Supreme Court Law.

on Islamic rules in that judges might "*increasingly use their margin of discretion, in particular when applying the concept of ordre public, towards an interpretation closer to Islamic rules.*"[124]

It is submitted that good faith, as a general clause (*Generalklausel*) that to a degree has to be filled by judicial discretion, is another example for where this phenomenon might appear. The fact that good faith is perceived as having an Islamic source might well lead to its increased use. Equally, the positive moral connotation of good faith that goes with this attribution to Islamic law is also a factor that can lead to its increased utilisation. Whether this will have an effect on the material substance of the good faith rule is an open question. While it is certainly possible that judges might start to interpret good faith by recourse to material Islamic law rules, the principle of good faith, despite what the publications of Western law firms suggest, is by no means an open principle but goes with a wealth of jurisprudence and academic commentary (both in Egyptian and in French law). This makes it more difficult for a judge to alter the material content of the principle. A relevant factor in this regard is also the education of judges who, at least in the civil courts, rarely have a religious university education, but were educated in faculties of law, and who in the past hailed very often from other Middle Eastern countries, in particular Egypt. It remains to be seen how the move towards native Emirati judges affects this. Again, at least in the civil courts this will unlikely lead to judges with a purely religious education. While the emphasis on Islamic law is stronger in UAE universities than it is in Egypt, the basic tenet of a lawyer's training remains Egyptian style civil law. Equally open are the repercussions of the fact that many of the UAE educated lawyers have also taken courses in the Common Law and are exposed to the mixed legal surrounding outlined above. In summary, this author, while seeing the potential for the import of some Islamic rules into the good faith principle, is sceptical about the degree to which this is likely.

What remains clear, however, is that the Islamic source (as a *justificatory formant*) has the potential for raising the profile of the principle of good faith within UAE law, of enhancing its prestige and, in more concrete terms, the extent to which courts will refer to it in the future. In this regard, the concept of good faith has a good potential to retain its central position in the laws of the Middle East, and even to gain further stature going forward.

---

124 Bälz, K., 'Die Anerkennung Und Vollstreckung von ausländischen Urteilen und Schiedssprüchen in den arabischen Staaten Nordafrikas' (2013) 9 Recht der internationalen Wirtschaft, 55.

RA Dr. Osman Sacarcelik, M.A.

Neuere Entwicklungen im Recht der Kapitalgesellschaften in Qatar

I. Einleitung

Das Emirat Qatar, das zu den reichsten Ländern der Welt gehört, hat in den vergangenen Jahren zahlreiche Wirtschaftsrechtsreformen angestrengt, nicht zuletzt um den selbstgesteckten Zielen[1] einer diversifizierten, wettbewerbsfähigeren und investitionsfreundlicheren Wirtschaftsordnung Rechnung zu tragen.

Das Land ist schon seit einiger Zeit bestrebt, die Einnahmen aus dem Öl- und Gasgeschäft in den Aufbau neuer Wirtschaftszweige zu investieren, Infrastrukturprojekte zu fördern und zentrale Wirtschaftsbereiche wie den Finanz- und Immobiliensektor auszubauen. Auch durch die Ausrichtung internationaler Großereignisse, wie etwa der geplanten FIFA WM 2022, möchte sich das Emirat stärker für ausländische Investoren öffnen.

Die Steuerrechtsreform[2] im Jahre 2009, mit der u.a. ein Pauschalsteuersatz für ausländische Unternehmen eingeführt wurde sowie die Änderungen im Investitionsgesetz von 2010[3], das weitreichende Liberalisierungen beinhaltet, standen ebenfalls unter dem Ziel, verstärkt ausländische Investitionen zu fördern.

Insoweit war bereits die Errichtung des Qatar Financial Center (QFC)[4] im Jahre 2005 ein wichtiger Meilenstein. Das QFC ist ein internationales Finanzzentrum, das über ein dem englischen Common Law nachgebildetes eigenes Sonderrechtsregime verfügt.[5] Auch die Aufsichtsstruktur und das Justizwesen[6] sind von der

---

1 Zu den wirtschaftspolitischen Zielen siehe etwa Ministry of Development Planning and Statistics: Qatar National Vision 2030, abrufbar unter: http://www.gsdp.gov.qa/portal/page/portal/gsdp_en/qatar_national_vision/qnv_2030_document (zuletzt abgerufen: 20.01.2015).

2 Vgl. Gesetz Nr. 21/2009.

3 Gesetz Nr. 13/2000, zuletzt geändert durch Gesetz Nr. 1/2010.

4 Das Qatar Financial Center wurde durch das QFC Gesetz Nr. 7/2005 geschaffen.

5 Vgl. zum strukturell ähnlichen Dubai International Financial Centre die Untersuchung von Grapentin, S., Dichotomie zweier Rechtsordnungen: Das Dubai International Financial Centre. In: Heckel, M. (Hrsg.), Rechtstransfer. Beiträge zum Islamischen Recht VIII, S. 131–146.

6 Zur Gerichtsstruktur des QFC McNair Chambers, The QFC Civil and Commercial Court, abrufbar unter: http://www.mcnairchambers.com/media/documents/201103/

nationalen Finanzaufsicht und der Justiz weitgehend unabhängig. Die Einführung eines weitgehend verselbständigten Parallelsystems führte in rechtsdogmatischer und rechtspraktischer Hinsicht zu einem interessanten Rechtsdualismus, der jedoch nicht frei von Friktionen geblieben ist.

In die Reihe der jüngeren Wirtschaftsrechtsreformen reiht sich schließlich auch der Gesetzentwurf zur Reform des Commercial Company Law 2002 (*qānūn aš-šarikāt at-tiğārīya*) aus dem Jahr 2013 ein, der Gegenstand der vorliegenden Untersuchung ist.

Angesichts der relativ überschaubaren Quellenlage wurde für die Zwecke der vorliegenden Untersuchung eng am Wortlaut des Gesetzentwurfs und des geltenden Commercial Company Law 2002 gearbeitet. Es handelt sich also primär um eine textbezogene Analyse. Dass die Rechtswirklichkeit in den arabischen Golfländern vielfach auch von der Rechtsprechung und vor allem der Kautelarpraxis „geformt" wird und im Einzelfall vom kodifizierten Recht abweichende Ergebnisse gezeitigt werden können, dürfte insbesondere Juristinnen und Juristen, die mit den Rechtspraktiken in der Region vertraut sind, durchaus bekannt sein. Mit dieser Feststellung soll jedoch kein Vorwurf verbunden werden. Denn die genannte Dichotomie zwischen geschriebenem und gelebtem Recht ist allgemein anerkannt.

Im Folgenden soll einleitend zunächst ein kurzer Überblick über die Gesellschaftsformen des geltenden qatarischen Gesellschaftsrechts geboten werden (siehe II.). Nach dieser „Bestandsaufnahme" werden Genese und Ziele der Reform des Commercial Company Law 2002 dargestellt (III.). Anschließend werden die Struktur des Gesetzentwurfs und die wesentlichen inhaltlichen Änderungen, die der Gesetzentwurf vorsieht, einer kritischen Analyse unterzogen (IV.). Dabei werden einzelne Aspekte im rechtsvergleichenden Zugriff beleuchtet. Hierzu wird nicht nur deutsches Gesellschaftsrecht in die Betrachtung einbezogen, sondern auch das Recht des QFC, das für Unternehmen, die im QFC registriert sind, vom nationalen Recht abweichende Sonderregelungen trifft. Außerdem wird als Vergleichsmodell das neue kuwaitische Gesellschaftsrecht pars pro toto für die Gesellschaftsrechtsordnungen des arabischen Rechtskreises herangezogen. Im Fazit (V.) gilt es, auf die abschließende Frage einzugehen, ob und inwieweit die Reformziele erreicht wurden oder nicht.

McNair_QFC_Court_Guide_Second_Edition_September_2010.pdf (zuletzt abgerufen: 20.01.2015).

II. Überblick über die Gesellschaftsformen

Das „Recht der Handelsgesellschaften“ ist im Gesetz Nr. 5/2002 geregelt. Das Commercial Company Law 2002 (nachfolgend: CCL) wurde erstmals im Jahre 1981 verabschiedet[7] und zuletzt im Jahre 1998 geändert.[8] Das Gesellschaftsrecht Qatars beruht, wie die Zivilrechtsordnungen in den meisten arabischen Golfstaaten[9], auf ägyptischem Vorbild und ist daher mittelbar auch vom französischen Recht inspiriert. Allerdings stellt es kein bloßes „Abbild“ des ägyptischen Gesellschaftsrechts dar. Vielmehr konnte sich das qatarische Gesellschaftsrecht teilweise vom ägyptischen „Mutterrecht“ emanzipieren. Diese Entwicklung wird durch die geplante Reform weiter fortgesetzt.

Nachfolgend werden die wichtigsten der im geltenden CCL kodifizierten Gesellschaftsformen skizziert.

1. Personengesellschaften

Die einfachste Form der Personengesellschaft ist die Joint Company (Art. 19 ff. CCL), die auch als General Partnership bezeichnet wird, und zu ihrer Gründung mindestens zwei Gesellschafter erfordert. Für die Verbindlichkeiten der Gesellschaft haften die Gesellschafter unbeschränkt mit ihrem Privatvermögen. Diese Gesellschaftsform ist mit der BGB-Gesellschaft vergleichbar.

Zu den Personengesellschaften zählt ferner die Limited Partnership (Art. 44 ff. CCL), die durch ein besonderes Haftungskonzept gekennzeichnet ist, das dem einer Kommanditgesellschaft ähnlich ist. Für die Verbindlichkeiten der Gesellschaft haftet mindestens ein Gesellschafter unbeschränkt (joint partner), während die anderen Gesellschafter (silent partner) nur beschränkt haften.

2. Kapitalgesellschaften

Die Limited Liability Company (LLC) und die Joint Stock Company (JSC) sind Kapitalgesellschaften. Während erstere mit der deutschen GmbH vergleichbar ist, bildet die Joint Stock Company die Aktiengesellschaft des qatarischen Rechts. Wie

---

7 Gesetz Nr. 11/1981.

8 Gesetz Nr. 9/1998.

9 Vgl. etwa zum Zivilrecht der VAE und seinen ägyptischen Wurzeln Bälz, K., Europäisches Privatrecht jenseits von Europa? Zum fünfzigjährigen Jubiläum des ägyptischen Zivilgesetzbuches (1948). In: Zeitschrift für Europäisches Privatrecht (ZEuP), München 51/2000, S. 51–77; Krüger, H., Vermögensrechtliche Privatrecht und Shari'a am Beispiel der Vereinigten Arabischen Emirate. In: Zeitschrift für Vergleichende Rechtswissenschaft (ZVglRWiss), Frankfurt am Main 97/1998, S. 360–386.

im deutschen Recht ist für beide Kapitalgesellschaften kennzeichnend, dass nicht die Gesellschafter persönlich haften, sondern lediglich das Gesellschaftsvermögen den Gesellschaftsgläubigern als Haftungssubjekt zur Verfügung steht. Eine Sonderform ist die als Einmann-Gesellschaft konzipierte Single Person Company, die durch das Gesetz Nr. 16/2006 eingeführt wurde.

Keine Erwähnung findet im Commercial Company Law 2002 die im qatarischen Zivilgesetzbuch positivrechtlich normierte *muḍāraba*, eine Rechtsfigur des tradierten islamischen Rechts, die funktionell mit der stillen Gesellschaft bzw. der Kommanditgesellschaft vergleichbar ist. Dieser Umstand könnte möglicherweise dazu führen, dass eine *muḍāraba*, die zwischen zwei Gesellschaftern gegründet ist (und am Rechtsverkehr teilnimmt), einerseits von den zivilrechtlichen Regeln erfasst wird, gleichzeitig aber auch als Gesellschaft i.S.d. Commercial Company Law qualifiziert und daher auch als solche behandelt wird.

a) *Limited Liability Company (LLC)*

Die LLC, die in Art. 225 ff. CCL geregelt ist, besteht aus mindestens zwei Gesellschaftern. Der Gesellschafterkreis ist auf höchstens 50 Gesellschafter begrenzt. Das gesetzliche Mindestkapital beträgt 200.000 QR. Der Firmenname muss zwingend den Zusatz „Company with Limited Liability" enthalten. Die Rechtsfähigkeit erlangt die LLC erst mit Eintragung ins Handelsregister. Die Beteiligung ausländischer Gesellschafter an der LLC ist auf höchstens 49% des Gesellschaftsanteils beschränkt. Im Einzelfall kann jedoch beim Ministerium für Handel und Wirtschaft (Ministry of Business and Trade) auf Antrag eine Ausnahmegenehmigung für eine höhere Beteiligung eingeholt werden.

b) *Joint Stock Company*

Bei Aktiengesellschaften, die in Art. 61 ff. CLL geregelt sind, wird danach unterschieden, ob es sich dabei um eine sog. geschlossene oder öffentliche Aktiengesellschaft handelt. Für geschlossene Aktiengesellschaften ist ein Mindestkapital von 2 Millionen QR gesetzlich vorgeschrieben. Außerdem muss sie aus mindestens fünf Gesellschaftern bestehen. Für öffentliche Aktiengesellschaften gilt hingegen ein höheres Mindestkapital von 10 Millionen QR. Handelt es sich um eine börsennotierte Aktiengesellschaft, gilt ein gesetzliches Mindestkapital von 40 Millionen QR. Es müssen zudem mindestens 30 Gesellschafter an der Gesellschaft beteiligt sein.

Nach Art. 66 CLL bedarf die Gründung einer Joint Stock Company der Genehmigung durch das Ministerium für Handel und Wirtschaft. Die Satzung (articles of association) und die Gründungsstatuten (statute), die der gesetzlich vorgeschriebenen Form (Art. 65 und 69 CLL) entsprechen müssen, sind im Rahmen einer Vorabprüfung dem Ministerium zur Genehmigung vorzulegen. Innerhalb einer Frist von 60 Tagen wird über die Genehmigung der Aktiengesellschaft entschieden (Art. 72 CLL). Rechtsfähigkeit erlangt die Aktiengesellschaft erst nach Bekanntmachung der Gesellschaftsgründung und der Veröffentlichung der Satzung im Amtsblatt sowie der Eintragung im Handelsregister (Art. 75 CLL). Der Firmenname muss zwingend den Zusatz „Qatari Shareholding Company" enthalten. Organe der Aktiengesellschaft sind der Vorstand (board of directors) und die Hauptversammlung (general assembly), die die Mitglieder des Vorstands wählt.

Eine Sonderform der Aktiengesellschaft ist die sog. „Article 68 company". Wesentliches Merkmal dieser Sonderform ist, dass neben einer „privaten" Beteiligung zwingend eine staatliche Beteiligung vorgesehen ist. Ausländische Gesellschafter können sich an dieser Gesellschaft mit einer Minderheitsbeteiligung von maximal 49% beteiligen. Eine höhere Beteiligungsquote ist mit einer Ausnahmegenehmigung zulässig. Eine weitere Besonderheit dieser Aktiengesellschaft liegt darin, dass die Satzung weitgehend frei ausgestaltet werden kann. So kann durch Satzung etwa die Anwendbarkeit einzelner, auch zwingender, Vorschriften des CCL gesellschaftsvertraglich ausgeschlossen werden.

III. Genese und Ziele der Reform

Der Gesetzentwurf zur Reform des Commercial Company Law 2002 wurde am 14. Januar 2013 vom Ministerium für Handel und Wirtschaft vorgelegt.

Hauptziele der Reform sind nach Angaben des Ministeriums insbesondere die Modernisierung des Gesellschaftsrechts unter Berücksichtigung international anerkannter Standards.[10] Gesellschaftsgründungen sollen durch die Novelle erleichtert und insgesamt bestehende Hürden abgebaut werden. Der Entwurf des Gesetzentwurfs wurde durch eine Kommission ausgearbeitet, an der neben dem Ministerium für Handel und Wirtschaft, das Finanzministerium, das Justizministerium, die Zentralbank, die Finanzaufsichtsbehörde (Qatar Financial Markets Authority), das Generalsekretariat des Ministerrates, der Amiri Diwan sowie andere Fachgremien und Experten staatlicher Einrichtungen beteiligt waren.

Bemerkenswert ist, dass zwar eine öffentliche Konsultation durchgeführt wurde. Allerdings war die hierfür eingeräumte Frist von weniger als zwei Wochen angesichts der weitreichenden Änderungen etwas knapp bemessen. Ob bzw. in welchem Umfang die Marktteilnehmer im Rahmen dieser öffentlichen Konsultationsrunde zum Gesetzentwurf Stellung genommen haben, kann mangels öffentlich zugänglicher

---

10 Siehe http://www.mbt.gov.qa/English/Pages/HomePageNewsDetails.aspx?NewsId=178 (zuletzt abgerufen: 20.01.2015).

Informationen nicht beurteilt werden. Ergebnisse dieser Konsultation waren für den Verfasser zumindest nicht öffentlich zugänglich. Unklar ist etwa auch, ob und inwieweit die jüngsten Gesellschaftsrechtsreformen in den Vereinigten Arabischen Emiraten und in Kuwait, die eine ähnliche Zielrichtung wie das Reformprojekt in Qatar verfolgen, die geplante Gesellschaftsrechtsnovelle in Qatar beeinflusst haben. Diese Frage erscheint deshalb berechtigt, weil die Reformen wegen rechtskultureller und strukturell-ökonomischer Ähnlichkeiten dieser Länder eine gute Vergleichsgrundlage bieten. Erwähnenswert ist in diesem Zusammenhang, dass das am 29. November 2012 in Kraft getretene kuwaitische Company Law (Gesetz Nr. 25/2012) kurze Zeit später in Folge kontrovers geführter öffentlicher Debatten durch ein Änderungsgesetz, das am 27. März 2013 in Kraft trat, geändert werden musste.[11] Auch dem Gesetz Nr. 02/2015 in den VAE, das am 31. März 2015 im Gesetzblatt veröffentlicht wurde, waren langjährige Diskussionen vorausgegangen.

Dass in Qatar eine öffentlich wahrnehmbare Debatte, soweit erkennbar, nicht stattfand, mag u.a. daran liegen, dass die wichtigsten Unternehmen des Landes staatlich dominiert sind und der Privatsektor eher schwach ausgeprägt ist.

Das geplante Gesetz ist bisher nicht in Kraft getreten. Das weitere Procedere wurde bisher nicht öffentlich kommuniziert. Ob der Gesetzentwurf in der aktuellen oder modifizierten Form weiterverfolgt wird, kann daher nicht abschließend beurteilt werden.

IV. Struktur des Gesetzentwurfs und Inhalt wesentlicher Änderungen

Gemäß Art. 2 der Präambel des Gesetzentwurfs soll das Commercial Company Law 2002 durch das neue „Artikelgesetz“ vollständig ersetzt werden. In Art. 3 der Präambel ist für die Anpassung der Satzungen an die neuen Vorschriften eine Übergangsfrist von sechs Monaten nach Inkrafttreten des Gesetzes vorgesehen. Eine Fristverlängerung wird vorbehalten. Art. 4 der Präambel ist eine Art „Ermächtigungsgrundlage“ für Durchführungsbestimmungen durch die zuständigen Exekutivorgane.

1. Struktur des Gesetzentwurfs

Die Struktur des Gesetzentwurfs orientiert sich im Wesentlichen an der bestehenden Struktur des Commercial Company Law 2002.

---

11 Zum neuen kuwaitischen Company Law siehe etwa Betto, E., The New Company Law of Kuwait: A Small Step for Humankind, a Giant Leap for Kuwait. In: International Business Law Journal (IBLJ), London 6/2013, S. 559–575.

Das Gesetz ist in einen allgemeinen Teil (general provisions) und einen besonderen Teil unterteilt, der aus insgesamt 12 Abschnitten (titles) besteht. Der Gesetzentwurf enthält insgesamt 340 Artikel.

Nach einer einführenden Begriffsdefinition in Art. 1 des Gesetzentwurfs (nachfolgend: CCL-E), folgt in Art. 2 CCL-E eine Legaldefinition der Gesellschaft, die in der englischen Übersetzung wie folgt lautet:

> A commercial company is a contract by which two natural or legal persons or more carry out a profit making project, by offering in cash or kind contributions and dividing the profit or loss resulting from the same among them.

Die Einmanngesellschaft stellt, wie in Satz 2 klargestellt wird, eine Ausnahme von diesem Grundsatz dar.

Wie im deutschen Gesellschaftsrecht kennt auch das Gesellschaftsrecht Qatars einen *numerus clausus* zulässiger Gesellschaftstypen, die in Art. 4 CCL-E aufgeführt werden. Dieser Grundsatz kommt ausdrücklich in der Regelung des Art. 5 CCL-E zum Ausdruck. Danach sind Gesellschaften, die nicht unter eine gesetzlich geregelte Form fallen, nichtig. Die Regelung, wonach eine Handelsrechtseintragung konstitutiv für die Rechtsfähigkeit einer Gesellschaft ist, findet sich in Art. 8 CCL-E. In Art. 9 und 10 CCL-E werden die zulässigen Einlageformen normiert.

Im besonderen Teil finden sich ausführliche Regelungen, die die einzelnen Gesellschaftsformen betreffen. Die wesentlichen Änderungen, die sich gegenüber dem geltenden Commercial Company Law 2002 ergeben sollen, werden unten näher dargestellt.

Der zehnte Abschnitt enthält übernahme- und umwandlungsrechtliche Regelungen (transformation, merger, acquisition und partition). Im elften Abschnitt wird die Liquidation (dissolution) von Gesellschaften normiert. Im zwölften Abschnitt ist die allgemeine Aufsicht (monitoring) über Kapitalgesellschaften – und interessanterweise auch Joint Ventures, die keine Gesellschaften sind – verankert (Art. 323 CLL-E). Der Abschnitt enthält auch Vorschriften über administrative Sanktionsmechanismen, denen sich das Ministerium für Handel und Wirtschaft als zuständige Aufsichtsbehörde bei Verstößen gegen die Vorschriften des geplanten Commercial Company Law bedienen kann. Diese Instrumente reichen von Verwarnungen bis hin zu hohen Geldbußen gegen die Gesellschaft. Bemerkenswert ist, dass auch gegen einzelne Vorstandsmitglieder vorgegangen werden kann. So kann ihnen etwa verboten werden, eine Vorstandsfunktion auszuüben.

Der dreizehnte und letzte Abschnitt enthält Straftatbestände, die für bestimmte, im Einzelnen aufgeführte Straftatbestände, auch eine Haftstrafe vorsieht.

2. Wesentliche Änderungen

Der Gesetzentwurf enthält neben redaktionellen Änderungen zum Teil wichtige inhaltliche Neuerungen und Abweichungen gegenüber dem geltenden Commercial Company Law 2002.

a) Single Person Company

Zunächst ist festzuhalten, dass die Single Person Company als Einmann-Gesellschaft nach der Neuregelung keine eigenständige Gesellschaftsform mehr ist, sondern als Unterform der Limited Liability Company behandelt wird. Daher sind die für die Limited Liability Company geltenden Normen auch auf die Single Person Company anwendbar.

Die Single Person Company entspricht damit im Wesentlichen einer im Qatar Financial Center registrierten LLC, die schon immer als Einmanngesellschaft ausgestaltet werden durfte.

b) Mindestkapitalisierung der LLC

Eine der wohl weitreichendsten Neuregelungen ist die Aufhebung der nominell festen Mindestkapitalpflicht für die Limited Liability Company (Art. 235 CLL-E) und die nicht börsennotierte private Aktiengesellschaft (Art. 65 CLL-E). Statt einer gesetzlich festgelegten und betragsmäßig fixierten Mindestkapitalisierung sieht der Gesetzentwurf eine „flexible“ Mindestkapitalisierung vor. Es wird eine Pflicht zur Vorhaltung eines am Gesellschaftszweck ausgerichteten „adäquaten Mindestkapitals“ vorgesehen:

> The company's capital shall be sufficient to accomplishing the purpose behind its establishment.

Auf den ersten Blick scheint die Abschaffung der nominell festen Mindestkapitalpflicht dem vom Reformgeber intendierten Zweck der Erleichterung von Gesellschaftsgründungen zu dienen. Denn bei der Wahl der Gesellschaftsform spielt das einzuzahlende Mindestkapital gerade für kleinere Unternehmen sicherlich eine nicht zu unterschätzende Rolle. Allerdings darf die Flexibilisierung der Mindestkapitalpflicht nicht notwendigerweise mit einer Herabsetzung des gesetzlichen Mindestkapitals gleichgesetzt werden. Denn die „Angemessenheit“ kann gerade auch zu einer – im Vergleich zur geltenden nominellen Mindestkapitalpflicht – weitaus höheren Mindestkapitalpflicht führen, zumal im Gesetzentwurf keine Obergrenze vorgesehen ist.

Insgesamt bleibt unklar, wie der unbestimmte Rechtsbegriff der „Angemessenheit“ vom Rechtsanwender genau zu verstehen ist. Mit der vermeintlichen

Flexibilisierung geht damit eine gewisse Rechtsunsicherheit einher, die für das vom Reformgeber vorgegebene Ziel kaum förderlich sein kann.

Für Unternehmen, die im Qatar Financial Center registriert sind (QFC entities) und der Aufsicht der Qatar Financial Center Regulatory Authority unterliegen, gilt eine gestufte Mindestkapitalisierungspflicht. Das gesetzliche Mindestkapital richtet sich nach der Art des aufsichtspflichtigen Geschäfts.

In ähnlicher Weise könnte zwar der Gesetzgeber einen (Kriterien-)katalog zur Bestimmung des adäquaten Mindestkapitals bei LLCs einführen. Es ist aber nicht auszuschließen, dass auch ein solcher Kriterienkatalog, der beispielsweise branchen- oder kennziffermäßig definierte Regelbeispiele enthält, diese Unsicherheit zufriedenstellend beheben kann. Auch bei Aufstellung fester Kriterien wären Abgrenzungsschwierigkeiten im Einzelfall unvermeidbar. Diese Schwierigkeiten gibt es zwar auch im Bereich regulierter Aktivitäten. Allerdings gibt es im Aufsichtsrecht ausdifferenzierte Regeln zur Einordnung und Abgrenzung des jeweiligen aufsichtspflichtigen Geschäfts. Ein vergleichbares Regelwerk, dass sämtliche Unternehmenstätigkeiten hinreichend konkret typisiert, wäre eine praktisch kaum handhabbare Lösung, zumal viele Unternehmen sich nicht nur auf einen konkreten Wirtschaftsbereich beschränken, sondern unterschiedliche Aktivitäten ausüben. Ein derartiger Kriterienkatalog könnte auch eine nicht zu unterschätzende Umgehungsgefahr zulasten des Gläubigerschutzes nach sich ziehen. Denn Unternehmen könnten geneigt sein, unzutreffende Angaben zum Unternehmenszweck zu machen, um in eine Unternehmenskategorie eingeordnet zu werden, für die eine niedrigere Mindestkapitalisierung vorgeschrieben ist.

Denkbar wäre auch, dass dem einzelnen Unternehmen – etwa im Wege eines verbindlichen Verwaltungsakts durch die Registerbehörde – nach eingehender behördlicher Prüfung eine nominell zu erfüllende Mindestkapitalisierung zugewiesen wird. Dadurch könnte zwar eine zuverlässige, wenn auch möglicherweise anfechtbare, Zuordnung erreicht werden. Diese Art der Kategorisierung und Zuweisung würde jedoch entweder zu einer unübersichtlichen Fragmentierung der nominellen Mindestkapitalpflicht oder einer faktischen Weitergeltung einer einheitlichen nominellen Mindestkapitalpflicht führen.

Außerdem ist auch zu bedenken, dass sich die Unternehmensaktivitäten im Laufe der Zeit verändern können. Daher wäre eine dynamische Anpassung – auch mit Blick auf den Gläubigerschutz – logische Folge einer flexibel ausgestalteten Mindestkapitalisierungspflicht.

All dies würde aber zu weiteren schwer beherrschbaren Unzulänglichkeiten führen.

c) Aktiengesellschaften

aa) Mindestanzahl der Gründungsgesellschafter

Die für die Gründung einer Aktiengesellschaft erforderliche Mindestanzahl von fünf Gesellschaftern wurde in Art. 67 CCL-E zwar beibehalten. Allerdings sieht der Gesetzentwurf Ausnahmetatbestände vor. Die Gründerzahl kann weniger als fünf betragen, wenn die Aktien der Gesellschaft innerhalb von 60 Tagen nach ihrer Gründung zur Zeichnung öffentlich angeboten werden. Gelingt es der Gesellschaft innerhalb dieser Frist nicht, ihre Aktien zu platzieren, wird die Gesellschaft ipso iure in eine LLC umgewandelt und muss ihre Satzung entsprechend ändern (Art. 67 CCL-E).

Eine Ausnahme von der Mindestgesellschafteranzahl gilt generell für Aktiengesellschaften, die entweder zu 100% in staatlicher Hand sind oder an der eine Gesellschaft beteiligt ist, die zu 51% dem Staat gehört.

bb) Board of Directors

Die Höchstzahl der Mitglieder des Vorstands einer Aktiengesellschaft (board of directors) wurde geringfügig von elf auf zehn Mitglieder herabgesetzt. Die reguläre Amtszeit der Vorstandmitglieder soll nach wie vor drei Jahre betragen. Unverändert geblieben ist die Begrenzung von Vorstandsmandaten. Nach Art. 99 CLL-E dürfen Vorstandsmitglieder nicht in mehr als drei Gesellschaften gleichzeitig Vorstandsmitglied sein. Vorstandvorsitzende dürfen gleichzeitig nur in zwei Gesellschaften den Vorstandsvorsitz übernehmen.

cc) Corporate Governance

Anders als das kuwaitische Companies Law von 2012, das weitreichende Änderungen im Hinblick auf die Corporate Governance von Aktiengesellschaften eingeführt hat, bleibt der qatarische Gesetzentwurf in diesem Punkt deutlich hinter den Erwartungen zurück. Das monistische Board-System wurde nicht verändert. Es wurden auch nicht etwa die Rechte der Hauptversammlung (general assembly) erweitert.

Das kuwaitische Gesellschaftsrecht hat beispielsweise zu einer „Öffnung" des monistischen Board-Systems geführt, indem eine Separierung der Funktionen im Vorstand vorgenommen wurde. Im Unterschied zum früheren Recht wird im geltenden Companies Law Kuwaits zwischen dem Chairman of the Board of Directors und dem Chief Executive Officer differenziert (Art. 214 kuwaitisches Companies Law). Außerdem wurde die neue Funktion des Independent Director (Art. 218 kuwaitisches Companies Law) eingeführt.

Schließlich ist zu erwähnen, dass im kuwaitischen Companies Law ausdrücklich Corporate Governance Prinzipien ins Gesetz aufgenommen wurden (Art. 217). Corporate Governance Regeln wurden ergänzend durch die Kapitalmarktaufsichtsbehörde (Capital Markets Authority) eingeführt.[12] Diese Regeln müssen allerdings nur von Unternehmen eingehalten werden, die unter die Aufsicht der Kapitalmarktaufsichtsbehörde fallen.

dd) Gleichbehandlung von Aktiengesellschaften mit staatlicher Beteiligung

Eine wichtige Neuerung betrifft Aktiengesellschaften mit staatlicher Beteiligung (sog. Article 68 company). Die im Commercial Company Law 2002 vorgesehene Privilegierung von Aktiengesellschaften mit staatlicher Beteiligungsstruktur soll aufgehoben werden. Die Dispositivität zwingender Normen des Commercial Company Law soll damit künftig wegfallen. Folglich wird es Aktiengesellschaften mit staatlicher Beteiligung verwehrt sein, sich durch Satzungsregelungen im Wege eines „opt out" außerhalb des Geltungsrahmens des Commercial Company Law zu bewegen. Durch die Schaffung einheitlicher Regeln für Unternehmen mit staatlicher Beteiligung werden Wettbewerbsnachteile für „private" Unternehmen abgebaut.

Wie oben gezeigt, wurde jedoch keine Gleichbehandlung im Hinblick auf die zur Gründung der Aktiengesellschaft erforderlichen Mindestanzahl von fünf Gründungsgesellschaftern hergestellt.

ee) Unternehmensfinanzierung

Der zulässige nominelle Mindestnennwert einer Aktie wurde von 10 auf 1 QR herabgesetzt. Da auch die frühere Aktienstückelung keinen sehr hohen Nennwert aufwies, wird diese Maßnahme keine wesentlichen Auswirkungen etwa im Hinblick auf die Attraktivität der Aktie für Privatanleger haben. Es ist auch nicht zu erwarten, dass dadurch die Fungibilität der Papiere am Sekundärmarkt erhöht wird.

Während beispielsweise die kuwaitische Gesellschaftsrechtsreform eine Art genehmigte Kapitalerhöhung (authorised capital) ermöglicht und außerdem neue Aktiengattungen wie Vorzugsaktien (preferred shares), sog. Bonusaktien (bonus shares) und genussrechtsähnliche Aktien (profit shares) eingeführt hat (Art. 153 ff. kuwaitisches Companies Law), hält der qatarische Reformgeber an der „einfachen" Aktie fest und bringt keine erkennbaren Neuerungen im Bereich der Kapitalmaßnahmen. Eine Erweiterung der Aktienformen hätte zu einer Diversifizierung der Eigenkapitalfinanzierung von Aktiengesellschaften geführt. Die

---

12 Resolution 25/2013 vom 27. Juni 2013.

Möglichkeit einer bedingten oder genehmigten Kapitalerhöhung, wie sie etwa das deutsche Aktienrecht kennt (§§ 192 ff. und §§ 202 ff. AktG), hätte zu einer Flexibilisierung der Eigenkapitalbeschaffung geführt.

Eine gewisse Neuerung wird jedoch im Bereich der Fremdfinanzierung angestrebt. Nach Art. 182 CLL-E können Aktiengesellschaften durch Beschluss der Hauptversammlung handelbare Wertpapiere begeben, die in der englischen Übersetzung des Entwurfstextes Wertpapiere sind, „die im Einklang mit den Regeln der islamischen Scharia stehen" und gleichzeitig die für Schuldverschreibungen geltenden Voraussetzungen erfüllen. Gemeint ist nichts anderes als Sukuk. Dies ergibt sich ausdrücklich aus dem arabischen Wortlaut des Gesetzentwurfs. Der Begebung von Sukuk-Papieren würde rechtlich gesehen wohl auch ohne diese explizite Nennung nichts entgegenstehen, so dass die neue Vorschrift lediglich deklaratorischen Charakter hat. Der Einführung des neuen Tatbestands im Entwurfstext kommt daher eher symbolischer Charakter zu. Dadurch wird der zunehmenden Bedeutung von *ṣukūk* in der Finanzierungspraxis zusätzlich Rechnung getragen.

Anders als etwa im kuwaitischen Companies Law, das in Art. 15 zum Ausdruck bringt, dass ein Unternehmen auch als „schariakonformes Unternehmen" gegründet werden kann, „soweit der Unternehmenszweck und die Unternehmensaktivitäten mit den Grundsätzen der islamischen Scharia vereinbar sind", enthält der qatarische Gesetzentwurf keine weitere Bezugnahme auf das islamische Recht.

V. Fazit und Ausblick

Das Emirat Qatar hat sich bei der Reformierung des Gesellschaftsrechts ehrgeizige Ziele auf die Fahne geschrieben. Die Liberalisierung des Marktes, etwa durch die jüngste Reform des Investitionsgesetzes, das in großen Bereichen der Wirtschaft ausländische Beteiligungen an Gesellschaften bis zu 100% vorsieht, sollte durch die Novellierung des Commercial Companies Law fortgesetzt werden. Allerdings wurde statt einer Grunderneuerung ein eher halbherziger Versuch unternommen, punktuelle, wenngleich wichtige Änderungen durchzuführen.

Die Abschaffung der „traditionellen" Privilegien für staatlich dominierte Unternehmen ist zweifellos ein wichtiger Schritt für den Binnenwettbewerb. Die Gleichstellung kommt aber auch ausländischen Unternehmen zugute, die in Qatar operieren möchten. Ihnen wird der Marktzugang erleichtert.

Eine Marktzugangserleichterung sollte nach dem erkennbaren Willen des Reformgebers auch die Ersetzung der nominell festen Mindestkapitalpflicht für LLCs durch ein am Unternehmenszweck orientiertes „adäquates" Mindestkapital bewirken. Ob allerdings die vermeintliche Flexibilisierung der Mindestkapitalpflicht tatsächlich den gewünschten Effekt bringen wird, ist zu bezweifeln. Die „Zwischenlösung“ wirft nämlich eher neue ungeklärte Fragen auf, die mit großer Sicherheit auch die Praxis beschäftigen werden.

Es verwundert insgesamt, dass die zum Teil substantiellen und sehr weit reichenden Gesellschaftsrechtsreformen, die in der jüngeren Vergangenheit in den Nachbarländern Kuwait und VAE durchgeführt wurden, im qatarischen Gesetzentwurf kaum erkennbaren Niederschlag gefunden haben. Auch die jüngsten internationalen Rechtsentwicklungen, z.B. auf dem Gebiet der Corporate Governance, wurden im Entwurfstext kaum berücksichtigt.

Im Ergebnis bleibt festzuhalten, dass zwar die wenigen Neuerungen, wie etwa die Abschaffung der Privilegierung von staatlich dominierten Unternehmen, durchaus positiv zu bewerten sind. Der erhoffte große Reformwurf ist jedoch ausgeblieben. Ob der Reformgeber, der sich bezüglich des weiteren Fortgangs der Reform bisher in Schweigen hüllt, einen weiteren Anlauf unternehmen und einen Neuentwurf wagen wird, ist schwer vorauszusagen.

RA Dr. Christian Schultze, LL.M.

Produkthaftungsrecht in der arabischen Mutterrechtsordnung Ägypten

A. Einleitung

Ausgangspunkt für die Entwicklung des heutigen Produkthaftungsrechts waren und sind die Herausforderungen der industriellen Massenproduktion und moderner Vertriebsstrukturen. Das Produkthaftungsrecht ist in rechtlicher Hinsicht besonders interessant, da es in allen Rechtsordnungen ein recht junges und dynamisches Rechtsgebiet ist, das sich zudem in besonderem Maße international entwickelt hat.[1] Zugleich ist es praktisch und wirtschaftlich bedeutsam, da jedes Individuum in einer modernen Zivilisation zu eigentlich jeder Zeit Verbraucher ist. Die Frage nach der Haftung für dabei auftretende Schäden durch fehlerhafte Produkte ist sowohl für den Verbraucher als auch für den Haftungsadressaten von Bedeutung. Die Produkthaftung – darunter wird hier „die Haftung für durch fehlerhafte Ware verursachte Schäden" verstanden – nach ägyptischem Recht ist aus drei weiteren Gründen von besonderem Interesse.

Erstens hat die ägyptische Rechtsordnung auch in anderen arabischen Staaten vielfältigen Einfluss.[2] Denn die Zivilgesetzbücher zahlreicher anderer arabischer Staaten beruhen auf dem ägyptischen Zivilgesetzbuch (ZGB) von 1948 und auch in der Rechtspraxis findet zwischen den arabischen Staaten wegen der gemeinsamen Sprache ein reger Austausch statt.[3] Viele arabische Juristen werden in Ägypten ausgebildet; zudem praktizieren ägyptische Juristen in vielen anderen arabischen Ländern.[4] Beides sorgt für einen starken Einfluss auch der ägyptischen Rechtspraxis in der gesamten arabischen Welt.

Zweitens ist das Produkthaftungsrecht in Ägypten ein aktuelles Rechtsgebiet und wurde bislang kaum wissenschaftliche bearbeitet.[5] Eine ausdrückliche

---

1 Vgl. Katzenmeier, Chr., Entwicklungen des Produkthaftungsrecht. In: Juristische Schulung (JuS), München 2003, S. 943.

2 Vgl. Zweigert, K., Kötz, H., Einführung in die Rechtsvergleichung. Tübingen 1996, 3. Aufl., § 8, S. 109.

3 Vgl. Ballantyne, W. E., Essays and addresses on Arab laws. Richmond 2000, S. 265.

4 Vgl. ebenda.

5 Umfassend erstmals Schultze, Chr., Die zivilrechtliche Produkthaftung nach ägyptischem Recht. Frankfurt am Main u.a. 2013; vgl. aber die prägnante Darstellung von

Produkthaftungsanspruchsgrundlage gibt es seit der Neukodifizierung des Handelsgesetzbuches (HGB) im Jahr 1999. Seit 2006 gibt es zudem ein Verbraucherschutzgesetz (VSG), das erheblichen Einfluss auf die Praxis der ägyptischen Produkthaftung nimmt. Dabei wird es auch interessant sein, diese Entwicklungen rechtspolitisch einzuordnen, gerade mit Blick auf die Revolution zu Beginn des Jahres 2011. Ägypten richtet sich in wirtschaftlicher Hinsicht zwar seit längerem zunehmend liberal aus, jedoch hat es bis heute weder den zwischenzeitlich vorherrschenden ägyptischen Sozialismus noch den immer wieder aufkeimenden nationalistischen Protektionismus gänzlich überwunden. Die jüngsten Entwicklungen nach der Revolution zeigen zudem die weiterhin starken islamistischen Strömungen in Ägypten, nach welchen der Islam als ganzheitliche Religion im Grundsatz einzige Quelle für ein politisches System sein soll. Neben den aktuellen Gesetzgebungen ist das Thema der Produkthaftung in Ägypten deswegen interessant, weil es bisher wenig akademische Beachtung gefunden hat. Im Vergleich zum französischen und europäischen Recht wurden beide Rechtsgebiete allerdings von zwei algerischen Autoren behandelt.[6] Das neu kodifizierte HGB wurde zwar wiederholt untersucht,[7] zur hiesigen Themenstellung existieren aus Ägypten aber lediglich einige Kommentierungen[8] und im Übrigen nur der Kurzüberblick[9] von *H. L. Stovall* aus dem Jahr 2004.

Drittens ist Ägypten das bevölkerungsreichste arabische Land, das insbesondere von Deutschland aus zunehmend erschlossen wird, für das Ägypten bisher der drittgrößte arabische Absatzmarkt ist.[10] Neben dem Export nach Ägypten lassen zahlreiche deutsche Unternehmen ihre Güter in Ägypten produzieren, das wegen

---

Stovall, H. L. in Arab Law Quarterly (ALQ), London 19/2004, S. 277–285, ohne Berücksichtigung des VSG; sowie al-Hajj, M. A. al-Q., Die Haftung des Produzenten und Lieferanten (arab.). Kairo 2004, der das jemenitische Recht mit dem ägyptischen Recht vergleicht, ohne auf das HGB oder VSG einzugehen.

6 Vgl. Budali, M., Die Haftung des Herstellers für defekte Produkte: Vergleichende Studie zum französischen und algerische Recht. Algier 2005; Shahida, Q., Die zivilrechtliche Haftung des Herstellers für Produkte: Vergleichende Studie. Alexandria 2007.

7 Krüger, H., Neues Handelsgesetzbuch in Ägypten. In: Beiträge zum Islamischen Recht, Frankfurt am Main u.a. 2000, S. 29 ff.; Wilson, D., A new Commercial Code for Egypt. In: YIMEL, Leiden 2001, Bd. 6, 1999–2000, S. 88 ff.

8 Manshawi, A. al-H., Kommentar zum neuen Handelsgesetz. Alexandria 2005; etwas ausführlicher aber Ismail, M. ad-D., Kommentar: Das neue Handelsgesetz (arab.). Kairo 1999.

9 Stovall, H. L., ALQ, London 19/2004, S. 277–285.

10 Ghorfa – Arab-German Chamber of Commerce and Industry e.V., Wirtschaftshandbuch Ägypten. Berlin 2009, S. 38.

seiner geostrategisch einzigartigen Lage oft als Brückenkopf in die arabischen, afrikanischen und asiatischen Länder dient.[11] Die Wirtschaft dieses somit bereits beachtlichen Marktplatzes wächst außerdem kontinuierlich in beachtlichem Maß. Gerade der jährlich um etwa 4,5% zunehmende private Verbrauch ist eine der wesentlichen Stützen dieses Wachstums. Maßgeblichen Anteil daran hat wiederum eine zwar noch kleine, aber stetig wachsende Mittelschicht, deren Ansprüche an Qualität, insbesondere nach der zunehmenden Remigration aus fortschrittlicheren Golfländern,[12] westlichen Vergleichsmaßstäben nahe kommen. Die junge Bevölkerung steht zudem modernen Verkaufskonzepten, die sich durch die auch in Ägypten angekommene Globalisierung ergeben, aufgeschlossen gegenüber.[13]

Bei der Betrachtung des ägyptischen Produkthaftungsrechts ist auch die jüngere ägyptische Geschichte bedeutsam. Wenngleich der ägyptische Sozialismus nie so stark ausgeprägt war wie z.B. in der ehemaligen DDR, kam es Mitte des 20. Jahrhunderts unter Präsident Nasser auch in Ägypten zu einer weitgehenden Verstaatlichung der Industrie, die vielfach bis heute fortbesteht. Dadurch bestand in Ägypten insbesondere in der zweiten Hälfte des 20. Jahrhunderts kein Interesse an der Entwicklung eines modernen Verbraucher- und Produkthaftungsrechts:[14] Wo der Staat im Regelfall Beklagter sein wird, hat er wenig Interesse, die Klägerrechte zu stärken.

Ägypten ist zwar einer der ältesten Kulturstaaten der Welt, auf das heute geltende Recht hatten aber vor allem zwei Entwicklungen Einfluss. Erstens die Invasion der Araber 641 n. Chr., die unmittelbar nach der Eroberung begannen, in Ägypten das islamische Recht anzuwenden. Zweitens die Expedition Napoleons nach Ägypten im Juli 1798. Diese beiden Entwicklungen haben über Zwischenschritte dazu geführt, dass heute in Ägypten teilweise islamisches sowie teilweise französisches Recht gilt.[15] Hinsichtlich des Vermögensrechts gilt Ägypten daher mit

---

11 So lassen z.B. die Daimler AG in Lizenz zahlreiche LKW-Modelle durch ihre ägyptische Tochter MCV und die Siemens AG eigene Produkte im Bereich Energie- und Gesundheitstechnik in Ägypten produzieren.

12 Vgl. Abaza, M., The Changing Consumer Cultures of Modern Egypt. Kairo 2006, S. 288 f.

13 Vgl. ebenda, S. 22 ff.

14 Vgl. Weidlich, I., Das Recht des unlauteren Wettbewerbs in Ägypten. Köln, Berlin, Bonn, München 2003, S. 1 und S. 143 ff.

15 Bälz, K., Europäisches Privatrecht jenseits von Europa? Zum fünfzigjährigen Jubiläum des ägyptischen Zivilgesetzbuches. In: Zeitschrift für Europäisches Privatrecht (ZEuP), München 2000, S. 53; Hill, E., Mahkama! Studies in the Egyptian Legal System. London 1979, S. 47; S. 26; Schultze, Chr., Die zivilrechtliche…, a.a.O., S. 59 ff.

kleinen Ausnahmen als Teil des französischen Rechtskreises.[16] Wegen der weitgehenden vermögensrechtlichen Rechtseinheit in der arabischen Welt ist es freilich auch gerechtfertigt, von einem neuen, ägyptischen Rechtskreis zu sprechen.[17]

B. Praktische Bemerkungen zu den ägyptischen Rechtsquellen

Im Vergleich zur Lage in Deutschland gibt es in Ägypten vor allem in Bezug auf die tatsächliche Verfügbarkeit und Zugänglichkeit der Rechtsquellen deutliche Unterschiede.

1. Gesetzestexte

Bereits die ägyptischen Gesetzestexte selbst sind schwerer zugänglich als auf deutscher Seite. Zwar ist schon seit 2003 die Veröffentlichung von Gesetzgebung und Rechtsprechung auf einer elektronischen Datenplattform mit Unterstützung des United Nations Development Programme (UNDP) geplant. Bisher ist allerdings nicht abzusehen, wann diese tatsächlich umgesetzt wird. Bis dahin muss also auf herkömmliche Druckerzeugnisse zurückgegriffen werden, wobei die Gesetzestexte oft erst Monate nach Inkrafttreten öffentlich erhältlich sind. Meist muss abgewartet werden, bis kommerzielle und spezialisierte Druckbetriebe die Gesetzestexte publizieren. Inzwischen sind allerdings einige Gesetzestexte auch über eine Onlineplattform der Regierung zugänglich; von den hier relevanten Gesetzen trifft dies allerdings nur auf das VSG zu.

2. Rechtsprechung

Gerichtsurteile sind, wenn überhaupt, nur von den obersten Instanzen öffentlich erhältlich. Nach dem VSG sollen zwar auch die Entscheidungen der Verbraucherschutzbehörde in einem Journal erfasst werden, allerdings schreibt das Gesetz keine Bekanntgabe desselben vor. Das Kassationsgericht veröffentlicht zwar in einem eigenen Journal, jedoch nur sehr unregelmäßig und lückenhaft. Vielfach kann hier aber auf kommerzielle Rechtsprechungssammlungen einzelner Richter zurückgegriffen

16 Zweigert, K., Kötz, H., Einführung…, a.a.O., § 8, S. 109; Bälz, K., Das islamische Recht als Grundlage islamischer Rechtseinheit. In: Beiträge zum Islamischen Recht, Frankfurt am Main u.a. 2000, S. 51.

17 So Krüger, H., Das Zivilrecht der Staaten des ägyptischen Rechtskreises. In: Recht van de Islam 1997, S. 67 ff.; Scholz, P., Scharia in Tradition und Moderne – Eine Einführung in das islamischen Recht. In: Juristische Ausbildung (Jura), Berlin, New York 23(2001)8, S. 532.

werden. Die so erhältlichen Urteile sind allerdings oft erst mit über zehnjähriger Verzögerung verfügbar und erschöpfen sich zudem meist in einer Tatbestandsschilderung und einem Urteilstenor. Soweit dennoch Begründungen vorhanden sind, lassen diese selten erkennen, auf welchen Rechtsvorschriften sie beruhen. Die Anwaltskanzleien ihrerseits haben wenig Interesse an einer Veröffentlichung ihrer Fälle, da sie wohl einen Wettbewerbsvorteil sehen.

Zwar ist es dem Verfasser gelungen, einige relevante erstinstanzliche Urteile zu erhalten, jedoch haben diese wenig Aussagekraft, da sie keine Urteilsbegründung enthalten und zum anderen nicht absehbar ist, ob diese einer Berufung oder Revision standhalten würden. Einen höchstrichterlich entschiedenen, originär ägyptischen Produkthaftungsfall, vergleichbar dem deutschen „Hühnerpesturteil", konnte der Verfasser nicht ermitteln. Dies ist allerdings nicht nur wegen der bereits benannten Veröffentlichungspraxis, sondern auch aus einigen produkthaftungsspezifischen Gründen nicht verwunderlich: Soweit es um außervertragliche Produkthaftungsfälle geht, besteht oft wegen des Eingreifens von Haftpflichtversicherungen kein wirtschaftliches Interesse an einem Gerichtsverfahren. Wenn es um Produkthaftungsfälle zwischen Unternehmern geht, insbesondere wenn diese grenzüberschreitend sind, dürften die meisten im Rahmen von Schiedsverfahren entschieden werden, für die gerade die Vertraulichkeit eines der Hauptmotive ist. In Ägypten kommt zu der bereits benannten und wenig verbraucherfreundlichen Doppelstellung des Staates als Gesetzgeber und Regelbeklagter, dass es in Ägypten eine hohe Analphabetenrate und einen faktischen Anwaltszwang gibt, welcher vielfach abschreckend wirken dürfte.

C. Das Zivilgesetzbuch (Gesetz Nr. 131/1948)

Sowohl im vertraglichen Haftungs- als auch im Deliktsrecht orientiert sich Ägypten nicht nur in Bezug auf den Wortlaut, sondern auch bei der Auslegung an der französischen Praxis.[18] Daher stellt sich in Fällen, in denen zwischen Schädiger und Geschädigtem ein Vertrag besteht, die Frage, ob neben dem Vertragsrecht auch das Deliktsrecht als Anspruchsgrundlage dienen kann. Denn die französische Rechtsprechung hat für diese Fälle das Prinzip des *non-cumul* entwickelt, wonach zwischen Vertragsparteien nur vertragliche Anspruchsgrundlagen angewandt werden können, sofern der Schaden auf einem Vertragsbruch beruht.[19] In Ägypten sind

---

18 Bälz, K., Europäisches Privatrecht jenseits von Europa? Zum fünfzigjährigen Jubiläum des ägyptischen Zivilgesetzbuches. In: Zeitschrift für Europäisches Privatrecht (ZEuP), München 2000, S. 61.

19 Schley, M., Das französische Produkthaftungsrecht. Berlin 2001, S. 83 m.w.N. in Fn. 303.

die wohl überwiegende Literaturmeinung und die Praxis der Auffassung, dass der Gläubiger zumindest ein Wahlrecht zwischen den vertrags- und deliktsrechtlichen Anspruchsgrundlagen haben soll, diese aber nicht nebeneinander stehen können.[20]

Neben dem Prinzip des *non-cumul* haben französische Juristen das Prinzip der *action directe* entwickelt. Einige Rechte, etwa der Schadensersatz für versteckte Defekte, werden als so eng mit dem Produkt verwoben angesehen, dass nur der jeweilige Eigentümer sie beanspruchen können soll.[21] Die entsprechende Rechtslage ist in Ägypten nicht eindeutig.[22] Allerdings wurde im VSG eine Art *action directe* normiert, wenngleich die entsprechende Frist zur Geltendmachung äußerst knapp bemessen ist. Diese Frist spricht zugleich dafür, dass der ägyptische Gesetzgeber zumindest zum Zeitpunkt des Inkrafttretens des VSG davon ausging, dass die *action directe* nicht in Bezug auf die allgemeine vertragliche Haftung nach dem ZGB zur Anwendung kommt, denn ansonsten wäre die Frist wirkungslos.

1. Vertragsrecht

Soweit der Käufer eines Produktes selbst einen Schaden durch das Produkt erlitten hat, z.B. bei durch Undichtigkeit einer gekauften Waschmaschine entstandene Wasserschäden an seinen Einrichtungsgegenständen, ergeben sich zunächst Ansprüche aus dem Vertragsrecht.

a. Die kaufrechtliche Sachmängelgewährleistung

Nach Art. 447 ZGB ist der „Verkäufer gegenüber dem Käufer haftbar, wenn die Kaufsache zum Zeitpunkt der Übergabe nicht die zugesicherten Eigenschaften besitzt oder der Sache ein Mangel anhaftet, welcher ihren Wert mindert oder sie sich nicht für die im Vertrag vorausgesetzte, die gewöhnliche oder bezweckte Verwendung eignet". Folglich erfordert die vertragliche Mängelhaftung drei Elemente: Das

20 KassGZ, Urt. v. 01.01.1948, Mag. Amr 5, Nr. 251, S. 513; Berufungsgericht Alexandria, Urt. v. 05.02.1950, Mag. Mahama 30, Nr. 276, S. 501; Abd Al-Aziz, M. K., Die zivilrechtliche Gesetzgebund im Lichte der Rechtsprechung und Rechtswissenschaft (arab.). Kairo 2004, S. 1185 f.; so wohl auch Attia, Kh. M. Kh, ALQ, London 1 (1985), S. 505; Zimmermann, B., Grundriß des Handelsrechts der Arabischen Republik Ägypten. Berlin 1986, S. 96; Sfeir, G., Modernization of the law in the Arab states. San Francisco, London 1998, S. 111, m.w.N. in Fn. 401.

21 Leonhard, M., Das neue französische Produkthaftungsrecht. In: Zeitschrift für Vergleichende Rechtswissenschaft (ZVglRWiss), Frankfurt am Main 98 (1999), S. 104.

22 Gegen eine action directe Sanhuri, A. ar-R. A., Wasīt (Handkommentar zum neuen Zivilgesetzbuch). Kairo 1952, Bd. 2, S. 943 u. S. 978 ff.; dafür al-Hajj, M. A. al-Q, Die Haftung…, a.a.O., S. 75 f.

Fehlen einer zugesicherten Eigenschaft oder einen Mangel ('aib), einen Schaden und einen Ursachenzusammenhang zwischen den beiden.[23] Soweit man für ein Verschulden, wie im deutschen Recht, hauptsächlich ein Wissenselement voraussetzt, ist dies nach Art. 447 ZGB nicht erforderlich. Denn nach Absatz 1 S. 2 „ist der Verkäufer für den Mangel auch verantwortlich, wenn er nicht von dessen Existenz wusste". Allerdings dürfte bereits der Mangelbegriff subjektive Elemente des Verschuldens beinhalten.[24] Ob Produkthaftungsansprüche von Art. 447 Abs. 1 ZGB umfasst sind, lässt sich aus dem Wortlaut nicht entnehmen.

b. Die allgemeine vertragsrechtliche Nichterfüllung

Das ZGB kennt der französischen Rechtstradition folgend einen einheitlichen Tatbestand der „Nichterfüllung" (Artt. 203 ff.)[25], der auch die Schlechterfüllung umfasst[26]. Nach französischem Recht kann für Instruktionsfehler sogar nur die allgemeine Schlechterfüllung herangezogen werden.[27]

c. Allgemeine Haftungsvoraussetzungen

Sowohl die Gewährleistungs- als auch die Nichterfüllungshaftung setzen einen bereits eingetretenen oder zumindest sicher absehbaren Schaden voraus[28], der dem Schuldner nach Art. 215 ZGB auch zurechenbar sein muss. Letzteres ist nicht der Fall, wenn der Schuldner „beweist, dass die Unmöglichkeit der Erfüllung auf äußerer Einwirkung beruht, auf die er keinen Einfluss hatte". Schließlich muss die Nicht- oder Schlechterfüllung kausal für den Schadenseintritt sein.[29]

d. Umfang des Schadensersatzes

Die Frage, ob sich Produkthaftungsansprüche auch auf das Vertragsrecht stützen lassen, lässt sich durch Untersuchung des Schadensumfangs beantworten. Nach Art. 221 Abs. 1 ZGB bemisst sich die Schadenshöhe mangels vertraglicher

23 Bernard-Maugiron, N., Dupret, B., Egypt and its laws. London, Den Haag, New York 2002, S. 9.

24 So wohl auch Nadoury, A., Products Liability in Egyptian Law, WJA. Doha 1997, S. 8.

25 Al-Hajj, M. A. al-Q., Die Haftung..., a.a.O., S. 72; Zimmermann, B., Grundriß..., a.a.O., S. 90.

26 Ebenda, S. 90 und S. 96.

27 Vgl. Schley, M., Das französische..., a.a.O., S. 25.

28 KassG, Urt. v. 05.03.1955, Nr. 2451/24.

29 Khattab, T., Civil Law. In: Bernard-Maugiron, N., Dupret, B., Egypt..., a.a.O, S. 9; Zimmermann, B., Grundriß..., a.a.O., S. 94.

Vereinbarung nach „dem Verlust des Gläubigers und dem Gewinn der ihm entgangen ist". Damit geht das ägyptische ZGB vom Prinzip der Totalrestitution aus und der Gläubiger ist so zu stellen, wie er ohne das schädigende Ereignis gestanden hätte. Im Ergebnis können daher auch Schäden an anderen Sachen als der Kaufsache selbst und reine Vermögensschäden ersetzt verlangt werden.[30] Allerdings sind Schäden nach dem Vertragsrecht nur ersatzfähig, wenn sie unmittelbar[31] und bei Vertragsschluss vorhersehbar sind[32]. So kann z.B. ein Personenbeförderungsunternehmen ohne gesonderten Hinweis nicht vorhersehen, dass ein Passagier Gegenstände von außerordentlichem Wert in seinem Gepäck transportiert.[33] Das Merkmal der Unmittelbarkeit wird in der Literatur nicht definiert, sondern mit Beispielen belegt, die darauf schließen lassen, dass ein Schaden nur mittelbar ist, wenn er auf einem neuen, vom ursprünglichen Fehler verschiedenen, Grund beruht.[34]

e. Haftungsausschluss bzw. -erweiterung

Sowohl die allgemeine Vertragshaftung als auch die kaufvertragliche Haftung können grundsätzlich gänzlich ausgeschlossen werden. Unter den ägyptischen Rechtsgelehrten herrscht jedoch Uneinigkeit über die Frage, ob auch der Ausschluss von Körperschäden möglich sein soll[35]. Nicht möglich ist der Ausschluss jedenfalls bei vorsätzlichem Handeln des Verkäufers.[36]

2. Deliktsrecht

Die Generalklausel des ägyptischen Deliktsrechts findet sich in Art. 163 ZGB. Danach „verpflichtet jeder Fehler, der eine Verletzung eines anderen hervorruft, den Schädiger zum Ersatz".

---

30 Sanhuri, A. ar-R. A., Wasīt. A.a.O., Bd. 1, S. 855; al-Hajj, M. A. al-Q., Die Haftung…, a.a.O., S. 71.

31 Al-Hajj, M. A. al-Q, Die Haftung…, a.a.O., S. 174; Sfeir, G., Modernization…., a.a.O., S. 109.

32 Fetih, A., Die zivilrechtliche Haftung bei Vertragsverhandlungen. Frankfurt am Main 2000, S. 108; Khattab, T., Civil…, a.a.O., S. 10; al-Hajj, M. A. al-Q., Die Haftung…, a.a.O., S. 176.

33 Sanhuri, A. ar-R. A., Wasīt. A.a.O., Bd. 1, S. 910.

34 Sanhuri, A. ar-R. A., Wasīt. A.a.O., Bd. 1, S. 910; so auch al-Hajj, M. A. al-Q., Die Haftung…, a.a.O., S. 174.

35 Dagegen Nadoury, A., Products…, a.a.O., S. 14; dafür: Sfeir, G., Modernization…, a.a.O., S. 109.

36 Nadoury, A., Products…, a.a.O., S. 14.

a. Haftungsvoraussetzungen

Demnach müssen drei Voraussetzungen zur Begründung eines deliktsrechtlichen Schadensersatzanspruches vorliegen: ein Fehler, ein Schaden und eine kausale Verbindung zwischen beidem.[37] Die tatbestandlichen Voraussetzungen sind damit im Grundsatz die gleichen wie bei der vertraglichen Schadensersatzhaftung. Jedoch beinhaltet der gerade genannte Fehlerbegriff des ägyptischen Deliktsrechts zwei weitere, ungeschriebene Tatbestandsmerkmale; eine Verletzungshandlung und ein Verschulden.[38] Nach ägyptischem Rechtsverständnis wird das Erfordernis einer fehlerhaften Handlung als selbstverständlich in den Begriff Fehler (*ḫaṭa'*) hineingelesen.[39] Diese wird als Abweichung von dem üblichen Verhalten eines *bon père de famille* definiert.[40] Erforderlich ist weiterhin, dass die Handlung schuldhaft begangen wurde und die Einsichtsfähigkeit des Schädigers zum Zeitpunkt der unerlaubten Handlung.

Im Gegensatz zu den sehr weiten Möglichkeiten des Vertragsrechts, kann die deliktische Haftung nach Art. 217 Abs. 3 ZGB nicht vertraglich ausgeschlossen werden. Die Beweislast liegt für sämtliche Haftungsvoraussetzungen bei dem Geschädigten.[41] Die Kausalität wird jedoch widerleglich vermutet, wenn dem Geschädigten der Beweis des Schadens und der fehlerhaften Handlung gelingt.[42]

b. Schaden

Ebenso wie das französische Recht[43] beschränkt sich das ägyptische Recht nicht auf den Ersatz von Schäden an bestimmten, katalogisierten Rechten, vielmehr reicht die zurechenbare Beeinträchtigung eines rechtlich geschützten Interesses aus.[44] Folgerichtig sind „bloße Vermögensschäden" selbstverständlich ersatzfähig. Nach dem Deliktsrecht kommt es nicht darauf an, ob die Schäden vorhersehbar sind.[45]

---

37 Stovall, H. L., ALQ, London 19/2004, S. 279.

38 Vgl. Zimmermann, B., Grundriß…, a.a.O., S. 102.

39 Sanhuri, A. ar-R. A., Wasīt. A.a.O., Bd. 1, S. 775 ff.; vgl. auch Grapentin, S., Das Markenrecht in Ägypten. Köln 1999, S. 200 f.

40 Sanhuri, A. ar-R. A., Wasīt. A.a.O., Bd. 1, S. 781.

41 Sanhuri, A. ar-R. A., Wasīt. A.a.O., Bd. 1, S. 855; al-Hajj, M. A. al-Q., Die Haftung…, a.a.O., S. 77 f.; Grapentin, S., Das Markenrecht…, a.a.O., S. 216.

42 KassGZ, Urt. v. 28.11.1968, Jg. 19.

43 Dazu Zweigert, K., Kötz, H., Einführung…, a.a.O, § 40 IV, S. 621.

44 Grapentin, S., Das Markenrecht…, a.a.O., S. 202.

45 Khattab, T., Civil…, a.a.O., S. 10.

c. *Haftung für Sachen*

Nach Art. 178 ZGB ist, „wer die Aufsicht über eine Sache, welche besondere Sorgfaltspflichten erfordert, oder eine Maschine ausübt, verantwortlich für den durch sie verursachten Schaden". Anspruchsgegner ist also der Aufsichtspflichtige einer Sache. Im Moment des Schadenseintritts ist dies regelmäßig der Eigentümer des fehlerhaften Produktes. Zur Begründung von Produkthaftungsansprüchen müsste zu diesem Zeitpunkt aber auch der Produzent oder Lieferant Aufsichtspflichtiger sein.[46] Der französische *Cour de cassation* hat sich dafür ausgesprochen, den Hersteller unter Art. 1384 Code civil für bereits im Produkt angelegte Fehler haften zu lassen, sofern es sich um Schäden durch komplexe oder gefährliche Waren handelt.[47] In Art. 178 ZGB ist dies sogar ausdrücklich benannt, indem die Norm auf die Haftung für Sachen, „welche besondere Sorgfaltspflichten erfordern", beschränkt ist.[48] Für den Ersatz von Schäden durch solche Produkte könnte die Vorschrift demnach auch in Ägypten als Anspruchsgrundlage herangezogen werden.[49]

d. *Der Umfang des Schadensersatzes*

Das ZGB sieht für das Deliktsrecht im Gegensatz zum Vertragsrecht vorrangig Geldzahlung und nicht Naturalrestitution vor. Der Richter kann aber auch die Wiederherstellung der Situation vor Schädigung oder die Erfüllung bestimmter Pflichten anordnen. In Produkthaftungsfällen könnte darunter durchaus eine Pflicht zum Rückruf fehlerhafter Produkte oder zur Verbesserung von Sicherheitsstandards laufender Produktionen sowie die Beschlagnahme oder Vernichtung fehlerhafter Produkte fallen.[50]

D. Das Handelsgesetzbuch (Gesetz Nr. 17/1999)

Das ägyptische HGB wurde 1999 neu kodifiziert und löste das Vorgängergesetzbuch von 1883 ab. Die im neuen HGB enthaltenen Regeln zur Produkthaftung wurden bisher wenig beleuchtet.[51] Sie finden sich in Art. 67 HGB, der mit seinen

46 Dafür wohl Nadoury, A., Products…, a.a.O., S. 6.
47 Cass. civ. II, Urt. v. 05.06.1971, Bull. civ. II. Nr. 204.
48 Shahida, Q., Die zivilrechtliche Haftung des Herstellers für Produkte (arab.). Alexandria 2007, S. 199 f.
49 Ebenda, S. 199 f.; Nadoury, A., Products…, a.a.O., S. 6.
50 Zu vergleichbaren Maßnahmen bei Wettbewerbsverstößen vgl. Weidlich, I., Das Recht des unlauteren…, a.a.O., S. 93.
51 Vgl. aber Stovall, H. L., ALQ, London 19/2004, S. 277–285.

sechs Absätzen die erste ägyptische Norm ist, die einen ausdrücklichen Produkthaftungstatbestand beinhaltet.[52] Nach Art. 67 Abs. 1 HGB haftet „der Hersteller oder Lieferant eines Artikels gegenüber jedem, der einen körperlichen oder gegenständlichen Schaden durch ein Produkt erleidet, wenn die geschädigte Person beweist, dass der Schaden durch einen Fehler des Produktes verursacht wurde".

1. Produktfehler

Ein Produktfehler wird nach Art. 67 Abs. 2 HGB „insbesondere angenommen, wenn bei der Gestaltung, Herstellung, Zusammensetzung, Bereitstellung zum Verbrauch, Lagerung, Verpackung, Art der Darbietung oder der Gebrauchsanweisung nicht ausreichende Vorkehrungen zur Vermeidung von Schäden oder zur Warnung vor solchen Schäden getroffen wurden". Der beispielhafte Katalog umfasst mit dem Begriff „Gestaltung" Konstruktionsfehler, mit „Herstellung" Fabrikationsfehler und mit „Gebrauchsanweisung" Instruktionsfehler und somit die drei Fehlerkategorien, die auch im deutschen Produkthaftungsrecht entwickelt wurden. Weiterhin umfasst die Norm wie § 3 Abs. 1 ProdHaftG die „Art der Darbietung" sowie Lager- oder Verpackungsschäden. Produktbeobachtungsfehler sind vom Wortlaut des Art. 67 Abs. 2 HGB nicht umfasst, was der EG-Produkthaftrichtlinie entspricht. Schließlich dürfte die Norm durch die Anknüpfung des Fehlerbegriffs an „nicht ausreichende Vorkehrung zur Vermeidung von Schäden" eine Haftung für sog. Ausreißerschäden ausschließen. Denn dies sind gerade jene Fehler, die trotz aller denkbaren Sicherheitsvorkehrungen auftreten.

2. Schaden

Nach Art. 67 Abs. 1 HGB sind „körperliche und materielle Schäden durch ein Produkt" zu ersetzen. Wegen der Formulierung „durch" ein Produkt, sind Schäden am Produkt selbst von der Haftung ausgenommen.[53] Zugleich wird dadurch das Kausalitätserfordernis ausdrücklich im Wortlaut der Norm festgeschrieben.

3. Anspruchsberechtigter

Anspruchsberechtigt ist nach Art. 67 Abs. 1 HGB „jeder", der einen Schaden erleidet. Die Norm unterwirft sich damit nicht den Beschränkungen auf den privaten Gebrauch und ist insoweit mit dem deutschen Deliktsrecht vergleichbar. Weiterhin hängt die Haftung nicht von einem Vertrag ab, so dass auch sog.

52 Ebenda, S. 281; Krüger, H., Neues Handelsgesetzbuch…, a.a.O., S. 33.
53 So Shahida, Q., Die zivilrechtliche…, a.a.O., S. 82, Nr. 5.

innocent bystander, also nicht vertraglich mit dem Haftungsgegner verbundene Geschädigte, Anspruchsberechtigte sein können.

4. Haftungsadressaten

Nach Art. 67 Abs. 3 HGB sind Haftungsadressaten Hersteller, Importeure und Großhändler, sofern sie gewerblich handeln, und dies unabhängig vom Verschulden. „Zulieferer des Herstellers" sind ausdrücklich „nicht umfasst", worin ein erster Unterschied zum deutschen Recht besteht. Auch wenn der Wortlaut im Übrigen zweideutig gefasst ist, ist davon auszugehen, dass sämtliche Lieferanten in der Lieferkette umfasst sein sollen.[54] Der Einzelhändler haftet nach S. 2 der Norm nur, „wenn er wusste oder hätte wissen müssen, dass der Artikel zur Zeit des Verkaufes einen Fehler hatte". Insoweit ist also ein Verschulden Haftungsvoraussetzung.

Nach Art. 67 Abs. 4 HGB kann der Kläger seinen Anspruch „gegen den Hersteller oder gegen den Lieferanten oder gegen beide zusammen richten, ohne dass diese gesamtschuldnerisch haften". Tut der Kläger dies, ist allerdings eine Teilabweisung der Klage von vornherein unumgänglich. Dieses Ergebnis ist äußerst verbraucherunfreundlich, so dass sich die Regelung im Gesetzgebungsverfahren heftiger Kritik ausgesetzt sah.[55]

5. Beweislast und Haftungsausschluss

Nach Art. 67 Abs. 1 HGB trägt die Beweislast bezüglich Fehler, Schaden und Kausalität grundsätzlich die geschädigte Person. Nach Art. 67 Abs. 2 HGB wird aber das Vorliegen der o.g. Fehler vermutet, wenn die erforderlichen Vorsichtsmaßnahmen nicht getroffen wurden. Der Geschädigte kann sich also aussuchen, ob er den Fehler oder den dazu führenden Sorgfaltspflichtverstoß nachweist.

Nach Art. 67 Abs. 6 HGB ist „jede Bedingung oder Erklärung, welche den Hersteller oder Lieferanten von der Haftung befreien oder die Verjährung begrenzen oder reduzieren soll, nichtig".

E. Das Verbraucherschutzgesetz (Gesetz Nr. 67/2006)

Insgesamt steckt die Verbraucherschutzgesetzgebung in den arabischen Staaten noch in den Kinderschuhen. Ägypten hat nach einem fast 10-jährigen Gesetzgebungsverfahren am 20. Mai 2006 sein VSG verkündet.[56] Das VSG definiert in

54 So ebenda, S. 56.
55 Ismail, M. ad-D., Kommentar: Das neue…, a.a.O., S. 221.
56 Al-Bakry, R., AmCham, Business Monthly, Juni 2006.

Art. 1 bestimmte Grundbegriffe, von denen viele für die Produkthaftung relevant sind, wie z.B. Produkt, Verbraucher oder Fehler.

1. Haftungsvoraussetzungen

Die eigentliche Anspruchsgrundlage für Produkthaftungsansprüche ist Art. 8 VSG. Danach ist der „Verbraucher innerhalb von 14 Tagen nach Erhalt des Artikels berechtigt, den Ersatz oder die Rücknahme des Artikels gegen Kaufpreiszahlung zu fordern, wenn dieser defekt ist oder nicht mit den Angaben übereinstimmt, welche im Vertrag vorausgesetzt" wurden. Bereits beim ersten Blick auf die Rechtsfolge fällt auf, dass es sich hier weniger um einen Produkthaftungs- als um einen Gewährleistungsanspruch handelt.

Anspruchsberechtigt sind nach Art. 8 Abs. 1 VSG nur Verbraucher. Weiteres Tatbestandsmerkmal ist der Mangel, der nach Art. 1 Abs. 9 VSG vorliegt bei „jedweder Beeinträchtigung des Wertes oder der Nutzbarkeit eines Produktes entsprechend dem beabsichtigten Zweck, welche den Verbraucher ganz oder teilweise von der Nutzung der Sache ausschließt, für welche es vorgesehen war, einschließlich der Beeinträchtigung infolge von Mängeln durch Handhabung oder Lagerung des Artikels". Geschützt ist also das Äquivalenz- und nicht das Integritätsinteresse, so dass die Norm auch nicht an § 3 ProdHaftG erinnert, sondern an den objektiven Sachmangelbegriff des § 434 Abs. 1 S. 2 Nr. 1 BGB.

2. Haftungsadressaten

Der Anspruchsgegner wird aus dem Umkehrschluss des zweiten Satzes des Art. 8 Abs. 1 VSG deutlich. Darin heißt es, dass „in den Fällen des Absatzes 1 der Lieferant – auf Anfrage des Verbrauchers – den Artikel ohne zusätzliche Kosten ersetzen oder zurücknehmen muss". Nach Art. 1 Abs. 5 VSG sind Lieferanten „Personen, welche eine Dienstleistung anbieten oder Produkte herstellen, importieren, vertreiben, anbieten, in Umlauf halten oder handeln, um sie dem Verbraucher anzubieten oder ihn diesbezüglich vertraglich oder in sonst einer Weise zu verpflichten". Ob auch Hersteller und Importeure von der Definition umfasst sind, ist nicht eindeutig. Dagegen spricht, dass nur die Endanbieter mit den Verbrauchern Verträge schließen bzw. mit ihnen handeln, wie ausdrücklich in der Norm benannt. Dafür spricht aber deutlich, dass nach dessen Absatz 2 „die Haftung der Lieferanten in allen Fällen in diesem Zusammenhang eine gesamtschuldnerische Haftung" ist. Die Vorschrift würde keinen Sinn ergeben, wenn sie nicht alle in der Lieferkette beteiligten Personen einbeziehen wollte. Somit handelt es sich also um einen vertraglichen Direktanspruch innerhalb der Lieferkette, so dass in Art. 8 VSG gewissermaßen die französische Rechtsfigur der *action directe* normiert worden ist.

3. Rechtsfolgen und Umfang der Haftung

Nach Art. 8 Abs. 1 S. 2 VSG hat der Lieferant „den Artikel zu ersetzen oder gegen Rückgabe seines Wertes zurückzunehmen". Als Rechtsfolgen sind also ausdrücklich nur Rücktritt und Nachlieferung vorgesehen. Ob Art. 8 VSG eine Anspruchsgrundlage für den Ersatz von Mangelfolgeschäden bilden kann, ist nicht eindeutig. Dafür spricht das in Art. 2 h VSG niedergelegte Grundrecht der Verbraucher, nachdem „das Recht, eine angemessene Entschädigung für den Schaden des Verbrauchers oder seines Vermögens zu erhalten, welcher als Folge des Kaufs oder der Verwendung der Produkte oder Dienstleistungen entstanden ist", gewährleistet sein muss. Dagegen spricht allerdings deutlich der Wortlaut der eigentlichen Anspruchsnorm. Konsequenterweise ist auch das Vorliegen eines Schadens kein Tatbestandsmerkmal.

4. Frist und Ausschluss

In Art. 8 Abs. 1 VSG ist festgelegt, dass das Recht zum Ersatz des Produktes nur binnen 14 Tagen ab Erhalt des Produktes besteht. Die Haftung nach dem VSG kann nach Art. 10 weder ausgeschlossen noch beschränkt werden.

5. Verfahren zur Durchsetzung der Ansprüche

In den Artt. 12 bis 22 VSG werden die Einrichtung, Zusammensetzung und Arbeitsweise einer Verbraucherschutzbehörde (VSB) festgelegt. In Art. 23 VSG werden die im Bereich des Verbraucherschutzes aktiven Nichtregierungsorganisationen (NROs) mit bestimmten Rechten ausgestattet.

Aufgrund des VSG wurden bei der VSB eigene Rechtsprechungsausschüsse eingerichtet, die „Streitigkeiten hinsichtlich der Anwendung des VSG entscheiden" sollen. Beachtenswert sind außerdem die im Bereich des Verbraucherschutzes tätigen NROs, die nun nach Art. 23 VSG Verbraucherbeschwerden entgegennehmen, die Verbraucher bei eventuellen Beschwerden gegenüber der VSB und bei Klagen unterstützen können und schließlich selbst klagebefugt sind. Damit sind die NROs de facto zu einer ersten Instanz geworden. Falls eine NRO außergerichtlich keine Lösung erreicht, kann sie den Fall entweder in eigenem Namen oder den Verbraucher unterstützend vor ein Komitee der VSB zur Entscheidung bringen und schließlich dessen Entscheidung vor einem Berufungsgericht überprüfen lassen. Die VSB erhebt keine Kosten von den Verbrauchern oder Verbraucherschutz-NROs. Die Dekrete, welche von der VSB beschlossen werden, sollen vor den ägyptischen Verwaltungsgerichten überprüft werden. Die Entscheidungen der Rechtsprechungskomitees der VSB sollen hingegen vor dem zuständigen Berufungsgericht überprüft werden. Demnach werden abstrakte Anwendungsfragen betreffend das VSG vor dem Verwaltungsgericht und konkrete auf dem VSG basierte Einzelfälle vor dem zivilen Berufungsgericht überprüft.

6. Strafmaßnahmen

Neben den Ersatz- und Rücknahmeansprüchen können sich Lieferanten nach dem VSG auch Strafzahlungen ausgesetzt sehen. Nach Art. 24 Abs. 1 VSG kann wegen einer Zuwiderhandlung gegen das VSG eine Geldstrafe verhängt werden. Diese soll nicht unter 5.000 und nicht über 100.000 ägyptische Pfund (EGP) betragen.[57] Außerdem wird die verhängte Strafe auf Kosten des Zuwiderhandelnden in zwei allgemeinen Tageszeitungen veröffentlicht. Zuständig für die Verhängung dieser Strafen sind die im Jahr 2008 neu eingerichteten Wirtschaftsgerichte.

7. Verbraucheraufklärung

Gerade in Ägypten besteht ein besonders hohes Bedürfnis an einer Aufklärung der Verbraucher. Denn neben der relativ hohen Analphabetenrate nehmen viele Ägypter Betrug als notweniger Bestandteil der Geschäftspraxis hin.[58] Die demnach erforderliche Verbraucheraufklärung ist an mehreren Stellen im VSG festgelegt. In Erfüllung dieser Aufgabe wurde zu Beginn des Jahres 2008 begonnen, zahlreiche Aufklärungsbeiträge über das Fernsehen und den Rundfunk zu verbreiten.[59] Zudem hat die VSB an vielen Ladenlokalen gut sichtbare Informationstafeln mit den grundlegenden Rechten nach dem VSG angebracht. Der Erfolg der Aufklärungsmaßnahmen wird an der steigenden Zahl der monatlichen Beschwerden bei der VSB deutlich.[60]

F. Islamisches Haftungsrecht

Wegen der sehr subsidiären Funktion der Scharia in Verbindung mit der mittlerweile relativ starken Regelungsdichte im Bereich des ägyptischen Produkthaftungsrechts wird es selten zur Anwendung islamischen Rechts auf Produkthaftungsfälle kommen. Die Scharia kann aber bei der Auslegung bedeutsam sein und nicht zuletzt die Wahl eines islamistischen Präsidenten 2012 drückt einen zunehmenden

57 Das sind derzeit etwa 550 bis 11.000 €.

58 Vortrag von Hassan Gamiai, Professor der Rechtsfakultät, Kairo Universität, KAS, 20.04.2004.

59 El-Noshokaty, A., Getting even. In: Al-Ahram Weekly, 31.07.08.

60 http://www.cpa.gov.eg/english/Statistics.htm (zuletzt abgerufen: 17.12.2014).

Willen vieler Ägypter nach einer stärkeren Berücksichtigung der Scharia aus. Eine Relevanz der Scharia bei der Auslegung bzw. Gültigkeit säkularer Normen ist aber naturgemäß nicht zu Themen zu erwarten, zu denen sie keine Regelungen enthält, sondern nur dort, wo sie ausdrücklich entgegenstehendes Recht aufweist.[61] Hier sind zwei Bereiche zu nennen. Die dauerhaft im islamischen Recht diskutierte Frage nach dem Zinsverbot hat das ägyptische Verfassungsgericht in einem Urteil vom 04. Mai 1985 mit Blick auf das ZGB geklärt,[62] Zinsen nach den ZGB bleiben rechtmäßig. Die Frage könnte aber erneut für das HGB und VSG gestellt werden. Und letztlich könnte es zu einem Streit kommen, wenn Schadensersatz für Sachen verlangt wird, die nach islamischem Recht unrechtmäßig sind. Überträgt man die berühmten deutschen Hühnerpest-[63] und Mineralwasserflaschenfälle[64] auf Ägypten, könnte es zu Konflikten mit dem islamischen Recht kommen. Dann beispielsweise, wenn die medikamentierten Tiere nicht Hühner, sondern Schweine, oder die mit Haarrissen versehrten Flaschen nicht mit Mineralwasser, sondern mit Rotwein gefüllt sind, könnte sich der Haftungsadressat darauf berufen, dass das zerstörte Endprodukt, das Schweinefleisch bzw. der Alkohol, unislamisch sei und er deswegen nicht dafür haften könne.

G. Zusammenfassung der ägyptischen Produkthaftungstatbestände mit Vergleichen zum deutschen Recht

Unternehmer können ihre Klagen nicht auf das VSG stützen. *Bystander*, also nicht vertraglich mit dem Haftungsgegner verbundene Geschädigte, können ihre Ansprüche nur auf das allgemeine Deliktsrecht des ZGB und auf Art. 67 HGB stützen. Vertraglich gebundenen Geschädigten stehen dagegen wegen des Grundsatzes des *non-cumul*, welcher in Ägypten nach h.M. ein Wahlrecht zulässt, nur entweder das Vertrags- oder das Deliktsrecht des ZGB, im Übrigen aber sowohl Art. 67 HGB als auch das VSG zur Verfügung.

Zulieferer sind in Ägypten allenfalls nach dem allgemeinen Deliktsrecht ersatzpflichtig. Hersteller und Importeure sind im Ergebnis in beiden Rechtsordnungen auch verschuldensunabhängig haftbar. Der finale Verkäufer haftet nach beiden Rechtsordnungen grundsätzlich bloß bei eigenem Verschulden. Auch ohne Verschulden haftet der Verkäufer allerdings in Ägypten innerhalb der kurzen Frist

---

61 Vgl. Ismail, M. ad-D., Kommentar: Das neue…, a.a.O., S. 227.
62 Vgl. die englische Übersetzung des Urteils in ALQ, London 1985, S. 100.
63 BGHZ 51, S. 91 ff.
64 OLG Hamm, VersR 1995, S. 103.

des VSG und in Deutschland als Lieferant nach dem ProdHaftG, aber eben nur subsidiär zum Hersteller.

Eine Haftung für Ausreißerschäden und Produktbeobachtungsfehler ergibt sich wohl nur nach deutschem Recht, für erstere nach dem ProdHaftG und für letztere nach dem Deliktsrecht. In beiden Rechtsordnungen finden sich jedoch auch fehlerunabhängige Gefährdungshaftungstatbestände. Im deutschen Recht ist dies § 84 AMG für Schäden durch Arzneimittel und in Ägypten die Haftung nach Art. 178 ZGB für Schäden durch besonders gefährliche Sachen, wozu Arzneimittel gezählt werden dürften. Durch fehlerhafte Ware verursachte Schäden, und damit Produkthaftungsansprüche im eigentlichen Sinne, sind vom Vertrags- und Deliktsrecht des ZGB sowie von Art. 67 HGB umfasst. Die Ansprüche nach dem VSG beschränken sich dagegen auf den Ersatz des Schadens am Produkt selbst.

Ansprüche nach Art. 8 VSG können nur innerhalb von 14 Tagen nach Erhalt der Ware geltend gemacht werden. Die allgemeine Mängelgewährleistung verjährt nach ägyptischem Recht in einem und nach deutschem Recht in zwei Jahren. Die praxisrelevante Verjährungsfrist für allgemeine deliktsrechtliche bzw. spezialgesetzliche Produkthaftungsansprüche beträgt in beiden Ländern drei Jahre.

In Bezug auf die Durchsetzbarkeit etwaiger Ansprüche ergeben sich erhebliche Unterschiede, die vor allem in der Praxis liegen. Der Gerichtsaufbau und das Prozessrecht sind in beiden Rechtsordnungen sogar relativ ähnlich. Die Möglichkeiten der Rechtsdurchsetzung in der Praxis bleiben in Ägypten aber aufgrund der starken Überlastung der ägyptischen Gerichte wenig verbraucherfreundlich. Zwar ist das für Ansprüche nach dem VSG in erster Instanz vorgesehene, kostenlose Verfahren vor der VSB ein deutlicher Fortschritt. Die Zuständigkeit wird dadurch aber weiter zersplittert; mit der Rechtsprechung nach dem VSG sind im Ergebnis vier verschiedene Gerichtszweige befasst. Außerdem ist die VSB in die bisher wenig effiziente Staatsverwaltung eingegliedert.

H. Bewertung

In Ägypten ist mittlerweile ein Produkthaftungsrecht nach modernem europäischem Verständnis umfassend kodifiziert. Allerdings erfordert es einigen Aufwand, aus den verschiedenen ägyptischen Gesetzen die eigentlichen Produkthaftungsanspruchsgrundlagen herauszufiltern.

Auf dem ägyptischen Markt tätige Unternehmen sollten sich auch mit den umfassenden Vorschriften des VSG zur Beschriftung ihrer Produkte mit den vorgeschriebenen Informationen in arabischer Sprache auseinandersetzen. Insgesamt ergibt sich aber ein dem deutschen Produkthaftungsrecht sehr ähnliches Recht. Unternehmer treffen daher in Ägypten nicht auf außergewöhnliche

Haftungsrisiken, wenn sie bereits auf das deutsche Produkthaftungsrecht eingestellt sind.[65]

Die zentralen Normen des ägyptischen Produkthaftungsrechts sind in den sechs Absätzen des 1999 neu eingefügten Art. 67 HGB zu finden. Wenngleich Art. 67 HGB erstaunlicherweise weniger beachtet wurde als die übrigen Normen des HGB oder des VSG, ist er die erste und bisher einzige spezifische Produkthaftungsnorm des ägyptischen Rechts. Zudem ist Art. 67 HGB auf die meisten denkbaren Konstellationen von Produkthaftungsfällen anwendbar. Die Vorschrift orientiert sich erkennbar an der EG-Produkthaftungsrichtlinie. Ägyptischer Tradition folgend ist dabei offensichtlich vor allem die französische Umsetzung maßgeblich gewesen. Die Regelung ist übersichtlich strukturiert und in klarer Sprache geschrieben. Jedoch sind mehrere Detailfragen nicht bedacht oder bewusst der Rechtsprechung überlassen worden.

Das neue VSG von 2006 schafft zwar keinen eigentlichen Produkthaftungsanspruch, jedoch hält es einen verschuldensunabhängigen und außervertraglichen Gewährleistungsanspruch bereit. Im Vergleich zum ZGB und HGB fällt auf, dass das VSG wenig strukturiert ist, die Definitionen kaum erhellend sind und das Gesetz teilweise widersprüchlich ist. Trotzdem ist das VSG als entscheidender Schritt in der Entwicklung des ägyptischen Produkthaftungsrechts zu werten. Denn die nach dem VSG vorgeschriebenen Aufklärungskampagnen scheinen in Ägypten erstmalig ein umfassendes, allgemeines Rechtsbewusstsein in der Bevölkerung hervorzurufen. Dies hat in Verbindung mit dem kostenlosen Verfahren vor der VSB und der Verbandsklagebefugnis der NROs bereits zu einer deutlichen Zunahme der Geltendmachung von Verbraucheransprüchen nach dem VSG geführt und lässt auch Verfahren auf Grundlage des ebenfalls recht verbraucherfreundlich gestalteten Art. 67 HGB erwarten. Das VSG ist daher der Durchbruch für ein in der Praxis tatsächlich angewandtes Produkthaftungsrecht in Ägypten. Die Ausgangspunkte der Entwicklung, jedenfalls in Bezug auf die Rechtspraxis, stellen sich folglich in Ägypten umgekehrt als in Europa dar, wo das Produkthaftungsrecht Ursprung für die Entwicklung des Verbraucherschutzrechts war. Auch wenn dies nicht beleg- oder quantifizierbar ist, ist es wahrscheinlich, dass die mit dem VSG bezweckte Förderung des Rechtsbewusstseins der ägyptischen Bevölkerung und Stärkung der Rechte der NRO's eigene Beiträge zur Revolution zu Beginn des Jahres 2011 waren.

---

65 Zum allgemeinen ägyptischen Schuldrecht Hök, G.-S., Einführung in das ägyptische Handels- und Zivilprozessrecht. In: Recht der Internationalen Wirtschaft (RIW), München 1986, S. 619.

Dem islamischen Recht wird im Zusammenhang mit den Produkthaftungsnormen kaum eigene Bedeutung zukommen, da es zu diesem Bereich weder eigene noch entgegenstehende Regelungen enthält. In bestimmten Auslegungsfragen, namentlich der Zulässigkeit von Zinsen aus dem HGB bzw. VSG und Schadensersatzforderungen für Sachen, die nach islamischem Recht unrechtmäßig sind (z.B. alkoholische Getränke), ist eine Berücksichtigung des islamischen Rechts allerdings denkbar.

Weiterhin zeigt sich, dass sich die Quellen der Inspiration des Gesetzgebers geändert haben. Während das ZGB überwiegend vom französischen Recht beeinflusst war, sind heute zunehmend internationale Standards Vorbilder. Bei der Kodifizierung des Art. 67 HGB orientierte sich der ägyptische Gesetzgeber an der EG-Richtlinie 85/374. Hierbei dürfte hier die 1995 in Barcelona auf der euromediterranen Konferenz beschlossene Angleichung des Produkthaftungsrechts Ägyptens auf EU-Niveau Anschub geleistet haben. Bei Erlass des VSG schließlich lehnte sich der ägyptische Gesetzgeber an der UN-Richtlinie über Verbraucherschutz an, die sich als übersichtliche Orientierung anbot und in besonderem Maße den Verbraucherschutz in Entwicklungsländern im Fokus hatte.

Schließlich ist die Vorreiterrolle Ägyptens bei der Gesetzgebung in den arabischen Staaten nicht mehr so deutlich sichtbar. Teilweise ist sogar eine Rückbeeinflussung ägyptischen Rechts aus anderen arabischen Staaten zu beobachten. Dies lässt sich wohl damit erklären, dass Staaten wie Kuwait und die VAE bereits seit Ende der 1970er Jahre einen Wirtschaftsaufschwung erleben bzw. zum Westen hin geöffnet waren, als Ägypten noch den Nasserschen Sozialismus überwinden musste. Zudem gleicht sich die ägyptische Wirtschaft zunehmend an den Standard der Golfstaaten an. Dadurch nimmt auch die Remigration ägyptischer Rechtsanwender aus diesen Ländern zu, welche auch das Recht dieser Staaten reimportieren.

Anhang: Auszüge der relevanten Gesetzestexte

Die folgenden Übersetzungen von Auszügen arabischer Gesetzestexte sind die des Verfassers. Zugunsten einer höheren Praxistauglichkeit wurde eine sehr stark am arabischen Wortlaut und an der Originalsatzstellung orientierte und daher kaum redaktionell überarbeitete deutsche Übersetzung erstellt.[66]

---

66 Für weitergehende Auszüge der Gesetzestexte einschließlich einer Gegenüberstellung mit den arabischen Originaltexten vgl. Schultze, Chr., Die zivilrechtliche..., a.a.O., S. 223 ff.

Anhang 1 – Das ägyptische Verbraucherschutzgesetz: Gesetz Nr. 67/2006[67]

Art. 1

In Anwendung der Bestimmungen dieses Gesetzes sollen die folgenden Fachbegriffe die im Zusammenhang mit ihnen erläuterte Bedeutung haben:

Personen: Natürliche Personen und juristische Personen in allen Rechtsformen, einschließlich Wirtschaftseinheiten, Gesellschaften, Gewerkschaften, Institutionen, Anstalten, Innungen, Finanzkonzerne, Personenmehrheiten mit unterschiedlichen Gründungsprinzipien und anderen Parteien entsprechend den Ausführungsbestimmungen und gemäß den Zielen und Bestimmungen dieses Gesetzes.

Produkte: Artikel und Dienstleistungen, welche von Personen des öffentlichen oder privaten Rechts bereitgestellt werden. Dies umfasst gebrauchte Artikel, soweit sie vertraglich über einen Lieferanten bezogen werden.

Verbraucher: Jede Person, welchen die Produkte zur Befriedigung ihrer persönlichen oder familiären Bedürfnisse angeboten werden oder mit welcher ein Handel oder Vertrag in dieser Hinsicht geschlossen wird.

Lieferant: Jede Person, welche eine Dienstleistung anbietet oder Produkte herstellt, importiert, vertreibt, anbietet, in Umlauf hält oder handelt, um es dem Verbraucher anzubieten oder ihn diesbezüglich vertraglich oder in sonst einer Weise zu verpflichten.

Inserent: Jede Person, welche einen Artikel oder eine Dienstleistung inseriert oder diese selbst oder durch Dritte in irgendeiner Weise bewirbt.

Agentur: Die Verbraucherschutzagentur, wie sie nach diesem Gesetz eingerichtet wird.

Vereinigungen: Die geförderten Vereinigungen und Institutionen (NROs) und die Gewerkschaften, soweit entsprechend dem Verbraucherschutzgesetz registriert sind.

Defekt: Jedwede Beeinträchtigung des Wertes oder der Nutzbarkeit eines Produktes entsprechend dem beabsichtigten Zweck, welche den Verbraucher ganz oder teilweise von der Nutzung der Sache ausschließt, für welche es vorgesehen war, einschließlich der Beeinträchtigung durch Fehler durch Handhabung oder Lagerung des Artikels.

---

67 Der arabische Originaltext ist abrufbar unter: http://www.cpa.gov.eg/doc/Law.pdf (zuletzt abgerufen: 17.12.2014).

Dies gilt nicht, soweit der Verbraucher Verursacher der Beeinträchtigung war.
...

Art. 7
Der Lieferant hat innerhalb von sieben Tagen nach seiner Entdeckung oder Kenntnis eines Defekts an einem Produkt die Agentur über den Defekt und seine möglichen Schadensfolgen zu informieren. Sofern der Defekt die Gesundheit oder Sicherheit des Verbrauchers gefährdet, hat der Lieferant die Agentur unmittelbar nach seiner Entdeckung oder Kenntnis über den Fehler zu informieren, die Einstellung der Produktion oder des Handels mit dem Produkt anzukündigen und die Verbraucher zu warnen, das Produkt nicht zu verwenden.

In solchen Fällen hat der Lieferant auf Anfrage des Verbrauchers das Produkt zu ersetzen oder den Mangel zu beseitigen oder den Artikel gegen Werterstattung ohne zusätzliche Kosten zurückzunehmen.

Im Falle von Meinungsverschiedenheiten bezüglich der Anwendung der vorstehenden Absätze wird die Frage zur verbindlichen Entscheidung in dieser Sache an die Agentur weitergeleitet.

Die Ausführungsbestimmungen dieses Gesetzes sollen das Verfahren zur Anwendung dieses Artikels erläutern.

Art. 8
Unbeschadet etwaiger rechtlicher Garantien oder Bedingungen oder eines besseren Angebotes für den Verbraucher und soweit die Agentur keine kürzere Dauer mit Bedacht auf die Natur des Artikels festlegt, ist der Verbraucher innerhalb von 14 Tagen nach Erhalt des Artikels berechtigt, Ersatz oder die Rücknahme des Artikels gegen Kaufpreiszahlung zu fordern, wenn dieser defekt ist oder nicht mit den Angaben übereinstimmt, welche im Vertrag vorausgesetzt wurden. In diesen Fällen muss der Lieferant - auf Anfrage des Verbrauchers - den Artikel ohne zusätzliche Kosten ersetzen oder zurücknehmen.

In allen Fällen ist die Haftung der Lieferanten in diesem Zusammenhang eine gesamtschuldnerische Haftung.

Im Falle von auftretenden Meinungsverschiedenheiten bezüglich des Vorliegens eines Fehlers am Artikel oder der Übereinstimmung mit den Spezifikationen oder dem Zweck, für welchen der Artikel erworben wurde, wird die Frage zur verbindlichen Entscheidung in dieser Sache an die Agentur weitergeleitet.
...

Art. 10
Jede Bedingung in einem Vertrag, einer Urkunde, einem Dokument oder Schriftstück in Bezug auf den Vertrag mit dem Verbraucher ist nichtig, wenn die Bedingung den Lieferanten der Ware bzw. den Dienstleister von seinen Verpflichtungen nach diesem Gesetz befreit.

Anhang 2 – Das ägyptische Handelsgesetzbuch: Gesetz Nr. 17/1999[68]

Art. 67:
(1) Der Hersteller oder Lieferant eines Artikels ist verantwortlich gegenüber jedem, wenn die geschädigte Person beweist, dass der Schaden durch einen Fehler des Produktes verursacht wurde, der einen körperlichen oder gegenständlichen Schaden durch ein Produkt erleidet,

(2) Das Produkt ist insbesondere fehlerhaft, wenn bei der Gestaltung, Herstellung, Zusammensetzung, Bereitstellung zum Verbrauch, Lagerung, Verpackung, Art der Darbietung oder der Gebrauchsanweisung nicht ausreichende Vorkehrung zur Vermeidung von Schäden oder zur Warnung vor solchen Schäden getroffen wurden.

(3) In Anwendung dieses Artikels:

(a) Meint der Begriff „Hersteller“ den Produzent eines Artikels, welcher es in der finalen im Handel angebotenen Form hergestellt hat, unabhängig davon, ob alle Teile darin von ihm oder anderen herstellt wurden. Der Begriff Hersteller umfasst nicht Zulieferer des Herstellers.

(b) Meint der Begriff „Lieferant“ den Importeur eines Artikels zu Handelszwecken und den Großhändler, welcher seine Verteilung in die örtlichen Märkte durch Einzelhändler vornimmt; dies gilt auch, wenn der Großhändler selbst auch Einzelhandel betreibt. Der Begriff umfasst auch Einzelhändler, wenn diese wussten oder hätten wissen müssen, dass der Artikel zur Zeit des Verkaufes einen Fehler hatte. Der Maßstab für die Bestimmung des Wissens ist ein ordentlicher Kaufmann beim Verkauf eines Artikels der gleichen Art und unter den gleichen Umständen.

(4) Der Kläger kann die Haftungsklage direkt gegen den Hersteller oder gegen den Lieferanten oder gegen beide zusammen richten, ohne dass diese Gesamtschuldner

---

68 Der arabische Originaltext ist abrufbar unter: http://www.masrlaw.info/p/blog-page_1642.html (zuletzt abgerufen: 17.12.2014).

sind. Wenn der Hauptsitz des Herstellers oder Lieferanten außerhalb Ägyptens liegt, ist die Klage vor dem ägyptischen Gericht zulässig, in welchem eine Filiale, Fabrik, Vertretung oder Büro des Beklagten liegt.

(5) Das Recht, auf Haftung zu klagen verjährt drei Jahre nach dem Zeitpunkt, in dem der Geschädigte Kenntnis von Schaden und der dafür verantwortlichen Person hat. Das Klagerecht verjährt in jedem Fall 15 Jahre nach dem Tag der unerlaubten Handlung.

(6) Jede Bedingung oder Erklärung, welche den Hersteller oder Lieferanten von der Haftung befreien soll oder die Verjährung begrenzen oder reduzieren soll, ist nichtig.

Anhang 3 – Das ägyptische Zivilgesetzbuch: Gesetz Nr. 131/1948

Art. 1
(1) Die gesetzlichen Bestimmungen finden auf alle Fragen Anwendung, die diese Bestimmungen ihrem Wortlaut oder ihrem Inhalt nach regeln.

(2) Wenn es keine anwendbare Rechtsvorschrift gibt, entscheidet der Richter in Übereinstimmung mit dem Gewohnheitsrecht (*'urf*), besteht dieses nicht, nach den Grundsätzen des islamischen Rechts (*šarī'a*), besteht dieses nicht, nach den Grundsätzen des Naturrechts und der Gerechtigkeit.

...

Art. 163
Jeder Fehler, welcher eine Verletzung eines anderen hervorruft, verpflichtet ihn (den Schädiger) zum Ersatz.

...

Art. 178
Wer die Aufsicht über eine Sache, welche besondere Sorgfaltspflichten erfordert, oder eine Maschine ausübt, ist verantwortlich für den durch sie verursachten Schaden, soweit er nicht darlegen kann, dass der Schaden durch ein Ereignis verursacht wurde, welches außerhalb seiner Kontrolle lag; dies gilt soweit dem keine Rechtsvorschrift entgegensteht.

...

Art. 221
(1) Soweit die Wiedergutmachung nicht im Vertrag geschätzt oder im Gesetz festgelegt ist, ist der Richter derjenige, der sie schätzt. Dabei sind der Verlust des

Gläubigers und der Gewinn, der ihm entgangen ist, umfasst, sofern diese eine natürliche Folge der Nichterfüllung oder der nicht rechtzeitigen Erfüllung sind. Der Schaden ist dann natürliche Folge, wenn der Gläubiger ihn nicht mit angemessenem Aufwand hätte vermeiden können.

(2) Allerdings ist, wenn die Verpflichtung aus einem Vertrag herrührt und der Schuldner keinen Betrug oder schwerwiegenden Fehler begangen hat, dieser nur zum Ersatz des zum Zeitpunkt des Vertragsschlusses vorhersehbaren Schadens verpflichtet.

Art. 222
(1) Der Schadensersatz umfasst auch Ersatz für immaterielle (moralische) Schäden. Das Recht auf Ersatz eines immateriellen Schadens kann nicht auf Dritte übertragen werden, es sei denn dies ist so vereinbart worden oder der Gläubiger klagt darauf vor Gericht.
...

Art. 447
(1) Der Verkäufer ist gegenüber dem Käufer zur Gewährleistung verpflichtet, wenn die Sache zum Zeitpunkt der Übergabe nicht die zugesicherten Eigenschaften besitzt oder der Sache beim Verkauf ein Defekt anhaftet, welcher ihren Wert mindert oder sie sich nicht für die im Vertrag vorausgesetzte, die gewöhnliche oder bezweckte Verwendung eignet. Der Verkäufer ist für den durch diesen Fehler verursachten Schaden verantwortlich, auch wenn er nicht von dessen Existenz wusste.

(2) Der Verkäufer hat Defekte, von denen der Käufer zum Zeitpunkt des Vertragsschlusses wusste oder welche er nach Kontrolle mit der Sorgfalt eines besonnenen Dritten hätte erkennen müssen, nicht zu verantworten. Dies gilt nicht, wenn der Verkäufer versichert hat, dass die Sache frei von Mängeln ist, oder er versucht hat, einen solchen Mangel zu verdecken.

Souheil Thabti, M.A.

Die regulatorischen Rahmenbedingungen islamischer Banken in Bahrain

1. Einleitung

Seit den letzten vier Jahrzehnten erfreut sich das Islamic Banking[1] eines stetig zunehmenden Wachstums, der sich aktuell an der Schwelle befindet, sein Nischendasein zu verlassen. Ganz deutlich wird dies in der Region Südostasiens und der GKR[2]-Staaten. Länder wie Malaysia und Bahrain haben seit 1983 respektive 2006 ein zweigliedriges Bankensystem eingeführt und für islamische Banken ein eigenes Gesetz verabschiedet. Aufgrund der zunehmenden Nachfrage wächst der Marktanteil islamischer Bank in den genannten Regionen seit den 1970ern stetig. Aufgrund der durch die Finanzkrise 2008 deutlich gewordenen wirtschaftlichen und gesellschaftlichen Rolle und zugleich fragilen Struktur von Banken erscheint es umso wichtiger in diesem Zusammenhang, Fragen nach der Transparenz, Stabilität, Integrität und dem notwendigen Vertrauen in (islamische) Banken zu stellen, die maßgeblich durch ein entsprechend starkes Aufsichtsrecht beantwortet werden können. Der vorliegende Beitrag versucht diesen Fragen bezogen auf das Emirat Bahrain, welches – wie noch gezeigt werden soll – eine exponierte Rolle in Bezug auf die inländische Entwicklung von Islamic Banking aber auch international einnimmt – durch eine nähere Untersuchung des dortigen Aufsichtsrechts nachzugehen.

Der Artikel ist wie folgt gegliedert: Zunächst erfolgt eine Einleitung, die das Islamic Banking kurz umreißt, worauf dann ein Überblick über die Bankenlandschaft Bahrains mit einem kurzen Blick auf den dortigen Finanzsektor folgt. Anschließend wird der Augenmerk auf das bahrainische Aufsichtsrecht und die Aufsichtsbehörde, die u.a. islamische Banken, die hier Gegenstand der Betrachtung

---

1 Unter den Begriff des Islamic Banking werden Bankprodukte und –Dienstleistungen, die in Einklang mit dem islamischen Recht stehen, subsumiert.

2 Der 1981 in Abu Dhabi gegründete Golfkooperationsrat (Golf Cooperation Council) ist ein Zusammenschluss aller Staaten der Arabischen Halbinsel ausgenommen Yemen. Sein Ziel ist die Kooperation in den Bereichen Sicherheitspolitik, Außenpolitik und Wirtschaft, siehe http://wirtschaftslexikon.gabler.de/Archiv/153607/golf-kooperationsrat-v4.html (zuletzt abgerufen: 17.12.2014).

sind, beaufsichtigt und reguliert, gelegt. Der Beitrag endet mit einem Fazit, das eine Würdigung und einen Ausblick umfasst.

2. Die islamische Bankenlandschaft Bahrains

Um sich zunächst ein Bild von islamischen Banken insgesamt verschaffen zu können, sollen an dieser Stelle ein paar Zahlen aus dem World Islamic Banking Competitiveness Report 2013/14 von Ernest & Young genannt werden: Das Gesamtvolumen der Vermögenswerte islamischer Banken belief sich 2013 etwa auf 1,7 Trillionen USD. Diese Zahl umfasst dabei sowohl islamische Banken als auch Islamic Windows[3]. Dabei liegt die relative jährliche Wachstumsrate bei durchschnittlich 17% bei einem Kundenvolumen von 38 Millionen.[4]

An dieser globalen Verteilung der schariakonformen Vermögenswerte ist Bahrain mit 1% eher im niedrigen Bereich angesiedelt, was mit der vergleichsweise sehr niedrigen Bevölkerungsdichte im Gegensatz zu Saudi-Arabien oder Malaysia zusammenhängt und daher im Verhältnis zur Bevölkerungsgröße betrachtet werden sollte.

Dem kleinen Emirat Bahrain, das seine Unabhängigkeit vom Vereinigten Königreich 1971 erlangte, kommt eine Vorreiterrolle in der Förderung und Entwicklung des internationalen islamischen Bankensektors zu, besonders was Beaufsichtigungs- und Regulierungsinstrumente betrifft, die dort entwickelt werden. Bahrain beherbergt in diesem Zusammenhang wichtige internationale Standardisierungsorganisationen für islamische Finanzinstitute wie etwa die Accounting and Auditing Organization for Islamic Financial Institutions (AAOIFI), das Liquidity Management Centre (LMC), dem International Islamic Financial Market (IIFM) und der Islamic International Rating Agency (IIRA), auf die noch Bezug genommen wird. Bahrain zeichnet sich zudem durch seine bedeutende Rolle bei der Gründung des Islamic Financial Services Board (IFSB) in Malaysia; eine Institution, die für die internationale Regulierung von islamischen Finanzinstitute an international anerkannten Standards wie BASEL I, II und demnächst III zuständig ist.

---

3 Ein Islamic Window ist eine separierte Abteilung innerhalb einer konventionellen Bank, die islamkonforme Produkte und Dienstleistungen anbietet.

4 Ernest & Young World Islamic Banking Competitiveness Report 2013–14, S. 45, aufrufbar unter http://www.ey.com/Publication/vwLUAssets/EY_-_World_Islamic_Banking_Competitiveness_Report_2013%E2%80%9314/$FILE/EY-World-Islamic-Banking-Competitiveness-Report-2013-14.pdf (zuletzt abgerufen: 29.12.2014).

Bahrain beherbergt insgesamt 406 Finanzinstitute (Stand April 2014), die zusammen 16,7% des Bruttoinlandprodukts ausmachen; mehr als der Anteil aus den Ölgeschäften, der 11% des BIP beträgt.[5] Der Bankensektor besteht aus 124 Instituten (Stand Juli 2014) und hat ein Gesamtvolumen von 193.3 Billionen USD (Stand Juli 2014). Von diesen 124 Finanzinstituten sind 24 islamische Banken, die ein Gesamtvolumen von 24.6 Billionen USD ausweisen (Stand Juli 2014).[6] Es wird dabei – wie auch bei den konventionellen Banken – zwischen Retail Banks und Wholeselling Banks – also Privatkunden-Geschäftsbanken und Vollbanken – unterschieden.

Verglichen mit dem Bankensystem in Deutschland gibt es in Bahrain soweit keine Dreiteilung in öffentlich-rechtliche Institute wie die Sparkassen und Landesbanken, private Geschäftsbanken und Genossenschaftsbanken wie die Volks- und Raiffeisenbanken.[7]

Islamische Banken in Bahrain können in vier unterschiedlichen Formen vorkommen: Es kann sich zum einen um eine islamische Vollbank (Wholeselling Bank), eine Privatkundengeschäftsbanken (Retail Bank), eine gesonderte Sparte für schariakonforme Produkte innerhalb einer konventionellen Bank (Islamic Window) und islamische Offshore Banken handeln.[8]

3. Aufsichtsrecht

Kerngedanke des Bankaufsichts- und Regulierungsrechts – gleich, ob es sich um konventionelle oder islamische Banken handelt – ist die Sicherstellung der Stabilität des Finanzsektors, um das Vertrauen darin zu gewährleisten und zu stärken.[9] Um eben diese Stabilität weitestgehend herstellen zu können, gehört es vornehmlich, die Interessen der Gläubiger, zu denen Einleger quantitativ einen großen Anteil bilden, zu wahren. Den Regulierern geht es in diesem Zusammenhang

5 Vgl. Hersh, E. S., Islamic Finance and International Regulation. In: Journal of International Service, Washington D.C Spring 2011, S. 58; abrufbar unter: http://www.american.edu/sis/jis/upload/4Hersh.pdf (zuletzt abgerufen: 29.12.2014).

6 Siehe http://www.cbb.gov.bh/page-p-financial_sector_fact_sheet.htm (zuletzt abgerufen: 29.12.2014).

7 Claussen, C. P., Bank- und Börsenrecht München 2008, 4. Aufl., S. 14.

8 Siehe http://www.cbb.gov.bh/page-p-banking.htm (zuletzt abgerufen: 29.12.2014).

9 Claussen, C. P., Bank- und., a.a.O., S. 43 ff.; siehe auch Al-Khalifa, A. b. M., The Progress of Islamic Banking and Finance in Bahrain. In: Proceedings of the Fifth Harvard University Forum on Islamic Finance: Islamic Finance. Dynamics and Development, Cambridge, Ma., Center for Middle Eastern Studies, Harvard University. 2000, S. 165–167.

daher im Wesentlichen um Fragen der Mindestkapitalanforderung (quantitatives Element), des Aufsichtsverfahrens (qualitatives Element) und der Offenlegung von relevanten Informationen (Marktdisziplin).[10] Diese Drei Punkte bilden die Basel II-Säulen und werden auch im Zusammenhang mit dem bahrainischen regulatorischen Rahmen für islamische Banken angewandt.[11]

Das Bankensystem Bahrains weist im Gegensatz zu anderen Bankensystemen in der Region ein zweigliedriges System und in weiten Teilen daher ein duales Bankrecht auf, das konventionelle und islamische Banken getrennt normiert. Die Aufsichts- und Regulierungsbehörde des Emirats Bahrain wurde 1973 zunächst unter der Bezeichnung Bahrain Monetary Agency (BMA) gegründet, die schließlich mit der Verkündung und Inkrafttreten des Central Bank of Bahrain and Financial Institutions Law 2006 per Dekret Nr. 64 in die am 6. September 2006 gegründeten Bahrainischen Zentralbank (CBB) aufgegangen ist. Zu ihren Aufgaben gehören gemäß Artikel 3 des CBB Law u.a. die Geldmarktpolitik, die Aufsicht und die Regulierung des Bankensektors, die Förderung des Wachstums des Finanzsektors in Bahrain, die Stärkung der regionalen und internationalen Rolle Bahrains als wichtiges Finanzzentrum für sowohl konventionelle als auch islamische Banken.

Die Bahrainische Zentralbank ist wie aus den Artikeln 3 (Ziel und Zweck) und 4 (Aufgaben und Kompetenzen der Zentralbank) des Central Bank of Bahrain and Financial Institutsions Law 2006 ergeht, die alleinige Aufsichtsbehörde für konventionelle und islamische Banken im Königreich; anders als die Handhabung hierzulande. Hier agiert die Bundesanstalt für Finanzdienstleistungsaufsicht (BaFin), die zwar die Allfinanzaufsichts-kompetenz nach dem Gesetz über die Bundesanstalt für Finanzdienstleistungsaufsicht (FinDAG) innehat, jedoch nicht alleine, sondern in Zusammenarbeit mit der Deutschen Bundesbank nach § 7 KWG ihre Aufgaben wahrnimmt.

Das Äquivalent zum hierzulande geltenden Kreditwesengesetz (KWG) ist in Bahrain das bereits genannte Central Bank of Bahrain and Financial Institutions Law 2006 (im Folgenden CBB Law). Wie das KWG entfaltet auch das bahrainische Pendant Rahmencharakter für konventionelle und islamische

---

10 Siehe http://www.bundesbank.de/Navigation/DE/Aufgaben/Bankenaufsicht/Basel2/basel2.html (zuletzt abgerufen: 20.12.2014).

11 Die Bahrainische Zentralbank hatte bereits vor der Gründung der IFSB regulatorische Maßnahmen ergriffen, um Anforderungen an die Eigenkapitalausstattung, Liquiditätsmanagement und die Qualität der Vermögenswerte aufzustellen, vgl. Hersh, E. S., Islamic Finance..., a.a.O., S. 59.

Kreditinstitute zugleich. In der Bundesrepublik regeln neben dem KWG weitere Gesetze wie das Bundesbankgesetz, BGB, Geldwäschegesetz, Zahlungsdienstaufsichtsgesetz, Einlagensicherungs- und Anlegerent-schädigungsgesetz, Anti-Money-Laundering-Gesetz, Verordnungen wie etwa die Eigenmittel-Offenlegungspflichten-Durchführungsverordnung, Solvabilitäts-verordnung, Bankenaufsichtsverordnung und Rundschreiben mit informellen Regelungscharakter wie etwa das BaFin-Rundschreiben.

Zum Vergleich kennt das bahrainische Aufsichtsrecht neben dem CBB Law ebenfalls weitere konkretisierende Gesetze (AML-Gesetz, Financial-Trust-Law, Commercial-Companies-Law), Resolutionen (betreffend der Regulierung der Lizenzvergabe und des Einlagenschutzes [für die Höhe der Deckung siehe Artikel 9 Resolution Nr. 34 von 2010]), Richtlinien (Corporate Governance, Sharia Governance) sowie für jeden Sektor (konventionelle Banken, islamische Banken, Kapitalanlagegesellschaften, Versicherungsunternehmen, Kapitalmarkt) eigene sog. CBB Rulebooks.

Betrachtungsgegenstand dieses Beitrags sind das CBB Law und das Rulebook Volume 2, das islamische Banken im Konkreten regelt. In Zusammenhang stehende Gesetze werden in dieser Darstellung daher nur soweit relevant herangezogen.

Das CBB Law ist in 13 Abschnitten geteilt: Der erste Abschnitt betrifft die Zentralbank selbst (Gründung, Zielsetzung, Aufgaben, Kompetenzen, Kapitalausstattung, u.a.). Der zweite Abschnitt befasst sich im Wesentlichen mit der Regulierung und Aufsicht von Banken und anderen Finanzinstituten, mit Lizenzantrags- und Lizenzvergabeprozessen.

Die weiteren Abschnitte behandeln Themen wie Versicherung und Rückversicherung, Anleihen, Wechsel, Sicherheiten, Offenlegungspflichten administrative Aufgaben, Insolvenz von Lizenzinhaber, Sanktionen, Protokoll- und Dokumentationspflichten, Lizenzgebühren, u.a.

3.1 Begriffsklärung – islamische Bank

Eine Legaldefinition des Begriffs ‚Islamische Bank' findet sich im CBB Law. Dort heißt es in Artikel 1 des CBB Gesetzes in der englischen Übersetzung: „any person licensed under this law to accept, manage and invest in deposits and savings according to the Islamic Shari'a Principles with or without providing other related services". Stellt sich aber bereits an dieser Stelle die Frage, was unter Shari'a Principles genau zu verstehen ist. Auch das Rulebook Volume 2 Part B, welches u.a. einschlägige Begriffe definiert, spricht beim Begriff „Islamic Bank Licensee (Linzenzinhaber)" ebenfalls von „a Bank generally operating according to Islamic Finance Principles". Auch hier ist nicht klar, was unter Islamic Principles verstanden werden soll. Ob damit – wie Casper vermutet[12] – die Rechtsquellen des islamischen Rechts (Koran, Sunna, Konsens und Analogieschluss) gemeint sind, bleibt offen. Es kann jedoch vermutet werden, dass damit die Entsprechung der AAOIFI Sharia Standards gemeint ist. Diese Vermutung liegt meines Erachtens deshalb nahe, weil die AAOIFI als Standardisierungsorganisation in Bahrain gegründet wurde und in enger Zusammenarbeit mit der Bahrainischen Zentralbank steht.

3.2 Das Regelwerk – CBB Rulebook Vol. II

Werfen wir nun einen genaueren Blick auf das islamische Banken regelnde Rulebook Volume 2, das islamische Banken konkret regelt. Es handelt sich um ein Regelwerk, welches wie das CBB Rulebook Volume 1 in puncto Aufbau, konventionelle Banken betreffend, aufgebaut ist. Nach dem einführenden User's Guide-Teil finden sich in folgender Reihenfolge die Themen: High-Level Standards, Business Standards (geschäftsbezogene Standards), Prudential Requirements (regulatorische Anforderungen), Reporting Requirements (Anforderungen an das Reporting), Enforcement and Redress (Vollstreckung und Bußgelder) und schließlich ein Sector Guide.

Antragstellende Banken, welche die Bezeichnung „islamisch" tragen möchten, bedürfen nach CBB Rulebook Vol. 2 LR-A.13 einer gesonderten Erlaubnis durch die lizenzerteilende Zentralbank. Insofern besteht für islamische Kreditinstitute ein Bezeichnungsschutz. Institute, die sich ohne die Erfüllung der Voraussetzungen des CBB Rulebook Vol. 2 LR-A.13 als islamisch bezeichnen, droht Bußgeld oder gar der Lizenzentzug. Eine der für islamische Banken zu erfüllende Voraussetzung besteht nach Abschnitt HC 1.1.1 darin, dass jede islamische Bank über einen Sharia Supervision Board verfügen muss, das zum Board of Directors hinzutreten soll. Die konkrete Ausgestaltung dieses Komitees erfolgt gemäß Abschnitt HC 1.3.16 des Rulebook Vol. 2 nach den Governance Standards der AAOIFI. Dabei fällt bemerkenswerterweise auf, dass hier eine separate interne Prüfung vorausgesetzt wird, welche in die Innenrevision integriert wird und als ein Internes Kontrollsystem (IKS) angesehen werden kann.

Bei der Beaufsichtigung und Regulierung von (islamischen) Banken geht die Bahrainische Zentralbank nach international anerkannten und geltenden Maßstäben vor.[13] So hat sie bereits die Anforderungen von Basel II in den einschlägigen

12 Casper, M. Sharia Boards and Corporate Governance. In: Festschrift für Klaus J. Hopt, Berlin 2010, S. 462.

13 Siehe http://www.cbb.gov.bh/page-p-banking.htm (zuletzt abgerufen: 28.12.2014).

Gesetzen aufgenommen. Damit entsprechen islamische Banken den Anforderungen von Basel II und werden wie ihr konventionelles Pendant auf die Entsprechung von Basel III in Bezug auf die Mindestkapitalanforderungen vorbereitet. Für die Bestimmung der spezifischen Eigenkapitalquote für islamische Banken sowie Bewertung und Handhabung von Risiken, die islamische Banken betreffen und von Basel II nicht erfasst werden, wie etwa hohe Risiken im operativen Bereich als auch in Bezug auf die Schariakonformität der Produkte, versucht das in Kuala Lumpur im Jahre 2002 mit der Unterstützung des IWF und der einflussreichen Mitwirkung des seiner Zeit Bahrain Monetary Agency gegründete Islamic Finance Services Board (IFSB) die für islamische Banken spezifischen regulatorischen Sorgen zu lösen. Die IFSB stellt in Zusammenarbeit mit dem IWF und den Zentralbanken der Mitgliedsstaaten Standards, sog. Principles und Codizes, welche die Besonderheiten islamischer Banken Rechnung tragen.

Was die Haltung von Mindestreserven betrifft, sind alle in Bahrain operierenden Banken zu einer Hinterlegung einer Mindestreserve bei der Bahrainischen Zentralbank in Höhe von 5% der Nichtbankeinlagen verpflichtet und müssen auf Bahraini Dinar lauten.[14] Die Zentralbank kann die Höhe der Mindestreserve nach eigenem Ermessen unter Einhaltung einer Frist von 4 Wochen ändern. Die Ermittlung der erforderlichen Höhe wird für jede Bank monatlich auf Grundlage der relevanten von der betroffenen Bank übermittelten Daten ermittelt. Die Einlagen werden auf gesonderte Reserveeinlagekonten gehalten und werden nicht verzinst.[15] Die Verfügung über die Einlagen seitens der Zentralbank ist nicht gestattet.

Um kurzfristig über ausreichend Liquidität zu verfügen, bieten Zentralbanken sowohl in Deutschland (Bundesbank) als auch in Bahrain (CBB) sogenannte Ständige Fazilitäten an, die entweder in Form von Einlagenfazilität (Tagesgeld) oder Spitzenrefinanzierungsfazilität (Übernachtkredit). Hierbei handelt es sich im Wesentlichen um verzinsliche Darlehen, die für islamische Banken, die kurzfristige Liquiditätsengpässe überbrücken müssen, grundsätzlich nicht in Frage kommen und nur im Rahmen einer im Einzelfall näher zu konkretisierenden Notwendigkeit (*ḍarūra*) möglich. Die Bahrainische Zentralbank sieht für islamische Banken eine entsprechende *Ṣukūk al-Iǧāra*-Lösung vor, die islamischen Banken für den Zeitraum von einer Woche Liquidität zur Verfügung stellen soll.[16] Das Konstrukt

---

14 Siehe http://www.cbb.gov.bh/page-p-reserve_requirements.htm (zuletzt abgerufen: 28.12.2014).

15 Siehe http://www.cbb.gov.bh/page-p-reserve_requirements.htm (zuletzt abgerufen: 29.12.2014).

16 Vgl. http://www.cbb.gov.bh/page-p-standing_facilities.htm (zuletzt abgerufen: 17.12.2014).

besteht aus einem Ver- und Rückkauf von Waren, in der Regel von Edelmetallen, um über den Wiederverkauf die im konventionellen Pendant zu entrichtenden Zinsen nachzubilden. Dem Grunde nach handelt es sich hierbei aufgrund der 3-Parteien-Konstruktion um einen *Tawarruq*-Kontrakt, wie er in klassischen Rechtswerken beschrieben wird.

3.3 Ergänzende Regulierungsmaßnahmen

Neben der bereits genannten IFSB mit Sitz in Malaysia existieren in Bahrain ansässige Organisationen, die eine wichtige Rolle für die Regulierung islamischer Banken auf verschiedene Ebenen einnehmen.

AAOIFI

Die AAOIFI hat bis dato 48 Scharia Standards, die sich vornehmlich mit Produkten und Dienstleistungen islamischer Banken befassen, 26 Accounting Standards, 5 Auditing Standards, 7 Governance Standards, 2 Ethics-Codes und einem Guidance Note.

Die AAOIFI wird neben der Bahrainischen Zentralbank zunehmend von den anderen Zentralbanken anerkannt und in den Produktentwicklungsprozessen vieler islamischen Banken international berücksichtigt. Es kann davon ausgegangen werden, dass die AAOIFI Standards als Maßstab für die Entsprechung der Islamic Principles, die von der Bahrainischen Zentralbank gefordert werden, herangezogen werden.

IIFM

Wie nachvollzogen werden kann, existiert aufgrund der Größe des Islamic Finance Sektors noch kein ausgereifter Interbankenmarkt für islamische Banken, um sich ausreichend finanzieren zu können. Der in Bahrain ansässige International Islamic Financial Market (IIFM) setzt an dieser Lücke an und bietet verschiedene Rahmenverträge (Master-Agreements) für die schariakonforme Liquiditätsbeschaffung an, wie etwa das Master Agreement for Treasury Placement, das ISDA/IIFM Profit Rate Swap, das ISDA/IIFM Hedging Master Agreement und die Interbanken-Master-*Wakāla*, damit sich islamische Banken Liquidität am konventionellen Interbankenmarkt beschaffen können.[17] Daneben gibt der IIFM jährlich einen *Ṣukūk*-Bericht heraus und bietet Marktakteuren Seminare und Workshops zu Themen des islamischen Interbankenmarktes an und betreibt damit entsprechende Aufklärungsarbeit.

---

17 Siehe http://www.iifm.net/about_iifm/corporate-profile (zuletzt abgerufen: 29.12.2014).

IIRA
Die International Islamic Rating Agency bewertet die Bonität islamischer Banken und hat in den letzten 12 Monaten bereits 16 Ratings zu Corporate Governance, Kredite, Sovereign Sukuk und der Qualität der Schariabewertung von Produkten durchgeführt.

LMC
Das Liquidity Management Center verfolgt das Ziel islamischen Finanzinstituten den Umgang mit überschüssigen Geldmitteln zu erleichtern, indem es islamkonforme kurz- und mittelfristige Investment-Strukturen anbietet, die auf dem Interbankenmarkt angewandt werden.[18] Kurzfristige Liquidität soll so leichter und in Konformität mit den islamrechtlichen Vorgaben verwaltet werden können. Das Angebot solcher Prozesse ist für die Etablierung und Stärkung eines islamischen Interbankenmarktes dienlich.

Neben der Bahrainischen Zentralbank dienen die genannten Organisationen der Stabilität, Integrität und der Stärkung des islamischen Bankensektors. Auch wird dadurch mit Blick auf das Emirat Bahrain seine Vorreiterstellung gestärkt und weiter ausgebaut.

4. Fazit

Im Vergleich zu vielen anderen muslimischen Staaten in der Region nimmt Bahrain eine Vorreiterstellung in der Förderung und Entwicklung adäquater Regulierungsmaßnahmen für islamische Banken ein. Die Einhaltung der Anforderungen von BASEL I, II und demnächst III seitens islamischer Banken zeugt von einem starken Aufsichtsrecht, das die Stabilität, die Integrität und das Vertrauen in ein islamisches Finanzsystem ernstnimmt. Insgesamt ist Bahrain als eines der Islamic Finance Zentren aufgrund der beheimateten Institute, die zur Förderung und besseren Entwicklung islamischer Banken beitragen, auf dem besten Weg seine Vorreiterstellung in der Region zu verteidigen und seinen Vorsprung weiter auszubauen. Das Niveau mit dem islamische Banken in Bahrain reguliert werden, kann sich ohne weiteres mit dem Niveau europäischer und amerikanischer Maßstäbe messen. Durch die Etablierung und Stärkung islamischer Interbankenmärkte, die Fortentwicklung und Verbesserung von regulierungsspezifischen und produktbezogenen Standards können islamische Banken ihr Nischendasein dauerhaft verlassen und als ein etabliertes Finanzsystem wahrgenommen werden.

---

18 Siehe http://www.lmcbahrain.com/role.asp (zuletzt abgerufen: 29.12.2014).

Die bisher erfolgreiche und vielversprechende Entwicklung sollte jedoch nicht über die zunächst nur akademische und nunmehr auch in der Praxis langsam immer lauter werdende Debatte über den Grad der Konformität mit den Vorgaben der Scharia. Denn die Islamkonformität, die von den islamischen Banken eingehalten und von der Zentralbank beaufsichtigt wird, bedeutet zunächst nur die Erfüllung der formalen Anforderung der Scharia. Die Einhaltung dieser Anforderungen sagt jedoch nichts über die in der Scharia intendierten gesellschaftlichen und ökologischen Auswirkungen von islamischen Banken auf Themen wie soziale Gerechtigkeit, Bekämpfung von Armut, Umverteilung von Vermögen, Finanzierung von ausschließlich ökologisch nachhaltigen Projekten, die weitgehende Vermeidung von schuldbasierten Finanzierungen u.v.m. Es bleibt in diesem Sinne abzuwarten, ob und wie solche Überlegungen in die Regulierung islamischer Banken in Zukunft einfließen werden.

Autorenverzeichnis

Bohlander, Michael, Professor Dr.
Inhaber des Lehrstuhls für Strafrechtsvergleichung und Völkerstrafrecht, Durham University/Vereinigtes Königreich
michael.bohlander@durham.ac.uk

Börner, Achim-Rüdiger, Dr.
Rechtsanwalt in Köln (Spezialgebiet: deutsches, europäisches und internationales Wirtschaftsrecht)
boernerlaw@aol.com

Ebert, Hans-Georg, Professor Dr.
Universitätsprofessor, Orientalisches Institut der Universität Leipzig
hgebert@uni-leipzig.de

Hundt, Jochen, LLM, DJCE (Strasbourg), LLM (Sussex)
Legal Consultant (Saudi-Arabien), The Law Office of Khalid O. Alattas in association with Hundt Legal Consultancy, Riad
jh@alattashundt.com

Keimer, Christoph
Rechtsanwalt, Legal Consultant (Dubai/VAE), Fachanwalt für Arbeitsrecht Dortmund – Dubai – Doha – Riad
keimer@schlueter-graf.de

Kreutzberger, Kai, LL.M. (SOAS, University of London)
Solicitor (England & Wales), Associate, Herbert Smith Freehills LLP, London
kai.kreutzberger@hsf.com

Sacarcelik, Osman, Dr., M.A.
Rechtsanwalt in einer internationalen Wirtschaftskanzlei in Frankfurt a.M.
Osman.Sacarcelik@nortonrosefulbright.com

Schneider, Irene, Professor Dr.
Universitätsprofessorin, Seminar für Arabistik/Islamwissenschaft der Georg-August-Universität Göttingen
ischnei@gwdg.de

Schultze, Christian, Dr., LL.M. (SOAS, University of London),
Rechtsanwalt in Berlin (Spezialgebiet: Wirtschaftsrecht der arabischen Staaten)
christian.k.schultze@gmail.com

Thabti, Souheil, M.A.
Mitglied des internen Ethikrates bei der KT Bank
souheil.thabti@kt-bank.de

LEIPZIGER BEITRÄGE ZUR ORIENTFORSCHUNG

Herausgegeben von Hans-Georg Ebert
Begründet von Günter Barthel

Die Reihe *Leipziger Beiträge zur Orientforschung* widmet sich Themen und Problemfeldern der islamischen Welt in Vergangenheit und Gegenwart. Dabei werden unterschiedliche Disziplinen, Regionen und Methoden erfasst. Das Spektrum reicht von rechtlichen, historischen, religiösen, kulturellen, sprachlichen, politischen und sozial-ökonomischen Fragestellungen bis hin zu vergleichenden "area studies". Innerhalb der Reihe erscheinen die in Zusammenarbeit mit der "Gesellschaft für Arabisches und Islamisches Recht e.V." herausgegebenen Tagungsbände. Die einzelnen Veröffentlichungen sollen das interkulturelle Verständnis fördern, neue Forschungsansätze aufzeigen und Ergebnisse wissenschaftlicher Untersuchungen präsentieren.

Band 1 Lutz Knörnschild: Zur Geschichte der Nilwassernutzung in der ägyptischen Landwirtschaft von den Anfängen bis zur Gegenwart. 1993.

Band 2 Henner Fürtig / Rolf Müller-Syring (Hrsg.): Ursachen gewaltförmiger Konflikte in der Golfregion. Internationale und zwischenstaatliche Faktoren. 1993.

Band 3 Ingelore Goldmann (Hrsg.): Beiträge zur Fachdidaktik Arabisch. Didaktische und methodische Probleme des modernen Arabischunterrrichts. 1993.

Band 4 Roland Kühnel: Die sprachliche Situation an Hochschulen des Maghreb und die offizielle Sprachpolitik – Eine soziolinguistische Untersuchung. 1995.

Band 5 Henk Knaupe / Ulrich G. Wurzel: Aufbruch in der Wüste. Die Neuen Städte in Ägypten. 1995.

Band 6 Wolfgang Reuschel: Aspekt und Tempus in der Sprache des Korans. 1996.

Band 7 Hans-Georg Ebert: Das Personalstatut arabischer Länder. Problemfelder, Methoden, Perspektiven. Ein Beitrag zum Diskurs über Theorie und Praxis des Islamischen Rechts. 1996.

Band 8 Uwe Pfullmann: Politische Strategien Ibn Sa^{c}ūds beim Aufbau des dritten saudischen Staates. Eine historische Studie unter besonderer Berücksichtigung deutschen Archivmaterials. 1996.

Band 9 Hans-Georg Ebert (Hrsg.): Beiträge zum Islamischen Recht. 2000.

Band 10 Anja Wünsch: Innenansichten ökonomischer Restrukturierung. Wirkungen und Wirksamkeit der Strukturanpassung in Jordanien, 1989-1999. 2001.

Band 11 Thoralf Hanstein: Islamisches Recht und Nationales Recht. Teil 1 und 2. Eine Untersuchung zum Einfluß des Islamischen Rechts auf die Entwicklung des modernen Familienrechts am Beispiel Indonesiens. 2002.

Band 12 Hans-Georg Ebert / Thoralf Hanstein (Hrsg.): Beiträge zum Islamischen Recht II. 2003.

Band 13 Hans-Georg Ebert / Thoralf Hanstein (Hrsg.): Beiträge zum Islamischen Recht III. 2003.

Band 14 Hans-Georg Ebert: Das Erbrecht arabischer Länder. 2004.

Band 15 Silvia Tellenbach / Thoralf Hanstein (Hrsg.): Beiträge zum Islamischen Recht IV. 2004.

Band 16 Almut Hinz: Die Sanktionen gegen Libyen. Sanktionen im modernen Völkerrecht und in der Staatenpraxis sowie ihre Anwendung am Beispiel Libyen. 2005.

Band 17 Hüseyin Demir: Die osmanischen Medresen. Das Bildungswesen und seine historischen Wurzeln im Osmanischen Reich von 1331–1600. 2005.

Band 18 Sebastian Maisel: Das Gewohnheitsrecht der Beduinen. Der Stellenwert von Urf in den Rechtsvorstellungen tribaler Gruppen im Norden der Arabischen Halbinsel. 2006.

Band 19 Irene Schneider / Thoralf Hanstein (Hrsg.): Beiträge zum Islamischen Recht V. 2006.

Band 20 Anja Wehler-Schöck: Ehrenmorde in Jordanien. Ursachen und mögliche Gegenstrategien. 2007.

Band 21 Hans-Georg Ebert / Thoralf Hanstein (Hrsg.): Beiträge zum Islamischen Recht VI.

Band 22 Naseef Naeem: Die neue bundesstaatliche Ordnung des Irak. Eine rechtsvergleichende Untersuchung. 2008.

Band 23 Hans-Georg Ebert: Die Qadrî-Pâshâ-Kodifikation. Islamisches Personalstatut der hanafitischen Rechtsschule. 2010.

Band 24 Hans-Georg Ebert/Assem Hefny: *Der Islam und die Grundlagen der Herrschaft.* Übersetzung und Kommentar des Werkes von Alî Abd ar-Râziq. 2010.

Band 25 Ṇedim Zahirović: Murteza Pascha von Ofen zwischen Panegyrik und Historie. Eine literarisch-historische Analyse eines osmanischen Wesirspiegels von Nergisi (El-vasfü l-kāmil fī-ahvāli l-vezīri l-'ādil). 2010.

Band 26 Hatem Elliesie (Hrsg./ed.): Beiträge zum Islamischen Recht VII. Islam und Menschenrechte / Islam and Human Rights / الإسلام وحقوق الإنسان. 2010.

Band 27 Ibrahim Salama: Muslimische Gemeinschaften in Deutschland. Recht und Rechtswissenschaft im Integrationsprozess. 2010.

Band 28 Sabaheta Gačanin: The Persian Divan by Ahmad Khatem Aqovalizade. 2011.

Band 29 Martin Heckel (Hrsg.): Rechtstransfer. Beiträge zum islamischen Recht VIII. 2011.

Band 30 Hans-Georg Ebert/Thoralf Hanstein (Hrsg.): Heinrich Leberecht Fleischer – Leben und Wirkung. Ein Leipziger Orientalist des 19. Jahrhunderts mit internationaler Ausstrahlung. 2013.

Band 31 Hans-Georg Ebert/Assem Hefny: Islamisches Zivilrecht der hanafitischen Lehre. Die zivilrechtliche Kodifikation des Qadrî Pâshâ. 2013.

Band 32 Bruno Menhofer/Dirk Otto (Hrsg.): Recht nach dem Arabischen Frühling. Beiträge zum islamischen Recht IX. 2014.

Band 33 Hans-Georg Ebert (Hrsg.): Beiträge zum Islamischen Recht X. Zu Ehren von Hilmar Krüger. 2015.

www.peterlang.com

www.ingramcontent.com/pod-product-compliance
Ingram Content Group UK Ltd.
Pitfield, Milton Keynes, MK11 3LW, UK
UKHW021127041026
8980IPUK00026B/830

9 783631 661338